2025年度版

宮崎県の
理科

過 去 問

協同教育研究会 編

協同出版

本書には，宮崎県の教員採用試験の過去問題を
収録しています。各問題ごとに，以下のように5段
階表記で，難易度，頻出度を示しています。

難　易　度

非常に難しい　☆☆☆☆☆
やや難しい　　☆☆☆☆
普通の難易度　☆☆☆
やや易しい　　☆☆
非常に易しい　☆

頻　出　度

◎　　ほとんど出題されない
◎◎　　あまり出題されない
◎◎◎　普通の頻出度
◎◎◎◎　よく出題される
◎◎◎◎◎　非常によく出題される

はじめに～「過去問」シリーズ利用に際して～

　教育を取り巻く環境は変化しつつあり，日本の公教育そのものも，教員免許更新制の廃止やGIGAスクール構想の実現などの改革が進められています。また，現行の学習指導要領では「主体的・対話的で深い学び」を実現するため，指導方法や指導体制の工夫改善により，「個に応じた指導」の充実を図るとともに，コンピュータや情報通信ネットワーク等の情報手段を活用するために必要な環境を整えることが示されています。

　一方で，いじめや体罰，不登校，暴力行為など，教育現場の問題もあいかわらず取り沙汰されており，教員に求められるスキルは，今後さらに高いものになっていくことが予想されます。

　本書の基本構成としては，出題傾向と対策，過去5年間の出題傾向分析表，過去問題，解答および解説を掲載しています。各自治体や教科によって掲載年数をはじめ，「チェックテスト」や「問題演習」を掲載するなど，内容が異なります。

　また原則的には一般受験を対象としております。特別選考等については対応していない場合があります。なお，実際に配布された問題の順番や構成を，編集の都合上，変更している場合があります。あらかじめご了承ください。

　最後に，この「過去問」シリーズは，「参考書」シリーズとの併用を前提に編集されております。参考書で要点整理を行い，過去問で実力試しを行う，セットでの活用をおすすめいたします。

　みなさまが，この書籍を徹底的に活用し，教員採用試験の合格を勝ち取って，教壇に立っていただければ，それはわたくしたちにとって最上の喜びです。

協同教育研究会

CONTENTS

第1部

宮崎県の

理科

出題傾向分析

宮崎県の理科　傾向と対策

　中学理科については，2024年度は物理，化学，生物，地学から各2問ずつ，学習指導要領に関する出題が1問の計9問の出題である。試験時間は70分，2022年度までの記述式中心の解答形式から，2023年度から記号選択式に変更された。出題は中学校範囲であり，中学で扱う実験や観察が題材になっている問題が多い。中学範囲から基礎的な問題中心に出題されており，受験者間での差がつきにくいため取りこぼしがないようにしたい。2022年度以前は，全体的に問題の分量も多く，特に論述させるような形式の問題が多く見られたので，正確な記述と筋道の通った文章表現を身につける必要があった。また，年度によっては中学で扱う実験を題材に高校基本レベルの知識・計算が必要な問題が出題されることもある。対策としては，まずは中学校教科書と高校教科書の基本的内容をしっかりと理解し，重要例題を繰り返し学習した後に，教科書や問題集等の応用的な問題に挑戦することで，試験の内容については十分対応できるだろう。解答形式は変更されたが，今後の変更がないとは限らないため，論述問題にも対応できるような学習を必ず行ってもらいたい。

　学習指導要領については大問1〜3問程度出題されるため，しっかりと学習しておくことが必要である。特に『中学校学習指導要領(平成29年告示)解説理科編』の，理科の目標及び内容の教科の目標，指導計画の作成と内容の取り扱いから，空所補充問題や内容理解に関する出題と，『中学校学習指導要領(平成29年告示)解説特別の教科道徳編』は頻出である。学習指導要領は同解説と併せて，完璧に理解するくらいの学習が肝要である。

　高校理科については，2024年度は物理・化学の募集であった。2023年度は物理・生物・地学，2022年度は物理・化学・生物の募集であり，例年募集科目にばらつきがあるので，志望する科目の募集の有無を確認しておく必要がある。試験時間は70分，中学校同様こちらも2023年度から全問記述式から全問記号選択式に変更された。出題は例年と同様に，地

学を含めた4科目総合の総合問題が1問，各科目にかかる学習指導要領の問題が1問，専門科目が4〜5問程度，合わせて大問6〜7問程度の出題であった。共通問題は基礎知識を問う小問集合問題である。専門科目は概ね高校基礎から大学入試標準レベルの有名問題が中心である。2022年度以前では，計算過程も記述させる問題や現象についての詳しい説明を記述させる問題などの厄介な解答を求められる問題が数問だが出題されていた。解答形式は変更されたが，知識の理解，計算過程の道筋を示すことや，図示して解答を示すことは教員として必須であるため，出題された際にも対応できるように学習は積んでおきたい。知識を論理的に表現することは，日頃の学習の質と量が結果に反映されるものである。基本的に出題されている問題は高校範囲に収まる出題であり，大学入試標準レベルを想定した学習を積めば知識としては対応できるはずである。その知識を前提に徹底的に論述，計算問題の学習をしておくことを勧める。

　学習指導要領も科目ごとに独自の問題が1問ずつ出題されているので，同解説と併せて内容や改訂点を理解することが大切である。全体の出題量に比べると配点は低い割合ではあるがミスのないように得点しておきたい。

　さらに過去問には必ず当たっておこう。数年分の過去問を実際の受験のつもりで試すことにより，出題傾向を自分で分析し，出題形式に慣れ，自分の苦手な分野を知ることができる。苦手克服の対策により，自信にもつながるであろう。

過去5年間の出題傾向分析

■中学理科

科目	分類	主な出題事項	2020年度	2021年度	2022年度	2023年度	2024年度
物理	身近な物理現象	光			●		
		音					
		力	●	●			
	電流の働き	電流と回路		●	●	●	●
		電流と磁界			●	●	
	運動の規則性	運動と力			●	●	
		仕事，エネルギー，熱	●				●
	学習指導要領	内容理解，空欄補充，正誤選択	●				
化学	身近な物質	物質の性質					
		物質の状態変化		●	●		●
		水溶液			●		
		酸性・アルカリ性の水溶液			●		
		気体の性質	●				
	化学変化と分子・原子	物質の成り立ち					●
		化学変化と物質の質量	●	●		●	
	物質と化学変化の利用	酸化・還元	●				
		化学変化とエネルギー			●		
	学習指導要領	内容理解，空欄補充，正誤選択	●	●	●	●	●
生物	植物のからだのつくりとはたらき	観察実験	●				
		花や葉のつくりとはたらき	●		●		
		植物の分類	●			●	●
	動物のからだのつくりとはたらき	刺激と反応					
		食物の消化	●	●			●
		血液の循環		●			
		呼吸と排出					
	生物の細胞と生殖	生物のからだと細胞					●
		生物の増え方					
		環境・生態系			●	●	
	学習指導要領	内容理解，空欄補充，正誤選択	●	●	●	●	●
地学	大地の変化	岩石					●
		地層				●	
		地震	●				
	天気の変化	雲のでき方・湿度	●		●		
		前線と低気圧					
		気象の変化	●		●		

科目	分類	主な出題事項	2020年度	2021年度	2022年度	2023年度	2024年度
地学	地球と宇宙	太陽系		●		●	
		地球の運動と天体の動き		●	●	●	●
	学習指導要領	内容理解, 空欄補充, 正誤選択	●	●	●		●

■高校物理

分類	主な出題事項	2020年度	2021年度	2022年度	2023年度	2024年度
力学	力		●	●		●
	力のモーメント					●
	運動方程式	●	●	●	●	●
	剛体の回転運動					
	等加速度運動	●			●	
	等速円運動					●
	単振動			●	●	
	惑星の運動・万有引力					
	仕事, 衝突		●			
波動	波動の基礎					
	音波	●		●		●
	光波				●	
電磁気	電界と電位					●
	コンデンサーの基礎				●	
	直流回路	●	●		●	
	コンデンサー回路			●	●	
	電流と磁界			●	●	●
	電磁誘導			●		
	交流電流			●		
	電磁波					
熱と気体	熱, 状態の変化				●	●
	状態方程式			●	●	
	分子運動					
	熱力学第一法則				●	●
原子	光の粒子性				●	
	物質の二重性				●	
	放射線			●	●	
	原子核反応					
その他	実験・観察に対する考察					
学習指導要領	内容理解, 空欄補充, 正誤選択	●	●	●	●	●

■高校化学

分類	主な出題事項	2020年度	2021年度	2022年度	2023年度	2024年度
物質の構成	混合物と純物質	●				
	原子の構造と電子配置			●		
	元素の周期表			●		
	粒子の結びつきと物質の性質	●		●	●	●
	原子量，物質量	●				●
	化学変化とその量的関係	●		●		
物質の変化	熱化学					
	酸と塩基	●	●	●		●
	酸化と還元			●	●	●
	電池			●	●	
	電気分解			●		
無機物質	ハロゲン			●		
	酸素・硫黄とその化合物					●
	窒素・リンとその化合物	●				
	炭素・ケイ素とその化合物					
	アルカリ金属とその化合物					
	2族元素とその化合物					
	アルミニウム・亜鉛など					
	遷移元素	●				
	気体の製法と性質					
	陽イオンの沈殿，分離					
有機化合物	脂肪族炭化水素	●				●
	アルコール・エーテル・アルデヒド・ケトン	●	●			●
	カルボン酸とエステル	●				●
	芳香族炭化水素			●	●	
	フェノールとその誘導体			●		
	アニリンとその誘導体			●	●	
	有機化合物の分離			●		
物質の構造	化学結合と結晶			●		
	物質の三態	●				
	気体の性質	●				
	溶液，溶解度			●		
	沸点上昇，凝固点降下，浸透圧					●
反応速度と化学平衡	反応速度					
	気相平衡		●	●		●
	電離平衡	●		●		●
	溶解度積		●	●		
	ルシャトリエの原理					

分類	主な出題事項	2020年度	2021年度	2022年度	2023年度	2024年度
天然高分子	糖類		●	●		
	アミノ酸・タンパク質	●	●			●
	脂質			●		
合成高分子	合成繊維	●	●			
	合成樹脂（プラスチック）	●		●		●
	ゴム	●				
生活と物質	食品の化学					
	衣料の化学					
	材料の化学					
生命と物質	生命を維持する反応					
	医薬品					
	肥料					
学習指導要領	内容理解, 空欄補充, 正誤選択	●	●	●		●

■高校生物

分類	主な出題事項	2020年度	2021年度	2022年度	2023年度	2024年度
細胞・組織	顕微鏡の観察	●			●	
	細胞の構造	●		●		
	浸透圧					
	動物の組織					
	植物の組織					
分裂・生殖	体細胞分裂					
	減数分裂					
	重複受精	●				
発生	初期発生・卵割					
	胚葉の分化と器官形成	●				
	誘導	●				
	植物の組織培養					
感覚・神経・行動	感覚器					
	神経・興奮の伝導・伝達				●	
	神経系				●	
	動物の行動				●	
恒常性	体液・血液循環					●
	酸素解離曲線					
	ホルモン	●			●	
	血糖量の調節					
	体温調節					
	腎臓・浸透圧調節					
	免疫				●	

出題傾向分析

分類	主な出題事項	2020年度	2021年度	2022年度	2023年度	2024年度
恒常性	器官生理					
	自律神経系					
遺伝	メンデル遺伝		●			
	相互作用の遺伝子					
	連鎖					
	伴性遺伝					
	染色体地図					
植物の反応	植物の反応		●			
	植物ホルモン		●		●	
	オーキシンによる反応		●			
	種子の発芽				●	
	花芽形成					
遺伝子	DNAの構造とはたらき	●	●			
	遺伝情報の発現とタンパク質合成	●	●			
	遺伝子の発現・調節					
	遺伝子工学		●		●	
酵素・異化	酵素反応		●	●		
	好気呼吸		●			●
	嫌気呼吸		●			
	筋収縮			●		
同化	光合成曲線					
	光合成の反応			●		
	窒素同化				●	
	C4植物					
個体群・植物群落・生態系	成長曲線・生存曲線・生命表		●			
	個体群の相互作用		●			
	植物群落の分布			●		
	植物群落の遷移					
	物質の循環		●			
	物質生産		●			
	湖沼生態系					
	環境・生態系	●	●			
進化・系統・分類	進化の歴史		●	●	●	
	分子系統樹	●			●	
	進化論					
	集団遺伝			●		
	系統・分類	●			●	
学習指導要領	内容理解，空欄補充，正誤選択	●	●	●	●	

■高校地学

分類	・主な出題事項	2020年度	2021年度	2022年度	2023年度	2024年度
惑星としての地球	地球の姿		●		●	●
	太陽系と惑星					
大気と海洋	大気の運動				●	
	天候		●		●	
	海水の運動				●	
地球の内部	地震と地球の内部構造				●	●
	プレートテクトニクス			●		
	マグマと火成活動		●			
	地殻変動と変成岩				●	
地球の歴史	地表の変化と堆積岩	●			●	
	地球の歴史の調べ方	●		●		
	日本列島の生い立ち					
宇宙の構成	太陽の姿	●			●	
	恒星の世界				●	
	銀河系宇宙			●		●
その他	実習活動の要点					
学習指導要領	内容理解，空欄補充，正誤選択	●	●		●	

第 2 部

宮崎県の
教員採用試験
実施問題

2024年度　実施問題

中　学　理　科

【1】次の文は「中学校学習指導要領(平成29年告示)解説　理科編　第3章　指導計画の作成と内容の取扱い　2　内容の取扱いについての配慮事項　(5)学習の見通しと振り返り」の一部である。文中の(　)に当てはまる語句を，以下の選択肢からそれぞれ1つずつ選び，記号で答えなさい。

> 　生徒が学習の見通しを立てたり学習したことを振り返ったりする活動を計画的に取り入れ，主体的に学ぼうとする態度を育てることは，生徒の学習意欲の向上に資すると考えられる。さらに，理科においては，　－中略－　，「課題の把握(発見)」，「課題の探究(追究)」，「課題の解決」といった探究の過程を通した学習活動を行い，それぞれの過程において，(　①　)が育成されるよう(　②　)の改善を図ることが必要である。その際，課題の把握の場面では，様々な事物・現象から問題を見いだし，解決可能な課題を設定することが考えられる。また，課題の探究の場面では，仮説を設定し，(　③　)を立案し見通しをもって観察，実験を行い，結果を適切に処理することが考えられる。また，課題の解決の場面では，観察，実験などの結果を(　④　)するとともに，考察が設定した課題と対応しているかなど，探究の過程を(　⑤　)ことも考えられる。その他，学習したことを振り返って新たな問題を見いだすことなど，単元など内容や時間の(　⑥　)の中で，主体的に学習の見通しを立てたり，振り返ったりする場面を計画的に取り入れるように工夫することが大切である。

ア　知識及び技能　　イ　資質・能力　　　ウ　問題

エ　実験　　　　　　オ　学習課題　　　　カ　比較・関係付け
キ　見通す　　　　　ク　評価　　　　　　ケ　指導
コ　まとまり　　　　サ　分析して解釈　　シ　振り返る
ス　枠組み　　　　　セ　考察　　　　　　ソ　検証計画

(☆☆◎◎◎)

【2】体細胞分裂の観察に関する後の各問いに答えなさい。ただし，図1は【方法】を，図2は観察した細胞のようすをそれぞれ模式的に表したものである。

【方法】

Ⅰ　タマネギの種子から発芽した根の先端をカッターナイフで3
　～5mm切りとり，えつき針で細かくくずす。
Ⅱ　5％塩酸をスポイトで1滴落として，3～5分間待つ。
Ⅲ　ろ紙で，塩酸をじゅうぶんに吸いとる。
Ⅳ　酢酸オルセイン溶液をスポイトで1滴落として，5分間待つ。
Ⅴ　カバーガラスをかけ，その上をろ紙でおおい，指でゆっくりと根を押しつぶし，顕微鏡で観察する。

図Ⅰ

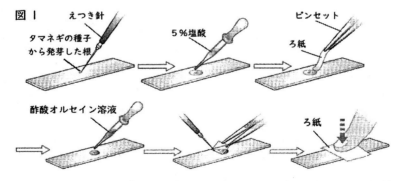

(1)　Ⅳの下線部は，「核や染色体を染色する」役割がある。それ以外の役割として適当なものを，次の選択肢から1つ選び，記号で答えなさい。

15

　　ア　細胞を1つ1つ離れやすくする。

　　イ　細胞の分裂をさかんにする。

　　ウ　細胞を生きていた状態で固定する。

　　エ　細胞を中和する。

(2)　図2のA～Fの細胞について，Fを1番目として体細胞分裂が進んで
いく順に並べたとき，3番目になるものとして適当なものを，以下
の選択肢から1つ選び，記号で答えなさい。

図2

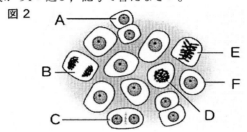

　　ア　A　　イ　B　　ウ　C　　エ　D　　オ　E

(3)　タマネギの根の先端の細胞では，体細胞分裂がさかんに行われて
いる。体細胞分裂をはじめる前の細胞1個の染色体の数をxと表した
場合，体細胞分裂により2つの細胞に分かれた後の細胞1個の染色体
の数として正しいものを，次の選択肢から1つ選び，記号で答えな
さい。

　　ア　0.5x　　イ　x　　ウ　2x　　エ　4x

（☆☆☆◎◎◎）

【3】アルカリ性を示すもとになるイオンが何であるかを調べるために次
の【実験】を行った。あとの各問いに答えなさい。

【実験】

> Ⅰ　図のように，pH試験紙とろ紙を硝酸カリウム水溶液で湿ら
> せ，両端のクリップを電源装置につないで9Vの電圧を加えた。
>
> Ⅱ　pH試験紙の中央に水酸化ナトリウム水溶液をしみこませた
> ろ紙を置いた。

図　水酸化ナトリウム水溶液をしみこませたろ紙

電源装置の－極へ　　　　　電源装置の＋極へ

陰極　　　陽極

スライドガラス

硝酸カリウム水溶液で湿らせたpH試験紙とろ紙

(1) 硝酸カリウム水溶液に関する次の文の(　　)に入る語句の組合せとして適当なものを，以下の選択肢から1つ選び，記号で答えなさい。

> 硝酸カリウムは，(　①　)で，硝酸カリウム水溶液は，(　②　)を示す。

ア　①　非電解質　②　酸性
イ　①　非電解質　②　中性
ウ　①　非電解質　②　アルカリ性
エ　①　電解質　　②　酸性
オ　①　電解質　　②　中性
カ　①　電解質　　②　アルカリ性

(2) ⅡのあとのpH試験紙のようすについての説明として適当なものを，次の選択肢から1つ選び，記号で答えなさい。

ア　pH試験紙の一部が赤色に変化し，赤色の部分は陰極側へ移動した。
イ　pH試験紙の一部が赤色に変化し，赤色の部分は陽極側へ移動した。
ウ　pH試験紙の一部が青色に変化し，青色の部分は陰極側へ移動した。

　　エ　pH試験紙の一部が青色に変化し，青色の部分は陽極側へ移動した。

(3)　水溶液にしたとき，電離してアルカリ性を示す原因となるイオンを生じる化合物として適当なものを，次の選択肢から1つ選び，記号で答えなさい。

　　ア　HNO_3　　イ　C_2H_5OH　　ウ　NH_3　　エ　CH_3COOH

　　　　　　　　　　　　　　　　　　　　　　　　（☆☆☆◎◎◎）

【4】図のような実験装置で，抵抗器a，抵抗器bそれぞれについての電圧と電流の関係を調べた。表はその結果をまとめたものである。あとの各問いに答えなさい。

図

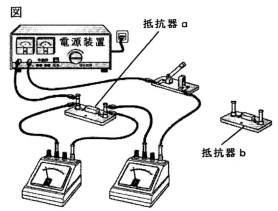

表

電圧〔V〕		0	2.0	4.0	6.0
電流〔mA〕	抵抗器a	0	200	400	600
	抵抗器b	0	50	100	150

(1)　抵抗器bの抵抗の大きさは，抵抗器aの抵抗の大きさの何倍か。適当なものを，次の選択肢から1つ選び，記号で答えなさい。

　　ア　0.25　　イ　0.5　　ウ　1　　エ　2　　オ　4

(2) 抵抗器aと抵抗器bを直列につなぎ，抵抗器aに加わる電圧を調べると1.5Vであった。このとき抵抗器bに加わる電圧の大きさとして適当なものを，次の選択肢から1つ選び，記号で答えなさい。

　ア　1.5　　イ　3.0　　ウ　4.5　　エ　6.0　　オ　7.5

(3) 同じ電圧を加えたとき，一定時間あたりの電流による発熱量が最も大きいと考えられる回路として適当なものを，次の選択肢から1つ選び，記号で答えなさい。

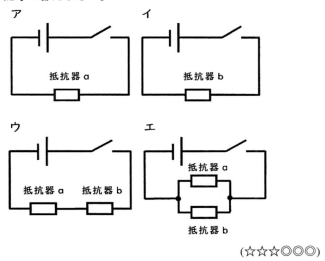

(☆☆☆◎◎◎)

【5】火山について，次の各問いに答えなさい。

(1) 図は，代表的な火山の形を模式的に表したものである。マグマや噴火のようすを比較したとき，火山Aのマグマや噴火のようすを説明したものとして適当なものを，以下の選択肢から1つ選び，記号で答えなさい。

図

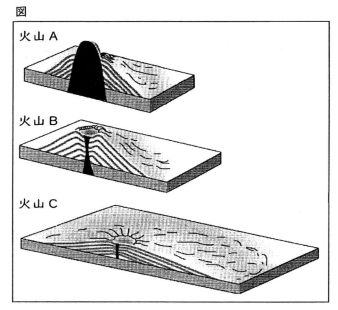

火山Ａ

火山Ｂ

火山Ｃ

　　ア　マグマのねばりけは大きく，激しい噴火をする。
　　イ　マグマのねばりけは小さく，激しい噴火をする。
　　ウ　マグマのねばりけは大きく，おだやかな噴火をする。
　　エ　マグマのねばりけは小さく，おだやかな噴火をする。

(2)　火山灰を観察するために用いる双眼実体顕微鏡の説明として適当
　なものを，次の選択肢から1つ選び，記号で答えなさい。
　　ア　観察物を上下左右がそのままで，100倍から400倍程度に拡大し
　　　て観察できる。
　　イ　観察物を上下左右がそのままで，20倍から40倍程度に拡大して
　　　観察できる。
　　ウ　観察物を上下左右が逆で，100倍から400倍程度に拡大して観察
　　　できる。
　　エ　観察物を上下左右が逆で，20倍から40倍程度に拡大して観察で
　　　きる。

(3)　ある火山周辺で採取した軽石には，小さな穴が観察された。これは高温のマグマにふくまれていた気体が，抜けたためにできたものである。この気体のおもな成分(物質)として適当なものを，次の選択肢から1つ選び，記号で答えなさい。

　　ア　酸素　　イ　水　　ウ　水素　　エ　窒素

　　　　　　　　　　　　　　　　　　　　　　(☆☆☆◎◎◎)

【6】唾液の働きを調べる【実験】を行い，結果を表にまとめた。あとの各問いに答えなさい。

【実験】

Ⅰ　図のように，1%デンプンのりを同量ずつ入れた試験管A，Bを用意し，Aには唾液，Bには水を同量ずつ加えて①ある温度で一定に保った。

Ⅱ　15分後，試験管A，Bの液をそれぞれ別の試験管(A′，B′)に半分ずつ分け，A，Bの試験管にそれぞれヨウ素溶液を2, 3滴加えた。

Ⅲ　A′，B′の試験管に，それぞれ②ベネジクト溶液を少量加え，沸騰石を入れて加熱した。

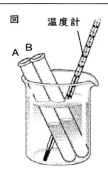

図　　　温度計

A　B

表

	ヨウ素溶液に対する反応	ベネジクト溶液に対する反応
デンプンのり+唾液	A　×	A'　○
デンプンのり+　水	B　○	B'　×

（○：反応あり，×：反応なし）

(1)　【実験】Ⅰの下線部①の温度として最も適当なものを，次の選択肢から1つ選び，記号で答えなさい。

ア　5℃　　イ　15℃　　ウ　40℃　　エ　80℃

(2)　【実験】Ⅲの下線部②で，反応があったときの色の変化として最も適当なものを，次の選択肢から1つ選び，記号で答えなさい。

ア　青色→青紫色　　イ　青色→赤褐色　　ウ　黄色→赤褐色

エ　黄色→青紫色

(3)　唾液に含まれる消化酵素として適当なものを，次の選択肢から1つ選び，記号で答えなさい。

ア　トリプシン　　イ　アミラーゼ　　ウ　ペプシン

エ　リパーゼ

（☆☆☆○○○）

【7】図は，ビーカーに入れた氷をゆっくりと加熱したときの，加熱した時間と温度の関係を模式的に表したものである。以下の各問いに答えなさい。

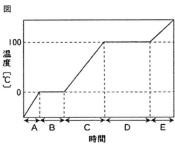

図

22

(1) 図のB区間において，氷が液体に状態変化するときの説明として適当なものを，次の選択肢から1つ選び，記号で答えなさい。ただし，B区間において水は蒸発しないものとする。

　ア　体積は変化しないが，質量が大きくなる。

　イ　体積は変化しないが，質量が小さくなる。

　ウ　質量は変化しないが，体積が大きくなる。

　エ　質量は変化しないが，体積が小さくなる。

(2) 液体の水が存在する区間として適当なものを，次の選択肢からすべて選び，記号で答えなさい。

　ア　A　　イ　B　　ウ　C　　エ　D　　オ　E

(3) 図で用いた氷の質量を大きくして同様に加熱したとき，図のCの区間のグラフの変化として考えられるものとして最も適当なものを，次の選択肢から1つ選び，記号で答えなさい。

　ア　図のCの区間のグラフよりも傾きが大きくなり，100℃に達するまでの時間が短くなる。

　イ　図のCの区間のグラフよりも傾きが小さくなり，100℃に達するまでの時間が長くなる。

　ウ　図のCの区間のグラフよりも傾きが大きくなり，100℃以上に達する。

　エ　図のCの区間のグラフよりも傾きは小さくなり，100℃に達しない。

　オ　図のCの区間のグラフの傾きは変化しない。

(☆☆◎◎◎)

【8】エネルギーに関する次の各問いに答えなさい。

(1) 図1は，エネルギーの変換のようすの一部を表したものである。以下の各問いに答えなさい。

図1

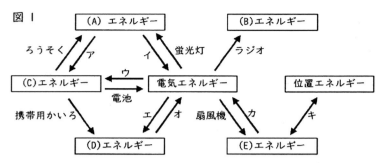

① 図1の(A)～(E)に当てはまる語句として適当なものを，次の選択肢からそれぞれ1つずつ選び，記号で答えなさい。

ア　熱　　イ　光　　ウ　核　　エ　音　　オ　運動

カ　化学

② 次の現象に当てはまるエネルギー変換として適当なものを，図1の矢印を示す記号からそれぞれ1つずつ選び，記号で答えなさい。

現象

a　光合成によってデンプンがつくられる。

b　水の電気分解によって水素ができる。

(2) 図2は，熱の伝わり方を表したものである。図2の①～③と同じ熱の伝わり方で起こると考えられる現象として正しい組合せを，あとの選択肢から1つ選び，記号で答えなさい。

図2

① 高温の物体から出た光や赤外線などを受けとったまわりの物体に熱が移動する現象

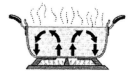

② 場所により温度が異なる液体や気体が流動して熱が運ばれる現象

③　温度の異なる物体の接触により，高温の物体から低温の物体へ熱が移動する現象

現象

A　たき火の近くにいるとあたたかくなる。
B　風呂に入ると体があたたまる。
C　太陽の光に当たるとあたたかくなる。
D　ストーブの上に上昇気流が生じる。
E　氷の上に置いた缶ジュースが冷たくなる。

	①		②		③	
ア	①	CとD	②	E	③	AとB
イ	①	AとC	②	D	③	BとE
ウ	①	BとC	②	E	③	AとD
エ	①	AとE	②	C	③	BとD

(☆☆☆◎◎)

【9】日本のある地点Mで，太陽の動きを調べる【観察】を行った。あとの各問いに答えなさい。

【観察】

Ⅰ　画用紙に透明半球のふちと同じ大きさの円をかき，その中心をOとした。その中心を通り，垂直に交わる2本の線ACとBDをかいた。
Ⅱ　かいた円に合わせて，透明半球を固定し水平な場所に置き，A，B，C，Dが東西南北のいずれかになるように，方位磁針で方角を合わせて，画用紙を固定した。
Ⅲ　1時間ごとに，フェルトペンの先の影が，Oにくる位置を太

陽の位置として透明半球に●印としてフェルトペンで記録した。

Ⅳ　記録した●印をなめらかな曲線で結び，それを透明半球の
ふちまでのばした。

Ⅴ　Ⅳの線から太陽がいちばん高くなる位置を見つけ，Yとした。

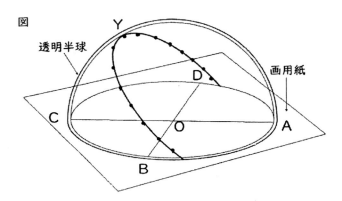

図

(1)　南中高度を表す角度として適当なものを，次の選択肢から1つ選
び，記号で答えなさい。

　　ア　∠YOA　　イ　∠YOB　　ウ　∠YOC　　エ　∠YOD

(2)　地点Mにおける，春分の日の太陽の動きを同様に記録し，Bの方
向から真横に見たものとして，最も適するものを，次の選択肢から
1つ選び，記号で答えなさい。ただし，選択肢の中の破線は，【観察】
の太陽の動きを表している。

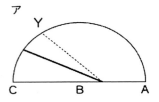

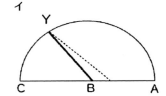

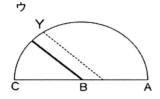

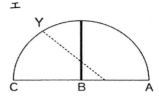

(3) 【観察】を行った日に，地点Mと同緯度にあり，西に400km離れた地点Nで，同様の【観察】を行った際の結果を説明したものとして最も適当なものを，次の選択肢から1つ選び，記号で答えなさい。

ア　南中高度は，地点Mと変わらないが，南中する時刻は遅い。

イ　南中高度は，地点Mと変わらないが，南中する時刻は早い。

ウ　南中高度は，地点Mより低くなり，南中する時刻は遅い。

エ　南中高度は，地点Mより低くなり，南中する時刻は早い。

オ　南中高度は，地点Mより高くなり，南中する時刻は遅い。

カ　南中高度は，地点Mより高くなり，南中する時刻は早い。

(☆☆☆◎◎◎◎)

高 校 理 科

【物理】

【1】次の各問いに答えなさい。

(1) 次の文は，「高等学校学習指導要領(平成30年告示)解説　理科編　理数編　第1部　理科編　第3章　各科目にわたる指導計画の作成と内容の取扱い　2　内容の取扱いに当たっての配慮事項　(3)コンピュータなどの活用」の一部である。文中の(　　)に当てはまる語句を，以下の選択肢から1つ選び，記号で答えなさい。

> (3)　各科目の指導に当たっては，観察，実験の過程での情報の収集・検索，計測・制御，結果の集計・処理などにおいて，コンピュータや(　　)ネットワークなどを積極的かつ適切に活用すること。

　　ア　地域支援　　イ　教育情報　　ウ　情報通信　　エ　国際通信

(2)　次の文は,「高等学校学習指導要領(平成30年告示)解説　理科編　理数編　第1部　理科編　第1章　総説　第5節　内容の構成の考え方と本解説における内容の示し方　1　内容の構成の考え方」の一部である。文中の(　　)に当てはまる語句を,以下の選択肢から1つ選び,記号で答えなさい。

　　今回の改訂では,アとして知識及び技能,イとして思考力,判断力,表現力等については,次のように示している。
　①　アに示す知識及び技能については,それ自体に(　　)があることから,例えば,「科学と人間生活」の「(2)　人間生活の中の科学」では,その単元全体に係るものとして概要を示し,「(ア)　光や熱の科学」の「㋐　光の性質とその利用」で具体的な内容を示している。

　　ア　順序性　　イ　整合性　　ウ　一貫性　　エ　階層性

(3)　次の文は,「高等学校学習指導要領(平成30年告示)解説　理科編　理数編　第1部　理科編　第2章　理科の各科目　第3節　物理　3　内容とその範囲,程度」の一部である。文中の(　　)に当てはまる言葉を,以下の選択肢から1つ選び,記号で答えなさい。

(ウ)　物理学が築く未来
　㋐　物理学が築く未来
　　物理学の成果が様々な分野で利用され,未来を築く新しい(　　)の基盤となっていることを理解すること。

　　ア　科学技術　　イ　社会形成　　ウ　環境保全　　エ　資源開発

(4)　次の文は,「高等学校学習指導要領(平成30年告示)解説　理科編　理数編　第1部　理科編　第2章　理科の各科目　第3節　物理　1　性格」の一部である。文中の(　　)に当てはまる数字を,以下の選択肢から1つ選び,記号で答えなさい。

　　「物理」の内容は，「物理基礎」との関連を図りながら，基本的な概念や原理・法則を体系的に学習できるよう，〈中略〉の(　　)つの大項目から構成されている。

　ア　3　　イ　4　　ウ　5　　エ　6

(☆☆◎◎◎)

【2】次の各問いに答えなさい。

(1)　市販の硝酸の質量パーセント濃度は68％，密度は1.4g/cm³である。この硝酸のモル濃度は何mol/Lか。正しいものを，次の選択肢から1つ選び，記号で答えなさい。

　　　ただし，原子量は，H＝1.0，N＝14，O＝16とする。

　ア　6.0mol/L　　イ　11mol/L　　ウ　15mol/L　　エ　22mol/L

(2)　分子間に水素結合を形成する物質として正しいものを，次の選択肢から1つ選び，記号で答えなさい。

　ア　窒素　　イ　ドライアイス　　ウ　ヨウ素　　エ　氷

(3)　エネルギーと代謝に関する記述として，最も適当なものを，次の選択肢から1つ選び，記号で答えなさい。

　ア　酵素は，生体内で行われる代謝において，生体触媒として作用する炭水化物である。

　イ　呼吸では，酸素を用いて有機物を分解し，得られたエネルギーでATPからADPが合成される。

　ウ　同化は，エネルギーを利用して単純な物質から複雑な物質を合成する反応である。

　エ　光合成では，光エネルギーを用いて，窒素と二酸化炭素から有機物が合成される。

(4)　ヒトの体液に関する記述として，最も適当なものを，次の選択肢から1つ選び，記号で答えなさい。

　ア　リンパ液は，鎖骨下静脈で血液に合流する。

　イ　血液1mm³当たりの血球数は，血小板が最も多い。

ウ　赤血球のヘモグロビンのうち，酸素ヘモグロビンとして存在している割合は，肺静脈中より肺動脈中の方が大きい。

エ　血液は，試験管に入れて放置すると，血液凝固を起こし，沈殿物と血しょうに分離する。

(5)　次の文は，地球内部の構造について説明したものである。(　　)に当てはまる語句として正しい組合せを，以下の選択肢から1つ選び，記号で答えなさい。

地球の内部構造は，構成している物質の違いによって地殻・マントル・核の3つの層に分かれていることがわかっている。地球は，深部ほど密度が大きい物質で構成されている。地殻は主に花こう岩や斑れい岩からできている(　①　)と，主に玄武岩や斑れい岩からできている(　②　)に分けられる。地殻とマントルの境界はモホロビチッチ不連続面とよばれている。地球内部では深部ほど圧力が高くなり，岩石を構成している鉱物の結晶構造や種類がより高密度のものへ変化する。その結果，地震波速度が増加し，深さ約410kmと約660kmでは，急激な地震波速度の増加が観察される。深さ約660kmを境に，マントルは，上部マントルと下部マントルに大きく分けられている。また，核は金属が融けて液体になっている(　③　)と固体の(　④　)とに分けられる。

	①	②	③	④
ア	大陸地殻	海洋地殻	内核	外核
イ	大陸地殻	海洋地殻	外核	内核
ウ	海洋地殻	大陸地殻	内核	外核
エ	海洋地殻	大陸地殻	外核	内核

(6)　銀河系に関する記述として，誤っているものを，次の選択肢から1つ選び，記号で答えなさい。

ア　銀河系内の大部分の恒星や，数百個の恒星の集まりである散開星団，星間物質は，中央部に膨らみをもつ円盤状の部分に集まっている。

イ　銀河系中央部の膨らみの部分は，半径約1万光年の球状で，円

30

盤部と呼ばれている。円盤部とそれに続くバルジは，半径約5万光年で，私たちの太陽はバルジにある。

ウ　100万個程度の恒星が球状に集まっている球状星団は，銀河系全体の半径約7万5000光年の球形の範囲内に分布している。この領域をハローという。

エ　恒星と星間物質の大集団を銀河といい，私たちの太陽を含む銀河を銀河系とよぶ。銀河系はアンドロメダ銀河などとともに銀河群をつくり，その銀河群はさらにもっと大きな銀河の集団を形成している。

(☆☆☆◎◎◎)

【3】図のように質量$3m$，長さLの一様な棒ABがある。棒の両端にそれぞれ軽い糸を結び，糸の他端を鉛直な壁の1点Cにそれぞれ結びつけて棒が鉛直な壁に垂直に接触するようにつるす。このとき，A，Cを結ぶ糸は鉛直で，B，Cを結ぶ糸は水平方向と30°の角をなしてつりあっている。棒と壁の間の摩擦は無視でき，棒にはたらく重力は，全て棒の重心に加わるものとする。ただし，重力加速度の大きさをgとする。以下の各問いに答えなさい。

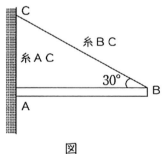

図

(1)　A端から棒ABの重心までの距離はいくらか。正しいものを次の選択肢から1つ選び，記号で答えなさい。

ア　$\dfrac{1}{2}L$　　イ　$\dfrac{2}{3}L$　　ウ　$\dfrac{3}{4}L$　　エ　$\dfrac{5}{6}L$

(2)　糸ACが棒ABを引く力の大きさT_1，糸BCが棒ABを引く力の大きさT_2，Aにおいて，壁から棒にはたらく力の大きさNはそれぞれいくらか。力の大きさの正しい組合せを，次の選択肢から1つ選び，記号で答えなさい。

	T_1の大きさ	T_2の大きさ	Nの大きさ
ア	$\dfrac{3}{2}mg$	$3mg$	$\dfrac{3}{4}mg$
イ	$\dfrac{3}{2}mg$	$3mg$	$\dfrac{3\sqrt{3}}{2}mg$
ウ	$4mg$	mg	$2\sqrt{3}\,mg$
エ	$4mg$	mg	$\dfrac{3}{2}mg$

(☆☆☆◎◎◎)

【4】図のように点Oに固定した長さrの軽い糸に，質量mの小球をつける。糸がたるまないように小球を水平の位置Pまで持ち上げ，静かにはなす。小球が最下点Qを通る瞬間，糸はQの真上$\dfrac{r}{2}$の距離の点O′にある釘に触れ，小球は点O′を中心とする円運動を始める。その後，小球は，角度θの点Rを通過した。ただし，鉛直方向とO′Rのなす角をθとする。以下の各問いに答えなさい。

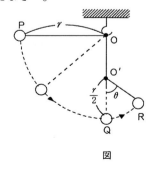

図

32

(1) 小球が点Qを通る直前の，おもりの速さv_1と糸が小球を引く力の大きさTはいくらか。正しい組合せを次の選択肢から1つ選び，記号で答えなさい。

	v_1	T
ア	$\sqrt{gr}$	mg
イ	$\sqrt{gr}$	$3mg$
ウ	$\sqrt{2gr}$	mg
エ	$\sqrt{2gr}$	$3mg$

(2) 小球が点Rを通るときの，小球の速さv_2は，いくらか。正しいものを次の選択肢から1つ選び，記号で答えなさい。

ア $\sqrt{gr}$ イ $\sqrt{\dfrac{gr(1-\cos\theta)}{2}}$ ウ $\sqrt{gr(1-\cos\theta)}$

エ $\sqrt{gr(1+\cos\theta)}$

(3) 小球が点Rを通るときの糸が小球を引く力の大きさT'を求める過程を次の文で示した。（　　）に当てはまる式として正しい組合せを，以下の選択肢から1つ選び，記号で答えなさい。

おもりは，点Rを通過する瞬間，点O'を中心とする半径$\dfrac{r}{2}$の円運動をしている。点O'方向の加速度をaとして点O'方向についての運動方程式を立てると，$ma=($　①　$)$となり，この式に(2)で求めたv_2を代入すると，$T'=($　②　$)$と求めることができる。

	①	②
ア	$T' - mg$	$2mg$
イ	$T' - mg$	$mg(3 + 2cos\theta)$
ウ	$T' - mgcos\theta$	$3mg$
エ	$T' - mgcos\theta$	$mg(2 + 3cos\theta)$

(☆☆☆◎◎◎)

【5】滑らかに動くピストンの付いた円筒容器に単原子分子理想気体
1molを入れ，図に示すように圧力pと体積VをAの状態からB，Cの状態
を経て再びAの状態に戻るよう変化させた。ただし，すべての区間は
直線に沿っての変化である。以下の各問いに答えなさい。

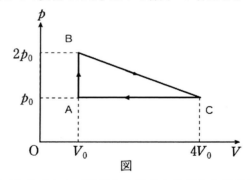

図

(1)　気体が1サイクルで吸収した熱量と放出した熱量は，それぞれい
くらか。それぞれの熱量の正しい組合せを，次の選択肢から1つ選
び，記号で答えなさい。

	吸収した熱量	放出した熱量
ア	$9p_0V_0$	$8p_0V_0$
イ	$\dfrac{3}{2}p_0V_0$	$8p_0V_0$
ウ	$9p_0V_0$	$\dfrac{15}{2}p_0V_0$
エ	$\dfrac{3}{2}p_0V_0$	$\dfrac{15}{2}p_0V_0$

(2) このサイクルを熱機関とみなしたとき，1サイクルでの熱効率eは いくらか。次の選択肢から正しいものを1つ選び，記号で答えなさ い。

ア $\dfrac{1}{2}$　　イ $\dfrac{1}{3}$　　ウ $\dfrac{1}{4}$　　エ $\dfrac{1}{6}$

(3) このサイクルについての温度Tと体積Vの関係を表すグラフとし て，最も適当なものを，次の選択肢から1つ選び，記号で答えなさ い。ただし，Aの状態の温度をT_0とする。

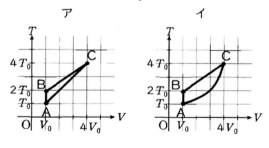

ウ　　　　　　　　エ

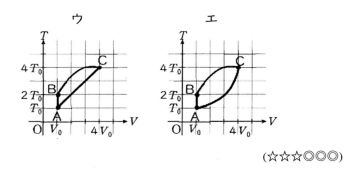

(☆☆☆◎◎◎)

【6】図1のように，xy平面上の点A$(-a,\ 0)$に電気量$+Q\,(Q>0)$の点電荷を固定した。クーロンの法則の比例定数をk，無限遠点を電位の基準として，以下の各問いに答えなさい。

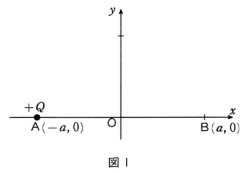

図Ⅰ

(1)　点B$(a,\ 0)$における電界の強さとして正しいものを，次の選択肢から1つ選び，記号で答えなさい。

ア　$\dfrac{kQ}{2a}$　　イ　$\dfrac{kQ^2}{2a}$　　ウ　$\dfrac{kQ}{4a^2}$　　エ　$\dfrac{kQ^2}{4a^2}$

(2)　点Aに固定してある点電荷と同じ電気量$+Q\,(Q>0)$を持つ点電荷を点Oに置き，外力を加えて点Oから点Bまでゆっくりと移動させた。このとき外力がした仕事として正しいものを，次の選択肢から1つ選び，記号で答えなさい。

ア　$\dfrac{kQ^2}{2a}$　　イ　$-\dfrac{kQ^2}{2a}$　　ウ　$\dfrac{kQ^2}{4a^2}$　　エ　$-\dfrac{kQ}{4a^2}$

ここで，(2)で移動させた点電荷を，図2のように点Bに固定した。

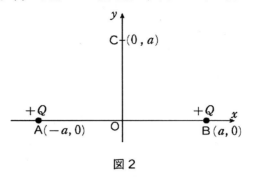

図2

(3) 点C(0, a)における電界の強さとして正しいものを，次の選択肢から1つ選び，記号で答えなさい。

ア $\dfrac{kQ}{\sqrt{2}\,a^2}$ イ $\dfrac{\sqrt{2}\,kQ}{a^2}$ ウ $\dfrac{kQ}{2a^2}$ エ $\dfrac{kQ}{2\sqrt{2}\,a^2}$

(4) 図2において，電気量$-Q$の点電荷を，y軸上の点OC間のどこかに置き，点Cにおける電位を0にしたい。点電荷を置くy座標の値と，点電荷を置いたときの点Cにおける電界の強さを表す式の組合せとして正しいものを，次の選択肢から1つ選び記号で答えなさい。

	ア	イ	ウ	エ
y座標の値	$\dfrac{\sqrt{2}-1}{2}a$	$\dfrac{\sqrt{2}-1}{2}a$	$\dfrac{2-\sqrt{2}}{2}a$	$\dfrac{2-\sqrt{2}}{2}a$
電界の強さ	$\dfrac{(\sqrt{2}-1)kQ}{2a^2}$	$\dfrac{(4-\sqrt{2})kQ}{2a^2}$	$\dfrac{(\sqrt{2}-1)kQ}{2a^2}$	$\dfrac{(4-\sqrt{2})kQ}{2a^2}$

(☆☆☆◎◎◎)

【7】粒子の持つ電気量の大きさと質量との比を比電荷という。陰極線が電界や磁界で曲げられることから，実験を行って陰極線粒子(電子)の比電荷を測定したい。まず，陰極線に垂直な方向に電界だけをかけた場合の質量m，電気量の大きさeの電子の軌道を考える。図1のように，x軸，y軸，z軸をとり，陰極Aを出た電子は陽極Bの穴を通り，平行板

電極(偏向板)CD間をx軸の正の向きに速さv_0で入る。このとき，v_0が大きいため重力の影響は無視でき，CD間に電界がなければ，電子は直進して蛍光面上の点Oにあたる。CD間にy軸の負の向きに強さEの電界をかけると，電子はy軸上の点Pにあたった。偏向板CDの長さをl，偏向板の右端から蛍光面までの距離をLとして，以下の各問いに答えなさい。

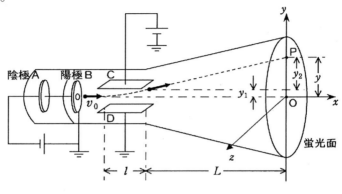

図Ⅰ

(1) 電子がCD間を通過するときのy軸方向の加速度として，正しいものを，次の選択肢から1つ選び，記号で答えなさい。

　ア　$\dfrac{eE}{m}$　　イ　meE　　ウ　$\dfrac{m}{eE}$　　エ　$\dfrac{E}{me}$

(2) 電子が偏向板を出るときのy成分の変位はy_1であった。また，CD間を出た後，電子は蛍光面に達するまでy軸正方向にy_2だけ移動した。y_1とy_2を表す式の組合せとして，正しいものを，次の選択肢から1つ選び，記号で答えなさい。

	ア	イ	ウ	エ
y_1	$\dfrac{el^2E}{mv_0{}^2}$	$\dfrac{el^2E}{mv_0{}^2}$	$\dfrac{el^2E}{2mv_0{}^2}$	$\dfrac{el^2E}{2mv_0{}^2}$
y_2	$\dfrac{elLE}{mv_0{}^2}$	$\dfrac{elLE}{2mv_0{}^2}$	$\dfrac{elLE}{mv_0{}^2}$	$\dfrac{elLE}{2mv_0{}^2}$

次に，図2のように，電界をかけている部分に，磁束密度の大きさがBの磁界をz軸の負の向きにかける。電子が直進するように磁界の強さを調整すると，電子は蛍光面上の点Oにあたり，E, Bの値から電子の速さv_0を知ることができる。

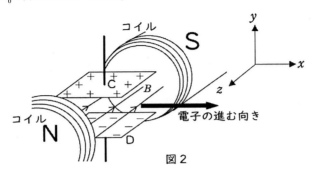

コイル

図2

(3) 電子の速さv_0として，正しいものを，次の選択肢から1つ選び，記号で答えなさい。

ア EB　　イ $\dfrac{1}{EB}$　　ウ $\dfrac{B}{E}$　　エ $\dfrac{E}{B}$

(4) E, B, l, L, y $(y=y_1+y_2)$はいずれも測定可能な量である。これらの実験から求められる電子の比電荷$\dfrac{e}{m}$を表す式として，正しいものを，次の選択肢から1つ選び，記号で答えなさい。

ア $\dfrac{2Ey}{B^2l(l+2L)}$　　イ $\dfrac{2Ey}{B^2l(l+L)}$　　ウ $\dfrac{B^2l(l+2L)}{2Ey}$

エ $\dfrac{B^2l(l+L)}{2Ey}$

(☆☆☆☆◎◎◎)

【化学】

【1】次の各問いに答えなさい。

(1) 次の文は，「高等学校学習指導要領(平成30年告示)解説　理科編　理数編　第1部　理科編　第3章　各科目にわたる指導計画の作成と内容の取扱い　2　内容の取扱いに当たっての配慮事項　(3)　コン

ピュータなどの活用」の一部である。文中の(　　)に当てはまる語句を，以下の選択肢から1つ選び，記号で答えなさい。

> (3)　各科目の指導に当たっては，観察，実験の過程での情報の収集・検索，計測・制御，結果の集計・処理などにおいて，コンピュータや(　　)ネットワークなどを積極的かつ適切に活用すること。

ア　地域支援　　イ　教育情報　　ウ　情報通信　　エ　国際通信

(2)　次の文は，「高等学校学習指導要領(平成30年告示)解説　理科編理数編　第1部　理科編　第1章　総説　第5節　内容の構成の考え方と本解説における内容の示し方　1　内容の構成の考え方」の一部である。文中の(　　)に当てはまる語句を，以下の選択肢から1つ選び，記号で答えなさい。

> 　今回の改訂では，アとして知識及び技能，イとして思考力，判断力，表現力等については，次のように示している。
> ①　アに示す知識及び技能については，それ自体に(　　)があることから，例えば，「科学と人間生活」の「(2)　人間生活の中の科学」では，その単元全体に係るものとして概要を示し，「(ア)　光や熱の科学」の「⑦　光の性質とその利用」で具体的な内容を示している。

ア　順序性　　イ　整合性　　ウ　一貫性　　エ　階層性

(3)　次の文は，「高等学校学習指導要領(平成30年告示)解説　理科編理数編　第1部　理科編　第2章　理科の各科目　第4節　化学基礎2　目標」の一部である。文中の(　　)に当てはまる語句を，以下の選択肢から1つ選び，記号で答えなさい。

> 　物質とその変化に関わり，理科の見方・考え方を働かせ，(　　)をもって観察，実験を行うことなどを通して，物質とその変化を科学的に探究するために必要な資質・能力を次のとおり育成することを目指す。

　　ア　目的意識　　イ　見通し　　ウ　展望　　エ　疑問

(4)　次の文は，「高等学校学習指導要領(平成30年告示)解説　理科編
　　理数編　第1部　理科編　第2章　理科の各科目　第5節　化学　3
　　内容とその範囲，程度」の一部である。文中の(　　)に当てはまる
　　語句を，以下の選択肢から1つ選び，記号で答えなさい。

---

　　⑦　合成高分子化合物について

　　「化学基礎」では，「(2)ア(イ)㋑　分子と共有結合」で，プ
　ラスチックなどの高分子化合物の構造について学習している。

　　ここでは，合成高分子化合物の構造，性質及び合成につい
　て理解させることがねらいである。

　　代表的な(　　)及びプラスチックについては，例えば，ナイ
　ロン，ポリエチレン，ポリプロピレン，ポリ塩化ビニル，ポ
　リスチレン，ポリエチレンテレフタラート，フェノール樹脂，
　尿素樹脂などを取り上げ，それらの構造，性質及び合成を扱
　う。

　　ここで扱う実験としては，例えば，ナイロンや熱硬化性樹
　脂の合成実験などが考えられる。

　　ア　半合成繊維　　イ　合成繊維　　ウ　再生繊維
　　エ　天然繊維

　　　　　　　　　　　　　　　　　　　　　　　　(☆☆◎◎◎)

【2】次の各問いに答えなさい。

(1)　おんさAと，振動数400HzのおんさBを同時に鳴らすと，5s間で10
　　回のうなりが聞こえた。おんさAの振動数として正しいものを，次
　　の選択肢から1つ選び，記号で答えなさい。ただし，おんさAの振動
　　数は，おんさBの振動数より小さいものとする。
　　　ア　350Hz　　イ　390Hz　　ウ　395Hz　　エ　398Hz

(2)　熱機関が，高温の物体から熱量500Jを吸収し，低温の物体に熱量
　　375Jを放出した。この熱機関の熱効率の値として正しいものを，次

の選沢肢から1つ選び，記号で答えなさい。

　　ア　0.15　　イ　0.25　　ウ　0.33　　エ　0.75

(3)　エネルギーと代謝に関する記述として，最も適当なものを，次の選択肢から1つ選び，記号で答えなさい。

　　ア　酵素は，生体内で行われる代謝において，生体触媒として作用する炭水化物である。

　　イ　呼吸では，酸素を用いて有機物を分解し，得られたエネルギーでATPからADPが合成される。

　　ウ　同化は，エネルギーを利用して単純な物質から複雑な物質を合成する反応である。

　　エ　光合成では，光エネルギーを用いて，窒素と二酸化炭素から有機物が合成される。

(4)　ヒトの体液に関する記述として，最も適当なものを，次の選択肢から1つ選び，記号で答えなさい。

　　ア　リンパ液は，鎖骨下静脈で血液に合流する。

　　イ　血液1mm³当たりの血球数は，血小板が最も多い。

　　ウ　赤血球のヘモグロビンのうち，酸素ヘモグロビンとして存在している割合は，肺静脈中より肺動脈中の方が大きい。

　　エ　血液は，試験管に入れて放置すると，血液凝固を起こし，沈殿物と血しょうに分離する。

(5)　次の文は地球内部の構造について説明したものである。(　　)に当てはまる語句として，正しい組合せを，以下の選択肢から1つ選び，記号で答えなさい。

　　地球の内部構造は，構成している物質の違いによって地殻・マントル・核の3つの層に分かれていることがわかっている。地球は，深部ほど密度が大きい物質で構成されている。地殻は主に花こう岩や斑れい岩からできている(　①　)と，主に玄武岩や斑れい岩からできている(　②　)に分けられる。地殻とマントルの境界はモホロビチッチ不連続面とよばれている。地球内部では深部ほど圧力が高くなり，岩石を構成している鉱物の結晶構造や種類がより高密度の

42

ものへ変化する。その結果，地震波速度が増加し，深さ約410kmと約660kmでは，急激な地震波速度の増加が観察される。深さ約660kmを境に，マントルは，上部マントルと下部マントルに大きく分けられている。また，核は金属が融けて液体になっている(③)と固体の(④)とに分けられる。

	①	②	③	④
ア	大陸地殻	海洋地殻	内核	外核
イ	大陸地殻	海洋地殻	外核	内核
ウ	海洋地殻	大陸地殻	内核	外核
エ	海洋地殻	大陸地殻	外核	内核

(6) 銀河系に関する記述として，誤っているものを，次の選択肢から1つ選び，記号で答えなさい。

ア 銀河系内の大部分の恒星や，数百個の恒星の集まりである散開星団，星間物質は，中央部に膨らみをもつ円盤状の部分に集まっている。

イ 銀河系中央部の膨らみの部分は，半径約1万光年の球状で，円盤部と呼ばれている。円盤部とそれに続くバルジは，半径約5万光年で，私たちの太陽はバルジにある。

ウ 100万個程度の恒星が球状に集まっている球状星団は，銀河系全体の半径約7万5000光年の球形の範囲内に分布している。この領域をハローという。

エ 恒星と星間物質の大集団を銀河といい，私たちの太陽を含む銀河を銀河系とよぶ。銀河系はアンドロメダ銀河などとともに銀河群をつくり，その銀河群はさらにもっと大きな銀河の集団を形成している。

(☆☆☆◎◎◎)

【3】次の各問いに答えなさい。

(1) 次図はピストン付きの容器を模式的に示したものであり，ピスト

ンはなめらかに動き，内部の容積を変化させることができる。1.0L
の水を入れた容器に0.20molの二酸化炭素を封入した。容器内の温度
は7℃に保たれており，ヘンリーの法則が成立するものとし，気体
の溶解による水の体積変化は無視できるものとする。また，容器内
の圧力に対する水蒸気圧は無視できるものとし，気体はすべて理想
気体と考え，気体定数を$8.3×10^3$Pa・L/(mol・K)とする。なお，7℃
において二酸化炭素の圧力が$1.0×10^5$Paのとき，水1.0Lに溶解する
二酸化炭素の体積は，0℃，$1.013×10^5$Paの体積に換算して1.12Lと
する。

ピストン

二酸化炭素

水

図

① 7℃において二酸化炭素の圧力が$1.0×10^5$Paのとき，水1.0Lに溶
解する二酸化炭素の質量は何gか。正しいものを，次の選択肢か
ら1つ選び，記号で答えなさい。ただし，原子量は，C＝12，O＝
16とする。

　ア　2.1g　　イ　2.2g　　ウ　2.3g　　エ　2.4g

② 7℃において容器の二酸化炭素を水1.0Lにすべて溶かすには，
ピストンに最低何Paの圧力がかかればよいか。正しいものを，次
の選択肢から1つ選び，記号で答えなさい。

　ア　$1.0×10^5$Pa　　イ　$2.0×10^5$Pa　　ウ　$3.0×10^5$Pa

　エ　$4.0×10^5$Pa

③ 7℃において容器の圧力を$2.0×10^5$Paになるように調節した。こ

のとき，容器の中の二酸化炭素(気相部分)の体積は何Lか。正しいものを，次の選択肢から1つ選び，記号で答えなさい。

　　ア　0.58L　　　イ　1.1L　　　ウ　1.2L　　　エ　2.3L

(2)　室温の水槽中で，0.88mol/Lの過酸化水素水10mLに酸化マンガン(Ⅳ)を加えると次の反応が進行して過酸化水素水の濃度が減少する。

$$2H_2O_2 \rightarrow 2H_2O + O_2$$

　　　次の表は，30秒ごとの過酸化水素水の濃度を示したものである。表中のデータを分析した結果，この反応は一次反応であることがわかった。

表

時間〔s〕	0	30	60	90	120	150
H_2O_2の濃度〔mol/L〕	0.88	0.44	0.21	0.10	0.047	0.024

①　時間0秒から30秒の間で，発生した酸素の物質量は何molか。正しいものを，次の選択肢から1つ選び，記号で答えなさい。

　　ア　1.1×10^{-3}mol　　　イ　2.2×10^{-3}mol　　　ウ　4.4×10^{-3}mol

　　エ　8.8×10^{-3}mol

②　時間60秒と90秒のデータから求められる反応速度定数はいくらか。正しいものを，次の選択肢から1つ選び，記号で答えなさい。

　　ア　2.1×10^{-2}/s　　　イ　2.2×10^{-2}/s　　　ウ　2.3×10^{-2}/s

　　エ　2.4×10^{-2}/s

(☆☆☆◎◎◎)

【4】以下の各問いに答えなさい。

　　硫黄は多くの元素と化合物をつくり，地殻中に鉱物として多量に存在するが，自然界には単体としても存在し，黄色の固体として火山の噴気口に産出することが多い。

　　硫黄の化合物の1つである硫酸は鉛蓄電池や薬品の製造など化学工業には広く用いられている。硫酸は工業的には次のような製造過程の接触法で製造される。

[過程Ⅰ]　硫黄を燃焼して二酸化硫黄をつくる。

[過程Ⅱ]　[過程Ⅰ]で得られた二酸化硫黄を酸化バナジウム(Ⅴ)を触媒として空気中の酸素で酸化し，三酸化硫黄をつくる。

[過程Ⅲ]　三酸化硫黄を濃硫酸に吸収させ発煙硫酸とし，これを希硫酸で薄めて濃硫酸にする。

　また，硫黄の化合物の1つである硫化水素は火山ガスや温泉水などに含まれる有毒な気体であり，水に溶けて弱酸性を示す。実験室では，硫化鉄(Ⅱ)に希硫酸または希塩酸を加えて発生させる。

(1)　二酸化硫黄の性質として，正しいものを，次の選択肢から1つ選び，記号で答えなさい。

　　ア　無色，腐卵臭　　　イ　無色，刺激臭　　　ウ　黄色，腐卵臭

　　エ　黄色，刺激臭

(2)　硫酸に関する次の記述について，最も適当なものを，次の選択肢から1つ選び，記号で答えなさい。

　　ア　濃硫酸を希釈するときは，濃硫酸に水を少しずつ加えなければならない。

　　イ　濃硫酸の密度は，純水の密度より小さい。

　　ウ　希硫酸は弱い酸性を示すため亜鉛と反応しないが，濃硫酸は強い酸性を示すため亜鉛と反応して水素を発生する。

　　エ　希硫酸は銅と反応しないが，熱濃硫酸は強い酸化力をもつため銅と反応して二酸化硫黄を発生する。

(3)　接触法において，硫黄が完全に硫酸に変えられたとすると，24kgの硫黄から純度98％の硫酸は何kg得られるか。正しいものを，次の選択技から1つ選び，記号で答えなさい。

　　　　ただし，原子量は，H＝1.0，S＝32，O＝16とする。

　　ア　23kg　　　イ　24kg　　　ウ　73kg　　　エ　75kg

(4)　二酸化硫黄の水溶液に硫化水素を通すと，水溶液が白く濁る。このとき，生成した物質は何か。また，この反応において二酸化硫黄は酸化剤，還元剤のどちらとしてはたらいているか。組合せとして正しいものを，次の選択肢から1つ選び，記号で答えなさい。

生成した物質	ア	イ	ウ	エ
生成した物質	硫酸	硫黄	硫酸	硫黄
二酸化硫黄のはたらき	酸化剤	酸化剤	還元剤	還元剤

(5) Cu^{2+}，Zn^{2+}がそれぞれ0.10mol/Lずつ含まれる水溶液に，塩酸を加えてpH＝2.0に保ったまま，硫化水素を通じて飽和させた。このとき生じる沈殿として正しいものを，次の選択肢から1つ選び，記号で答えなさい。硫化水素全体($H_2S \rightleftarrows 2H^+ + S^{2-}$)の電離定数を$1.2 \times 10^{-21}(mol/L)^2$，飽和水溶液中での硫化水素濃度を0.10mol/L，CuS，ZnSの溶解度積をそれぞれ$6.5 \times 10^{-30}(mol/L)^2$，$2.2 \times 10^{-18}(mol/L)^2$とする。

ア　CuSのみ沈殿　　イ　ZnSのみ沈殿　　ウ　CuSとZnSが沈殿
エ　いずれも沈殿しない

(☆☆☆◎◎◎◎)

【5】以下の各問いに答えなさい。

炭素，水素，酸素からなり，構造異性体の関係にあるエステルA，エステルBがある。エステルA25.5mgを完全燃焼させたところ，二酸化炭素が55.0mg，水が22.5mg得られた。エステルAの分子量は100以上120未満であった。エステルAを加水分解するとアルコールCとカルボン酸Y，エステルBを加水分解するとアルコールDとカルボン酸Zが得られた。アルコールCを硫酸酸性のニクロム酸カリウム水溶液を用いて完全に酸化させると，銀鏡反応を示す酸性の化合物Eが得られた。アルコールDを温度一定にして濃硫酸で分子内脱水させたところ化合物F，G，Hが生じたが，化合物F，Gはシス－トランス異性体の関係にあることがわかった。

(1) エステルAの分子式として正しいものを，次の選択肢から1つ選び，記号で答えなさい。

ただし，原子量は，H＝1.0，C＝12，O＝16とする。

ア　$C_5H_8O_2$　　イ　$C_5H_{10}O_2$　　ウ　$C_6H_{10}O_2$　　エ　$C_6H_{12}O_2$

(2)　エステルAと同じ分子式をもつエステルは，エステルA，Bを含めて何種類存在するか。正しいものを，次の選択肢から1つ選び，記号で答えなさい。

　　ア　6　　イ　7　　ウ　8　　エ　9

(3)　化合物Eの物質名として正しいものを，次の選択肢から1つ選び，記号で答えなさい。

　　ア　ホルムアルデヒド　　イ　アセトアルデヒド　　ウ　ギ酸

　　エ　酢酸

(4)　アルコールDの性質として適当なものを，次の選択肢から2つ選び，記号で答えなさい。

　　ア　鏡像異性体が存在する。

　　イ　金属Naと反応しない。

　　ウ　臭素水に通じると臭素水の赤褐色が消える。

　　エ　完全に酸化させるとカルボン酸を生じる。

　　オ　塩基性の水溶液中でヨウ素と反応させると特異臭をもつヨードホルムの黄色沈殿を生じる。

(5)　化合物Hの物質名として正しいものを，次の選択肢から1つ選び，記号で答えなさい。

　　ア　エチレン　　イ　プロピレン　　ウ　1－ブテン

　　エ　2－ブテン

(☆☆☆◎◎◎)

【6】次の各問いに答えなさい。

(1)　タンパク質加水分解酵素は，タンパク質の特定のペプチド結合を加水分解する。その1種であるトリプシンは，アミノ酸配列に塩基性アミノ酸が含まれる場合，そのカルボキシ基側のペプチド結合を加水分解する。

　　アミノ酸3個からなるペプチドAがある。ペプチドAは次の表にある α-アミノ酸R-CH(NH$_2$)COOHのいずれかで構成されており，不斉炭素原子を2つ持っている。

　ペプチドAのアミノ酸配列を推定するために，以下の実験を行った。ただし，各実験において反応は完全に進行したものとする。

表	
	側鎖R
アミノ酸ⓐ	-H
アミノ酸ⓑ	-CH$_3$
アミノ酸ⓒ	-CH$_2$SH
アミノ酸ⓓ	-(CH$_2$)$_2$NH$_2$
アミノ酸ⓔ	-CH$_2$-⟨⟩-OH

実験1　ペプチドAをトリプシンで加水分解すると，1種類のジペプチドBとアミノ酸Cが得られた。

実験2　アミノ酸Cに濃硝酸を加えて加熱すると黄色になり，冷却後アンモニア水を加えると橙黄色になった。

①　表中のアミノ酸ⓑの名称として正しいものを，次の選択肢から1つ選び，記号で答えなさい。

　　ア　リシン　　イ　グリシン　　ウ　アラニン　　エ　チロシン

②　実験2の反応の名称として正しいものを，次の選択肢から1つ選び，記号で答えなさい。

　　ア　ヨードホルム反応　　イ　ニンヒドリン反応

　　ウ　ビウレット反応　　　エ　キサントプロテイン反応

③　ペプチドAのアミノ酸配列として最も適当なものを，次の選択肢から1つ選び，記号で答えなさい。

　ア　（N末端）-[アミノ酸ⓐ]-[アミノ酸ⓒ]-[アミノ酸ⓔ]-（C末端）

　イ　（N末端）-[アミノ酸ⓐ]-[アミノ酸ⓓ]-[アミノ酸ⓔ]-（C末端）

　ウ　（N末端）-[アミノ酸ⓔ]-[アミノ酸ⓒ]-[アミノ酸ⓐ]-（C末端）

　エ　（N末端）-[アミノ酸ⓔ]-[アミノ酸ⓓ]-[アミノ酸ⓐ]-（C末端）

(2)　溶液中のイオンを別のイオンと交換するはたらきをもつ合成樹脂をイオン交換樹脂という。スチレンに少量のpージビニルベンゼンを加えて(　　)させると，立体的な三次元網目構造をもつ合成高分子化合物ができる。この(　　)体にスルホ基などの酸性の官能基を導入したものを陽イオン交換樹脂という。

① 　(　　)に当てはまる語句として正しいものを，次の選択肢から1つ選び，記号で答えなさい。ただし，(　　)には同じ語句が入るものとする。

　　　ア　付加重合　　　イ　縮合重合　　　ウ　付加縮合　　　エ　共重合

② 　濃度のわからない硫酸銅(Ⅱ)水溶液10mLを十分な量の陽イオン交換樹脂R-SO₃Hを詰めた円筒に通した後，純水で完全に洗った。こうして得られた流出液をすべて集め，0.10mol/Lの水酸化ナトリウム水溶液で中和滴定し，終点までに40mL必要であった。はじめの硫酸銅(Ⅱ)水溶液の濃度は何mol/Lか。正しいものを，次の選択肢から1つ選び，記号で答えなさい。

　　　ただし，イオン交換は完全に行われるものとする。

　　　ア　0.20　　　イ　0.40　　　ウ　0.60　　　エ　0.80

(☆☆☆◎◎◎)

解答・解説

中　学　理　科

【1】①　イ　　②　ケ　　③　ソ　　④　サ　　⑤　シ　　⑥　コ

〈解説〉本問の中略箇所では，「中学校学習指導要領(平成29年告示)解説理科編　第1章　総説　2　理科改訂の趣旨」に示される「資質・能力を育成する学びの過程の例」の図について触れているので，同図もしっかり確認しておくとよい。

【2】(1)　ウ　　(2)　オ　　(3)　イ

〈解説〉(1)　酢酸オルセイン溶液には，色素のオルセインとともに酢酸も含まれているので，核の染色以外に細胞を生きた状態で固定することができる。　(2)　体細胞分裂が進む順番は，F(間期)→D(前期)→E(中期)→B(後期)→C(終期)→A(分裂後)である。　(3)　体細胞分裂においては，母細胞と娘細胞の染色体の数は等しい。

【3】(1)　オ　　(2)　エ　　(3)　ウ

〈解説〉(1)　①　硝酸カリウムは$KNO_3 \rightarrow K^+ + NO_3^-$と電離するので，電解質である。　②　硝酸カリウムは強酸である硝酸と強塩基である水酸化カリウムからなる塩なので，水溶液は中性を示す。　(2)　電流を流すと，Na^+は陰極側，OH^-は陽極側に移動する。OH^-が多いところはアルカリ性を示すので，陽極側のpH試験紙が青色に変化する。
(3)　硝酸HNO_3と酢酸CH_3COOHは酸性，エタノールC_2H_5OHは中性を示す。アンモニアは水中で$NH_3 + H_2O \rightleftarrows NH_4^+ + OH^-$と電離して水酸化物イオンを生じるので塩基性を示す。

【4】(1)　オ　　(2)　エ　　(3)　エ

〈解説〉(1)　電圧が一定のとき，抵抗の大きさは流れる電流の大きさに反比例する。表より，いずれの電圧であっても抵抗器bの電流の大きさは抵抗器aの$\frac{1}{4}$倍なので，抵抗の大きさは4倍である。　(2)　直列に接続されているとき，それぞれの抵抗器を流れる電流の大きさは等しい。このとき，抵抗器に加わる電圧の大きさは抵抗の大きさに比例するので，抵抗器bに加わる電圧の大きさは抵抗器aの4倍より，1.5×4＝6.0〔V〕となる。　(3)　回路全体に加わる電圧の大きさは一定なので，回路全体に流れる電流が大きいほど，つまり回路全体の抵抗(合成抵抗)が小さいほど発熱量が大きいことになる。ここで，2つの抵抗器を並列に接続したときの合成抵抗は，もとの抵抗器の抵抗より小さいので，最も抵抗が小さい，つまり発熱量が最も大きいのはエの回路となる。

【5】(1)　ア　　(2)　イ　　(3)　イ
〈解説〉(1)　火山Aは溶岩ドーム，火山Bは成層火山，火山Cは盾状火山
を表している。火山Aは傾斜が急なのでマグマのねばりけが大きく，
激しい噴火をする。　　(2)　双眼実体顕微では，その他にもプレパラー
トをつくらなくても観察物を観察できるといった特徴がある。
(3)　火山ガスに含まれる成分としては，水蒸気が最も多い。

【6】(1)　ウ　　(2)　イ　　(3)　イ
〈解説〉(1)　唾液に含まれるアミラーゼという消化酵素は，ヒトの体温
に近い40℃付近で最もよく働く。　　(2)　ベネジクト溶液は，はじめは
青色であるが，デンプンがアミラーゼの働きで分解され，マルトース
が生成している場合は赤褐色の沈殿を生じる。　　(3)　(1)の解説を参照。

【7】(1)　エ　　(2)　イ，ウ，エ　　(3)　イ
〈解説〉(1)　氷が融けて水になるように，状態変化が起きる際には質量
は変化しないが体積は変化する。多くの物質は固体より液体の方が体
積は大きいが，例外的に水は液体の方が体積は小さい。　　(2)　Bでは
氷と液体の水が共存し，Cでは液体の水のみが存在し，Dでは液体の水
と水蒸気が共存する。　　(3)　加熱する条件が同じであれば，氷や水の
質量が大きいほど温度上昇にかかる時間が長くなる。一方，状態変化
が起きる温度，つまり水の融点0℃や沸点100℃は変わらないので，図
の各区間の横軸だけが大きくなる。よって，Cの区間のグラフの傾き
は小さくなる。

【8】(1)　①　(A)　イ　　(B)　エ　　(C)　カ　　(D)　ア　　(E)　オ
　　②　a　ア　　b　ウ　　(2)　イ
〈解説〉(1)　①　ろうそくが燃焼すると，化学エネルギー(C)が光エネル
ギー(A)に変換される。携帯用かいろ内の鉄が酸化すると，化学エネル
ギー(C)が熱エネルギー(D)に変換される。電気エネルギーは，ラジオ
などのスピーカーにより音エネルギー(B)に変換され，扇風機の羽が回

転する運動エネルギー(E)へ変換される。　②　a　光合成の過程では，光エネルギーからATPという物質を合成するので化学エネルギーに変換される。　b　電気分解では，水に電気を流すことで水素と酸素という物質を生成するので，電気エネルギーが化学エネルギーに変換されている。　(2)　①は，光や紫外線により熱が伝わる放射(熱放射)という現象であり，離れていても熱が伝わるAとCが該当する。②は，液体や気体の温度差により熱が移動する対流という現象であり，気体が動くDが該当する。③は，物体の接触面において，高温側から低温側へ熱が移動する伝導(熱伝導)という現象であり，物体どうしが接しているBとEが該当する。

【9】(1)　ウ　　(2)　ウ　　(3)　ア

〈解説〉(1)　南中高度は，観測者Oからみて，太陽が真南で最も高くなる位置Yと，真南の地平線Cとのなす角度である。　(2)　太陽が通過する軌跡は年間を通して平行である。また，春分の日の太陽は，真東から昇り，真西に沈む。　(3)　同じ緯度であれば太陽の南中高度は変わらないが，経度が異なると日の出と日の入りの時刻が変わり，西側ほど遅くなる。

高　校　理　科

【物理】

【1】(1)　ウ　　(2)　エ　　(3)　ア　　(4)　イ

〈解説〉(1)　情報通信ネットワークを介して得られた情報は適切なものばかりでないことに留意し，情報の収集・検索を行う場合には，情報源や情報の信頼度について検討を加え，引用の際には引用部分を明確にするよう指導することが大切である。　(2)　なお，「イに示す思考力，判断力，表現力等については，知識及び技能のような明確な階層性が見られない」と示されている。　(3)　ここでは，物理学の発展と

成果が科学技術の基盤をつくり，それらが様々な分野において応用され，未来の社会の形成，未知の世界の探究に大きな役割を果たしていることを理解させることが主なねらいである。　(4)「物理」の内容は，「(1)　様々な運動」，「(2)　波」，「(3)　電気と磁気」，「(4)　原子」の4つの大項目から構成されている。

【２】(1)　ウ　　(2)　エ　　(3)　ウ　　(4)　ア　　(5)　イ　　(6)　イ

〈解説〉(1)　市販の硝酸1L(1000cm³)の質量は$1.4×10^3$〔g〕であり，これに含まれる硝酸HNO_3(分子量63)の質量は$(1.4×10^3)×0.68＝952$〔g〕なので，その物質量は$\frac{952}{63}$〔mol〕となる。よって，モル濃度は$\frac{\frac{952}{63}}{1}≒15$〔mol/L〕となる。　(2)　窒素$N_2$，ドライアイス$CO_2$，ヨウ素$I_2$は水素原子をもたない。氷$H_2O$は水素結合の形成に関わる水素原子をもつ。(3)　ア　酵素の主成分は炭水化物ではなく，タンパク質である。イ　ADPからATPが合成される。　エ　窒素ではなく水である。(4)　イ　血小板ではなく赤血球が最も多い。　ウ　肺静脈は肺から心臓に向かう血液が通る血管であり，肺動脈中より酸素ヘモグロビンの割合が大きい。　エ　血液凝固が起きると，血ぺいと血清に分離する。(5)　解答参照。　(6)　銀河系中心部の半径約1万光年の球状の膨らみをバルジといい，太陽はこれに続く円盤部(ディスク)にある。

【３】(1)　ア　　(2)　イ

〈解説〉(1)　長さLの棒ABは一様なので，重心はその中点にある。よって，A端からこの中点までの距離は$\frac{1}{2}L$である。　(2)　鉛直方向の力のつり合いより$T_1＋T_2\sin30°＝3mg$，水平方向の力のつり合いより$N＝T_2\cos30°$，点Aまわりの力のモーメントのつり合いより$\frac{1}{2}L×3mg＝L×T_2\sin30°$である。これらより，$T_1＝\frac{3}{2}mg$，$T_2＝3mg$，$N＝\frac{3\sqrt{3}}{2}mg$となる。

【4】(1)　エ　　(2)　エ　　(3)　エ

〈解説〉(1)　点Qの高さを基準とすると，点Pと点Qで力学的エネルギー保存の法則より，$mgr=\dfrac{1}{2}mv_1^2$が成り立つので，$v_1=\sqrt{2gr}$となる。また，点Qでの小球の運動方程式は，$m\dfrac{v_1^2}{r}=T-mg$となるので，$T=m\dfrac{v_1^2}{r}+mg=m\dfrac{(\sqrt{2gr})^2}{r}+mg=3mg$となる。　(2)　点Pと点Rで力学的エネルギー保存の法則より，$mgr=mg\times\dfrac{r}{2}(1-\cos\theta)+\dfrac{1}{2}mv_2^2$より，$v_2=\sqrt{gr(1+\cos\theta)}$となる。　(3)　①　RO′方向の力を考えて運動方程式を立てると，$ma=m\dfrac{v_2^2}{\frac{r}{2}}=T'-mg\cos\theta$となる。

②　$T'=m\dfrac{\{\sqrt{(gr(1+\cos\theta))}\}^2}{\frac{r}{2}}+mg\cos\theta=mg(2+3\cos\theta)$となる。

【5】(1)　ウ　　(2)　エ　　(3)　ウ

〈解説〉(1)　Aの状態での温度をT_0とすると，ボイル・シャルルの法則より，Bの状態での温度は$2T_0$，Cの状態での温度は$4T_0$となる。気体定数をRとすると，気体の状態方程式より$p_0V_0=RT$が成り立つ。A→B→Cの過程での気体の内部エネルギーの増加分は，$\dfrac{3}{2}R(4T_0-T_0)=\dfrac{9}{2}RT_0=\dfrac{9}{2}p_0V_0$であり，気体が外部にした仕事は$p-V$図の面積より$\dfrac{1}{2}\times(2p_0+p_0)\times(4V_0-V_0)=\dfrac{9}{2}p_0V_0$となる。したがって，熱力学第一法則より，気体が吸収した熱量は$\dfrac{9}{2}p_0V_0+\dfrac{9}{2}p_0V_0=9p_0V_0$となる。次に，C→Aの過程で，気体の内部エネルギーの増加分は，$\dfrac{3}{2}R(T_0-4T_0)=-\dfrac{9}{2}RT_0=-\dfrac{9}{2}p_0V_0$であり，気体が外部からされた仕事は$p_0(4V_0-V_0)=3p_0V_0$である。よって，気体が放出した熱量は，$\dfrac{9}{2}p_0V_0+3p_0V_0=\dfrac{15}{2}p_0V_0$とな

る。　(2)　気体が吸収した熱量が$9p_0V_0$であり，熱機関が1サイクルでする正味の仕事は$\dfrac{9}{2}p_0V_0-3p_0V_0=\dfrac{3}{2}p_0V_0$なので，熱効率$e$は$e=\dfrac{\frac{3}{2}p_0V_0}{9p_0V_0}=\dfrac{1}{6}$となる。　(3)　A→Bの過程は定積変化なので，$V$は変化しない。B→Cの過程では$p-V$図より，正の数$a$，$b$を用いて$p=-aV+b$と表せるので，$pV=(-aV+b)V=-aV^2+bV$となる。ここで，気体の状態方程式より，温度$T$は$pV$に比例するので，$T$は$V$の二次関数で表される。C→Aの過程は定圧変化なので，pは変化せず，TはVに比例する。これらより，ウのグラフが該当する。

【6】(1)　ウ　　(2)　イ　　(3)　ア　　(4)　エ

〈解説〉(1)　AB間の距離は$2a$なので，点Bにおける電界の強さは$k\dfrac{Q}{(2a)^2}=\dfrac{kQ}{4a^2}$となる。　(2)　無限遠点を電位の基準とすると，Oの電位は$k\dfrac{Q}{a}$，Bの電位は$k\dfrac{Q}{2a}$なので，$+Q$の電荷をOからBまで運ぶときの外力がした仕事は$Q\left(k\dfrac{Q}{2a}-k\dfrac{Q}{a}\right)=-\dfrac{kQ^2}{2a}$となる。　(3)　AC間の距離は$\sqrt{2}\,a$なので，点Aの電荷による点Cでの電界は，ACの向きで強さは$k\dfrac{Q}{(\sqrt{2}\,a)^2}=\dfrac{kQ}{2a^2}$となる。同様に，点Bの電荷による点Cでの電界は，BCの向きで強さは$k\dfrac{Q}{(\sqrt{2}\,a)^2}=\dfrac{kQ}{2a^2}$となる。これらを合成した電界は，$y$軸の正の向きで，強さは$\sqrt{\left(\dfrac{kQ}{2a^2}\right)^2+\left(\dfrac{kQ}{2a^2}\right)^2}=\dfrac{kQ}{\sqrt{2}\,a^2}$となる。　(4)　点AとBの電荷による点Cでの電位は，いずれも$k\dfrac{Q}{\sqrt{2}\,a}$である。また，y軸上の点$(0, y)$に置いた$-Q$の点電荷による点Cでの電位は$k\dfrac{-Q}{a-y}$と表せるので，点Cにおける電位を0にするには，$k\dfrac{Q}{\sqrt{2}\,a}\times2+k\dfrac{-Q}{a-y}=0$より，

$y=\dfrac{2-\sqrt{2}}{2}a$ となる。この $-Q$ の点電荷による点Cでの電界は，y 軸の負の向きで，強さは $k\dfrac{Q}{(a-y)^2}=k\dfrac{Q}{\left(a-\dfrac{2-\sqrt{2}}{2}a\right)^2}=\dfrac{2kQ}{a^2}$ となる。求める電界の強さは，これと(3)の差なので，$\dfrac{2kQ}{a^2}-\dfrac{kQ}{\sqrt{2}\,a^2}=\dfrac{(4-\sqrt{2})kQ}{2a^2}$ となる。

【7】 (1) ア   (2) ウ   (3) エ   (4) ア

〈解説〉(1) 電子には大きさ eE の力がはたらくので，求める加速度を a とすると，$ma=eE$ より，$a=\dfrac{eE}{m}$ となる。   (2) 電子が長さ l の平行板電極の間を通過する時間は $\dfrac{l}{v_0}$ であり，電子はその間に y 軸方向には等加速度運動をするので，$y_1=\dfrac{1}{2}\times\dfrac{eE}{m}\times\left(\dfrac{l}{v_0}\right)^2=\dfrac{el^2E}{2mv_0^2}$ となる。その後，電子は等速運動をし，その速度の y 成分は $\dfrac{eE}{m}\times\dfrac{l}{v_0}$ であり，時間は $\dfrac{L}{v_0}$ なので，$y_2=\dfrac{eE}{m}\times\dfrac{l}{v_0}\times\dfrac{L}{v_0}=\dfrac{elLE}{mv_0^2}$ となる。   (3) z 軸の負の向きの磁界から，電子は y 軸の負の向きに大きさ ev_0B の力を受ける。また，電子は電界から y 軸の正の向きに大きさ eE の力を受けているので，電子が直進するとき $ev_0B=eE$ が成り立つので，$v_0=\dfrac{E}{B}$ となる。   (4) (2)(3)より $y=y_1+y_2=\dfrac{el^2E}{2mv_0^2}+\dfrac{elLE}{mv_0^2}=\dfrac{el(l+2L)E}{2mv_0^2}=\dfrac{el(l+2L)B^2}{2mE}$ となるので，$\dfrac{e}{m}=\dfrac{2Ey}{B^2l(l+2L)}$ となる。

【化学】

【1】 (1) ウ   (2) エ   (3) イ   (4) イ

〈解説〉(1) 情報通信ネットワークを介して得られた情報は適切なものばかりでないことに留意し，情報の収集・検索を行う場合には，情報源や情報の信頼度について検討を加え，引用の際には引用部分を明確にするよう指導することが大切である。   (2) なお，「イに示す思考

力，判断力，表現力等については，知識及び技能のような明確な階層性が見られない」と示されている。　(3)「見通しをもって観察，実験を行うこと」とは，観察，実験などを行う際，何のために行うか，どのような結果になるかを考えさせるなど，予想したり仮説を立てたりしてそれを検証するための観察，実験を行わせることを意味する。さらに，広く理科の学習全般においても，生徒が見通しをもって学習を進め，学習の結果，何が獲得され，何が分かるようになったかをはっきりさせ，一連の学習を自分のものになるようにすることが重要である。このようなことから，「見通しをもって」ということを強調している。従前の「目的意識をもって」に比べ，幅広く様々な場面で活用することをより明確にした表現となっている。　(4)　ナイロンは代表的な合成繊維，その他の物質はプラスチックなので，正解は合成繊維と分かる。

【２】(1)　エ　　(2)　イ　　(3)　ウ　　(4)　ア　　(5)　イ　　(6)　イ
〈解説〉(1)　うなりの振動数は，$\frac{10}{5}=2$〔Hz〕である。うなりの振動数は2つの波の振動数の差であり，おんさＡの振動数はおんさＢより小さいので，$400-2=398$〔Hz〕となる。　　(2)　熱機関が外部にした仕事は$500-375=125$〔J〕なので，熱効率は$\frac{125}{500}=0.25$となる。
(3)　ア　酵素の主成分は炭水化物ではなく，タンパク質である。
イ　ADPからATPが合成される。　　エ　窒素ではなく水である。
(4)　イ　血小板ではなく赤血球が最も多い。　　ウ　肺静脈は肺から心臓に向かう血液が通る血管であり，肺動脈中より酸素ヘモグロビンの割合が大きい。　　エ　血液凝固が起きると，血ぺいと血清に分離する。
(5)　解答参照。　　(6)　銀河系中心部の半径約1万光年の球状の膨らみをバルジといい，太陽はこれに続く円盤部(ディスク)にある。

【３】(1)　①　イ　　②　エ　　③　ウ　　(2)　①　イ　　②　エ
〈解説〉(1)　①　0℃，1.013×10^5〔Pa〕(標準状態)における気体1mol当たりの体積は22.4Lなので，二酸化炭素1.12Lの物質量は$\frac{1.12}{22.4}=0.050$

〔mol〕であり，二酸化炭素の分子量は44より，その質量は44×0.050＝2.2〔g〕となる。これが，7℃で1.0×10⁵〔Pa〕のときの求める二酸化炭素の質量に対応している。　②　0.20molの二酸化炭素を溶かすために必要な圧力は，①と比較してヘンリーの法則より$(1.0×10^5)×\dfrac{0.20}{0.050}$＝4.0×10⁵〔Pa〕となる。　③　圧力が2.0×10⁵〔Pa〕のときに水に溶けている二酸化炭素の物質量は$0.050×\dfrac{2.0×10^5}{1.0×10^5}$＝0.10〔mol〕なので，気相部分の物質量は0.20－0.10＝0.10〔mol〕となる。その体積をV〔L〕とすると，気体の状態方程式より$(2.0×10^5)×V$＝0.10×(8.3×10³)×(273＋7)が成り立ち，V＝1.2035≒1.2〔L〕となる。

(2)　①　表より，過酸化水素の物質量の減少量は，(0.88－0.44)×0.010＝4.4×10⁻³〔mol〕である。問題文の化学反応式より，発生した酸素の物質量は減少した過酸化水素の半分なので，2.2×10⁻³〔mol〕となる。　②　時間60秒から90秒までの30秒間での反応速度v〔mol/(L・s)〕は，$v＝-\dfrac{0.10-0.21}{90-60}＝\dfrac{0.11}{30}$〔mol/(L・s)〕となる。また，過酸化水素の平均濃度は$\dfrac{0.21+0.10}{2}$＝0.155〔mol/L〕であり，その間の反応速度定数をk〔/s〕とすると，$k＝\dfrac{\frac{0.11}{30}}{0.155}$＝2.4×10⁻²〔/s〕となる。

【4】(1)　イ　　(2)　エ　　(3)　エ　　(4)　イ　　(5)　ア
〈解説〉(1)　解答参照。　(2)　ア　濃硫酸に水を加えると，溶解熱により水が沸騰し濃硫酸が飛び散るため危険である。　イ　濃硫酸の密度の方が純水より大きい。　ウ　希硫酸は強い酸性を示し，亜鉛と反応して水素を発生する。濃硫酸は水をほとんど含まないため強酸とは考えづらく，亜鉛との反応性は低いと考えられる。　(3)　原料の硫黄と生成物の硫酸(分子量98)の物質量は等しく，硫黄24kgの物質量は$\dfrac{24×10^3}{32}$＝750〔mol〕である。よって，求める純度98％硫酸の質量をx〔kg〕とすると，$\dfrac{x×10^3×\frac{98}{100}}{98}$＝750より，$x$＝75〔kg〕となる。

(4)　二酸化硫黄と硫化水素は$SO_2 + 2H_2S \rightarrow 2H_2O + 3S$と反応するので，二酸化硫黄は還元されて硫黄が生成する。つまり，二酸化硫黄は酸化剤としてはたらく。　(5)　硫化水素全体の電離定数は$\dfrac{[H^+]^2[S^{2-}]}{[H_2S]} = 1.2 \times 10^{-21}$〔$(mol/L)^2$〕であり，$pH = -\log_{10}[H^+] = 2.0$より，$[H^+] = 1.0 \times 10^{-2}$〔$mol/L$〕である。また，$[H_2S] = 0.10$〔$mol/L$〕なので，$[S^{2-}] = \dfrac{(1.2 \times 10^{-21}) \times 0.10}{(1.0 \times 10^{-2})^2} = 1.2 \times 10^{-18}$〔$mol/L$〕となる。さらに，$[Cu^{2+}] = [Zn^{2+}] = 0.10$〔$mol/L$〕なので，$[Cu^{2+}][S^{2-}] = [Zn^{2+}][S^{2-}] = 1.2 \times 10^{-19}$〔$(mol/L)^2$〕となる。これらを溶解度積と比較すると，$[Cu^{2+}][S^{2-}] > 6.5 \times 10^{-30}$〔$(mol/L)^2$〕よりCuSは沈殿し，$[Zn^{2+}][S^{2-}] < 2.2 \times 10^{-18}$よりZnSは沈殿しない。

【5】(1)　イ　　　(2)　エ　　　(3)　ウ　　　(4)　ア，オ　　　(5)　ウ

〈解説〉(1)　エステルAを構成するそれぞれの原子の質量は，炭素は二酸化炭素の分子量が44なので$55.0 \times \dfrac{12}{44} = 15.0$〔mg〕，水素は水の分子量が18なので$22.5 \times \dfrac{2.0}{18} = 2.50$〔mg〕より，酸素は$25.5 - (15.0 + 2.50) = 8.0$〔mg〕である。したがって，それぞれの原子数の比は$\dfrac{15}{12} : \dfrac{2.5}{1.0} : \dfrac{8.0}{16} = 5 : 10 : 2$より，エステルAの組成式は$C_5H_{10}O_2$となる。分子式を$(C_5H_{10}O_2)_n$とすると，分子量は$102n$となり，$100 \leqq 102n < 120$より$n = 1$，つまり分子式は$C_5H_{10}O_2$となる。　(2)　次の9種類存在する。

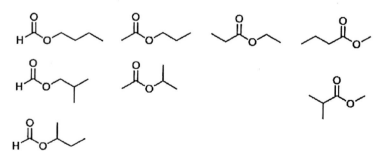

(3) アルコールCを酸化して生じた化合物Eはカルボン酸であり，銀鏡反応を示すのでホルミル基(アルデヒド基)をもつことから，ギ酸HCOOHとわかる。なお，アルコールCはメタノールCH₃OHである。

(4) アルコールDを分子内脱水するとシス－トランス異性体の関係にある化合物F，Gが生じたので，これらの構造式はCH₃CH＝CHCH₃である。したがって，アルコールDは2－ブタノールCH₃C*H(OH)CH₂CH₃である。よって，C*は不斉炭素原子なので鏡像異性体が存在し(ア)，CH₃CH(OH)－の部分構造をもつのでヨードホルム反応に陽性を示す(オ)。 (5) アルコールDである2－ブタノールを分子内脱水して生じたもののうち，シス－トランス異性体の関係にはない化合物Hは，1－ブテンCH₂＝CHCH₂CH₃である。

【6】(1) ① ウ ② エ ③ イ (2) ① エ ② ア
〈解説〉(1) ① 表の側鎖をもつアミノ酸は，ⓐはグリシン，ⓑはアラニン，ⓒはシステイン，ⓔはチロシンである。なお，ⓓの側鎖は－(CH₂)₄NH₂であり，リシンだと考えられる。 ② キサントプロテイン反応は，ベンゼン環をもつアミノ酸で起こる。つまり，アミノ酸Cはⓔのチロシンとわかる。 ③ 3個のアミノ酸のうち1個は不斉炭素原子をもたないので，ⓐのグリシンである。また，トリプシンは塩基性アミノ酸のC末端側のペプチド結合を切断するので，ⓓが真ん中にありその右側にⓔがあるイが該当する。 (2) ① 複数の単量体が付加重合したものなので，共重合体である。 ② 硫酸銅(Ⅱ)CuSO₄水溶液の濃度をx〔mol/L〕とすると，銅(Ⅱ)イオンCu²⁺の価数は2なので，流出液に含まれる水素イオン濃度はその2倍より，$2 \times x \times 0.010 = 0.10 \times 0.040$が成り立つので，$x = 0.20$〔mol/L〕となる。

2023年度 | 実施問題

中 学 理 科

【１】次の文は「中学校学習指導要領(平成29年告示)　解説　理科編　第1章　総説　3　理科改訂の要点　(5)　指導計画の作成と内容の取扱い」である。(　)に当てはまる語句を，以下の選択肢からそれぞれ1つずつ選び記号で答えなさい。

　指導計画の作成と内容の取扱いについては，従前のものを維持するとともに，理科の見方・考え方を働かせ，(　①　)を見いだし，見通しをもって観察，実験などを行い，その結果を(　②　)などの科学的に探究する学習活動を重視し，その方向性を強化した。また，以下に示したものを今回の改訂で新たに加えた。

ア　単元など内容や時間のまとまりを見通して，その中で育む資質・能力の育成に向けて，生徒の「(　③　)・対話的で深い学び」の実現に向けた授業改善を図るようにすること。その際，理科の学習過程の特質を踏まえ，理科の見方・考え方を働かせ，見通しをもって観察，実験を行うことなどの科学的に探究する学習活動が充実するようにすること。

イ　日常生活や(　④　)等との関連を図ること。

ウ　障害のある生徒などについては，学習活動を行う場合に生じる困難さに応じた指導内容や指導方法の工夫を計画的，(　⑤　)に行うこと。

エ　言語活動が充実するようにすること。

オ　指導に当たっては，生徒が学習の見通しを立てたり学習したことを振り返ったりする活動を計画的に取り入れるよう工夫すること。

> カ　観察，実験，野外観察などの(⑥)学習活動の充実に配慮
> すること。また，環境整備に十分配慮すること。

ア　主体的	イ　課題	ウ　問題	エ　社会
オ　他教科	カ　環境教育	キ　組織的	ク　体系的
ケ　体験的な	コ　持続可能な	サ　考察する	シ　目的意識
ス　予想する	セ　見通し	ソ　科学的な	タ　振り返り
チ　処理する	ツ　分析して解釈する		

(☆☆◎◎◎)

【2】次の文は「中学校学習指導要領(平成29年告示)　解説　理科編　第
2章　第1節　教科の目標」の解説の一部である。(　　)に当てはまる
語句を，以下の選択肢からそれぞれ1つずつ選び記号で答えなさい。

> 　目標(1)は，育成を目指す資質・能力のうち，知識及び技能を
> 示したものである。知識及び技能を育成するに当たっては，自
> 然の事物・現象についての観察，実験などを行うことを通して，
> 自然の事物・現象に対する概念や(①)の理解を図るととも
> に，科学的に探究するために必要な観察，実験などに関する基
> 本的な技能を身に付けることが重要である。その際，日常生活
> や社会との関わりの中で，科学を学ぶ楽しさや(②)を実感し
> ながら，生徒が自らの力で知識を獲得し，理解を深めて(③)
> していくようにすることが大切である。また，観察，実験など
> に関する基本的な技能については，(④)の過程を通して身に
> 付けるようにすることが大切である。

ア　面白さ	イ　再現性	ウ　実証	エ　科学
オ　原理・法則	カ　探究	キ　達成感	ク　課題解決
ケ　有用性	コ　観察・実験	サ　推論	シ　知識
ス　普遍性	セ　創造性	ソ　体系化	

(☆☆◎◎◎◎)

63

【３】生物の分類に関する次の各問いに答えなさい。

(1)　図1は，【ゼニゴケ，タンポポ，スギナ，イチョウ，イネ】の5種類の植物を，「種子をつくる」，「葉，茎，根の区別がある」，「子葉が2枚ある」，「子房がある」の4つの特徴に注目して，分類したものである。以下の各問いに答えなさい。ただし，植物を分類した4つの特徴は，図1のA～Dのいずれかに当てはまるものとする。

図1

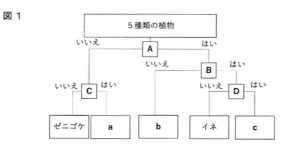

①　図1中のB，Dの特徴を，次の選択肢からそれぞれ1つずつ選び記号で答えなさい。

　　ア　種子をつくる　　　　イ　葉，茎，根の区別がある

　　ウ　子葉が2枚である　　エ　子房がある

②　図1中のbに当てはまる植物を，次の選択肢から1つ選び記号で答えなさい。

　　ア　タンポポ　　イ　イチョウ　　ウ　スギナ

(2)　図2は，a～gの動物を特徴ごとにA～Cのグループに分類したものである。以下の各問いに答えなさい。

図2

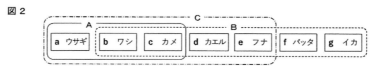

①　図2中の動物をA，B，Cのグループに分類した特徴として適するものを，次の選択肢からそれぞれ1つずつ選び記号で答えなさい。

　　ア　背骨がある　　イ　一生えらで呼吸する　　ウ　胎生である

エ　背骨がない　　オ　一生肺で呼吸する　　　カ　卵生である

②　図2中の「f　バッタ」の体のつくりについて述べた文として適するものを，次の選択肢から全て選び記号で答えなさい。

ア　体が頭部，腹部の2つに分かれている。

イ　体の表面が丈夫な殻のようなつくりで覆われている。

ウ　4対のあしをもつ。

エ　気門から空気をとり入れ呼吸している。

(☆◎◎◎◎)

【4】ある地域のA〜Dの4地点でボーリング調査を行い，その結果から地層の広がりについて調べた。調査を行った地点を図1で示し，調査地点の柱状図を図2に示している。後の各問いに答えなさい。ただし，この地域では，地層の曲がりは見られず，地層はある一定の方向に傾いているものとする。

図1

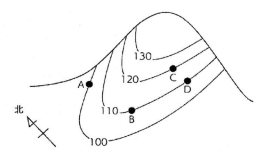

図2

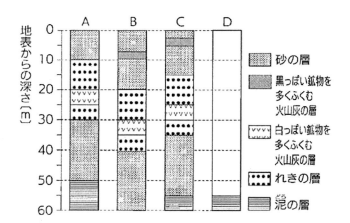

(1)　この地域の地層からアサリの化石が発見された。アサリの化石が見つかった層が堆積した当時の環境として最も適するものを，次の選択肢から1つ選び記号で答えなさい。

　　ア　浅い海　　イ　深い海　　ウ　冷たい海　　エ　あたたかい海

(2)　図2の柱状図に見られる泥，砂，れきは，粒の大きさで区別される。砂の粒の大きさとして最も適するものを，次の選択肢から1つ選び記号で答えなさい。

　　ア　0〜0.06mm　　イ　0〜1mm　　ウ　0.06〜2mm

　　エ　1〜3mm

(3)　火山灰の層のように離れた地層を比べるときに利用することができる層を何というか。適するものを，次の選択肢から1つ選び記号で答えなさい。

　　ア　鉱層　　イ　断層　　ウ　古層　　エ　鍵層

(4)　地層はどの方位に向かって下がっているか。適するものを，次の選択肢から1つ選び記号で答えなさい。ただし，「A地点とB地点」，「C地点とD地点」は南北方向，「B地点とC地点」は東西方向になっているものとする。

　　ア　東　　イ　西　　ウ　南　　エ　北

(5)　D地点における地表からの深さが10mの層は，何からできている

層か。適するものを，次の選択肢から1つ選び記号で答えなさい。

ア　泥の層　　イ　砂の層　　ウ　れきの層

エ　黒っぽい鉱物を多くふくむ火山灰の層

オ　白っぽい鉱物を多くふくむ火山灰の層

(☆☆◎◎◎◎)

【5】化学変化に関する次の各問いに答えなさい。

(1)　図のような装置で酸化銅と活性炭(粉末炭素)の混合物を加熱し，銅をとり出した。以下の各問いに答えなさい。

図

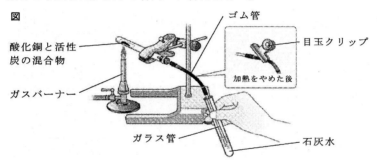

① 　図のガスバーナーの火を消す際の手順を表したものとして，適するものを次の選択肢から1つ選び記号で答えなさい。

ア　ゴム管を目玉クリップで閉じる→火を消す→ガラス管を石灰水から取り出す

イ　火を消す→ゴム管を目玉クリップで閉じる→ガラス管を石灰水から取り出す

ウ　ガラス管を石灰水から取り出す→火を消す→ゴム管を目玉クリップで閉じる

エ　ゴム管を目玉クリップで閉じる→ガラス管を石灰水から取り出す→火を消す

オ　火を消す→ガラス管を石灰水から取り出す→ゴム管を目玉クリップで閉じる

カ　ガラス管を石灰水から取り出す→ゴム管を目玉クリップで閉

　　　　じる→火を消す

②　図の化学変化を化学反応式で表すとどうなるか。適するものを，次の選択肢から1つ選び記号で答えなさい。

　　ア　$2Cu + O_2 \rightarrow 2CuO$

　　イ　$2CuO + C \rightarrow 2Cu + CO_2$

　　ウ　$CuO + H_2 \rightarrow Cu + H_2O$

　　エ　$CuO_2 + C \rightarrow Cu + CO_2$

③　次のような操作をしたとき，下線部の物質が還元されると考えられる実験として適さないものを，次の選択肢から1つ選び記号で答えなさい。

　　ア　火のついた<u>マグネシウムリボン</u>を二酸化炭素の中に入れる。

　　イ　加熱した<u>酸化銅</u>をエタノールの液面に近づける。

　　ウ　<u>鉄鉱石</u>をコークスと混ぜて加熱する。

　　エ　水素の入った試験管に加熱した<u>酸化銅</u>を入れる。

(2)　酸化銀の粉末をステンレス皿に入れて加熱した。加熱後の物質について調べると次のような結果になった。〔　　〕内に当てはまる語句の組合せとして適するものを，以下の選択肢から1つ選び記号で答えなさい。

> 　ステンレス皿に残った〔　X　〕の物質は，金づちでたたくとうすく広がり，表面を磨くと〔　Y　〕。また，加熱前と比べて質量が〔　Z　〕。

　ア　X…白色　　Y…黒くなった　　Z…大きくなった

　イ　X…黒色　　Y…光沢がでた　　Z…大きくなった

　ウ　X…黒色　　Y…黒くなった　　Z…小さくなった

　エ　X…白色　　Y…光沢がでた　　Z…小さくなった

（☆☆◎◎◎◎）

【6】電気に関する次の各問いに答えなさい。

(1) 図1は，電流計が示す指針を表している。このときの目盛りの読み方として，最も適するものを，以下の選択肢から1つ選び記号で答えなさい。ただし，電流計の－端子は5Aを使用したものとする。

図1

ア　15mA　　イ　15.0mA　　ウ　150mA　　エ　1.5A

オ　1.50A

(2) 図2のような回路を作り，抵抗器に加わる電圧と回路に流れる電流の大きさを電流計と電圧計を用いて測定した。このときの回路図として適するものを，以下の選択肢から1つ選び記号で答えなさい。

図2

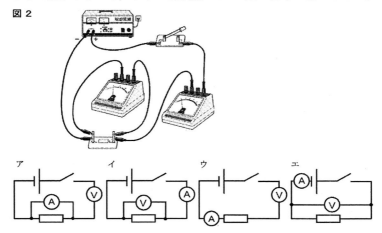

(3) 図3のように抵抗器A，B，Cをつないだ回路がある。電源の電圧が18V，抵抗器Aの電気抵抗が2Ω，流れる電流の大きさが3A，抵抗器Bを流れる電流の大きさが2Aのとき，以下の各問いに答えなさい。

図3

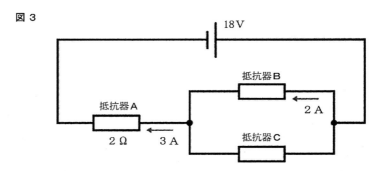

① 抵抗器Cの電気抵抗の値として適するものを，次の選択肢から1つ選び記号で答えなさい。

　　ア　6Ω　　イ　9Ω　　ウ　12Ω　　エ　15Ω　　オ　18Ω

② 抵抗器Bが1分間に消費した電気エネルギーの量として適するものを，次の選択肢から1つ選び記号で答えなさい。

　　ア　24J　　イ　24W　　ウ　24Wh　　エ　1440J

　　オ　1440Wh

(4) 図4のような放電管に大きな電圧を加えると放電が起こった。以下の各問いに答えなさい。

図4

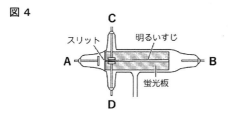

① 図4のように放電しているとき，電極Aと電極Bのうち，＋極はどの電極か。適するものを，次の選択肢から1つ選び記号で答えなさい。

　　ア　電極Aと電極Bの両方　　イ　電極A　　ウ　電極B

　　エ　どちらでもない

② 図4のように放電しているとき，電極Cを＋極，電極Dを－極につないで電圧を加えると，蛍光板の明るいすじはどのように変化

するか。適するものを次の選択肢から1つ選び記号で答えなさい。

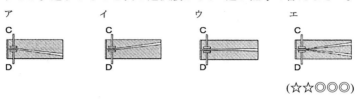

【7】 自然界における物質の循環に関する次の各問いに答えなさい。

(1) 図1は，自然界における炭素の循環を模式的に表したものである。以下の各問いに答えなさい。

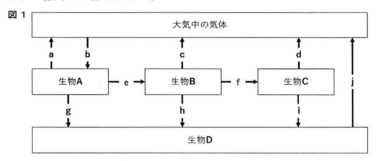

① 図1中の「大気中の気体」に当てはまる物質として適するものを，次の選択肢から1つ選び記号で答えなさい。

ア O_2 イ N_2 ウ CO_2 エ O_3 オ C

② 図1中の生物Cに当てはまる語句として適するものを，次の選択肢から1つ選び記号で答えなさい。

ア 生産者   イ 消費者   ウ 分解者

③ 図1中の矢印のうち，無機物の移動を表すものを全て選び，記号で答えなさい。

(2) 図2は，ある物質の生物体内における濃度が，食べる食べられるの関係の過程で大きくなっていったようすを表している。以下の各問いに答えなさい。

図2

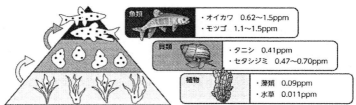

・オイカワ　0.62～1.5ppm
・モツゴ　1.1～1.5ppm

貝類

・タニシ　0.41ppm
・セタシジミ　0.47～0.70ppm

植物

・藻類　0.09ppm
・水草　0.011ppm

① 図2中のppmは，何分の1を表すか。適するものを，次の選択肢から1つ選び記号で答えなさい。

ア　1万分の1　　イ　10万分の1　　ウ　100万分の1

エ　1000万分の1

② ある物質の生物体内における濃度が，周囲の環境よりも高濃度になっていく現象を表す語句として適するものを，次の選択肢から1つ選び記号で答えなさい。

ア　生物濃縮　　イ　環境汚染　　ウ　生物希釈

エ　食物連鎖　　オ　生物多様性

(☆☆◎◎◎◎)

【8】月に関する次の各問いに答えなさい。

(1) 図1は，太陽，地球，月が一直線上に並び，地球の影に月が入る現象を表している。この現象の名称を，以下の選択肢から1つ選び記号で答えなさい。

図1

月

地球

月の公転軌道

太陽

ア　日面通過　　イ　月食　　ウ　日食　　エ　南中

オ　金環日食

72

(2) 図1の現象は，満月のときに起こる現象であるが，満月のときに
いつも起こるわけではない。この理由として適するものを，次の選
択肢から1つ選び記号で答えなさい。

ア　月の公転周期と月の自転周期が同じであるため。

イ　地球の自転周期と月の自転周期が異なるため。

ウ　地球の公転周期と月の公転周期が異なるため。

エ　地球の公転軌道と月の公転軌道が同一平面上にないため。

(3) 同じ時刻に同じ場所で月を観察すると，日が進むにつれて西から
東へと1日に何度ずつ動いて見えるか。適するものを，次の選択肢
から1つ選び記号で答えなさい。

ア　約9度　　イ　約12度　　ウ　約15度　　エ　約18度

オ　約30度

(4) 図2は，太陽，地球，月の位置関係を模式的に表している。ある
とき，月が地球の公転軌道上のPにあり，地球からは，月が図3のよ
うに見えた。このときの地球の位置をQとする。Qを基準として，
地球がPに位置するのはいつか。最も適するものを，あとの選択肢
から1つ選び記号で答えなさい。ただし，地球と月の距離を38万km，
地球の公転の速さを11万km/hとする。

図2

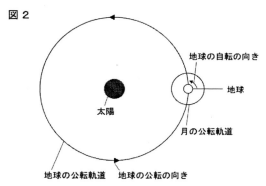

図3

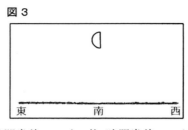

| 東 | 南 | 西 |

　ア　約1時間半前　　　イ　約2時間半前　　　ウ　約3時間半前
　エ　約1時間半後　　　オ　約2時間半後　　　カ　約3時間半後

(☆☆☆◎◎◎◎)

【9】水溶液とイオンに関する次の各問いに答えなさい。

(1)　金属イオンを含む水溶液に金属片を入れ，しばらく放置したとき
　　の変化を調べる実験を行った。表は，その結果を表している。表に
　　ある3種類の金属のイオンへのなりやすさの順番として適するもの
　　を，以下の選択肢から1つ選び記号で答えなさい。

表

金属片	金属イオンをふくむ水溶液	
	硫酸銅水溶液	硫酸亜鉛水溶液
銅	変化がなかった。	変化がなかった。
亜鉛	金属表面に赤色の物質が付着した。	変化がなかった。
マグネシウム	金属表面に赤色の物質が付着した。	金属表面に銀色の物質が付着した。

　ア　銅＞亜鉛＞マグネシウム　　　イ　亜鉛＞マグネシウム＞銅
　ウ　マグネシウム＞銅＞亜鉛　　　エ　マグネシウム＞亜鉛＞銅

(2)　硝酸銀水溶液に銅線を入れたところ，金属が付着する銀樹とよば
　　れる現象が起こった。金属が付着したとき，水溶液の色にも変化が
　　見られた。水溶液が変化した色として最も適するものを，次の選択
　　肢から1つ選び記号で答えなさい。

　ア　赤色　　イ　青色　　ウ　黒色　　エ　白色

(3)　金属の表面を他の金属の薄い膜で覆う技術を「めっき」という。

「めっき」の説明として適さないものを，次の選択肢から全て選び記号で答えなさい。

ア　薄い膜として適するのは，イオンになりやすい金属である。

イ　薄い膜として適するのは，イオンになりにくい金属である。

ウ　金めっきは，産出量の少ない金属を有効に活用する方法になる。

エ　化学的に不安定なため，さびやすい。

オ　化学的に安定なため，装飾品等に用いられる。

(4)　ダニエル電池は，図のような2種類の金属と2種類の水溶液を用いて，電気エネルギーを取り出している。以下の各問いに答えなさい。

図

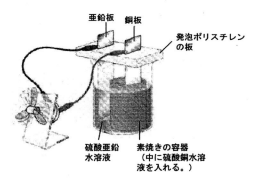

① 次の文は，ダニエル電池で起こる反応について説明したものである。(　)に当てはまる語句を，以下の選択肢からそれぞれ1つずつ選び記号で答えなさい。ただし，同じ記号には同じ語句が入るものとする。

　　ダニエル電池では，より陽イオンになりやすい(　A　)原子が電子を失って(　B　)になってとけ出す。(　A　)板に残った電子は導線を通って(　C　)板へ移動し，水溶液中の(　D　)が(　C　)板の表面で電子を受け取って(　C　)原子になる。

ア　銅　　イ　亜鉛　　ウ　銅イオン　　エ　亜鉛イオン

② 次の文は，硫酸銅水溶液を素焼きの容器に入れる理由について

説明したものである。(　　)に当てはまる語句を，以下の選択肢からそれぞれ1つずつ選び記号で答えなさい。

> 硫酸亜鉛水溶液中の(　A　)が素焼きの容器内に移動し，硫酸銅水溶液中の(　B　)が素焼きの容器から出て行くことで，2つの溶液中でイオンの数のバランスが保たれやすくなる。

ア　銅イオン　　　イ　銅　　　ウ　亜鉛イオン　　　エ　亜鉛
オ　硫酸イオン　　カ　硫酸

(☆☆☆◎◎◎◎)

【10】物体の運動に関する次の各問いに答えなさい。

(1) 図1は，水平面上を右向きに運動する球のストロボ写真(発光間隔0.2秒)を表している。また，表は，隣り合う球の間隔を1区間としたときの各区間の長さを表している。後の各問いに答えなさい。

図1

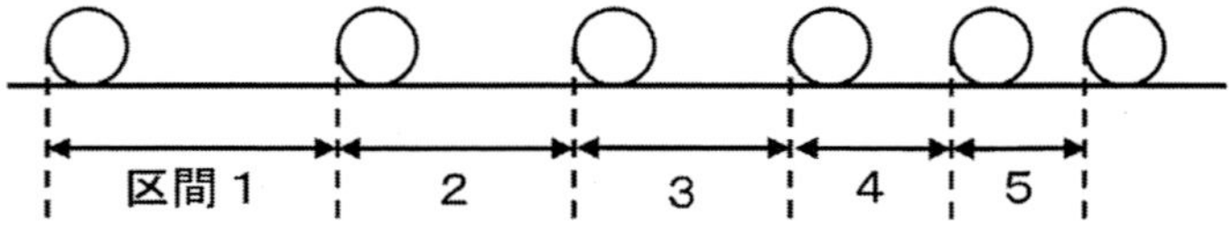

区間	1	2	3	4	5
区間の長さ〔cm〕	18.9	16.4	13.5	10.3	9.7

表

① 物体の運動のようすを表すのに必要な要素として適するものを，次の選択肢から2つ選び記号で答えなさい。
ア　速さ　イ　重さ　ウ　向き　エ　体積
オ　エネルギー

② 区間3での球の平均の速さとして適するものを，次の選択肢から1つ選び記号で答えなさい。
ア　2.7cm/s　イ　13.5cm/s　ウ　27cm/s　エ　67.5cm/s

(2) 図2のように，水平な地面に対して同じ高さから，ある球体AをX

真上，Y水平，Z真下の3方向に同じ速さで投げ出した。X，Y，Zが地面にぶつかる直前の速さをそれぞれx, y, zとするとき，これらの関係を等号や不等号を使って表したものとして適するものを，以下の選択肢から1つ選び記号で答えなさい。ただし，球体Aにはたらく空気抵抗は考えないものとする。

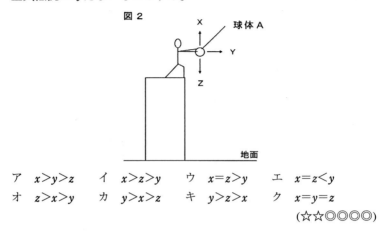

図2

ア　$x>y>z$　　イ　$x>z>y$　　ウ　$x=z>y$　　エ　$x=z<y$

オ　$z>x>y$　　カ　$y>x>z$　　キ　$y>z>x$　　ク　$x=y=z$

(☆☆◎◎◎◎)

【11】「中学校学習指導要領(平成29年告示)解説　特別の教科　道徳編」について，次の各問いに答えなさい。

(1)　「第2章　道徳教育の目標　第2節　道徳科の目標」には，次のように述べられている。(　　)に当てはまる語句を以下の選択肢から1つ選び記号で答えなさい。

> 第1章総則の第1の2の(2)に示す道徳教育の目標に基づき，よりよく生きるための基盤となる道徳性を養うため，道徳的諸価値についての理解を基に，自己を見つめ，物事を広い視野から多面的・多角的に考え，人間としての生き方についての考えを深める学習を通して，道徳的な判断力，(　　)，実践意欲と態度を育てる。

[選択肢]　ア　心情　　イ　表現力　　ウ　思考力　　エ　理解
(2) 「第3章　道徳科の内容　第1節　内容の基本的性格　1　(1)」には，道徳科における内容の捉え方について，次のように述べられている。（　　）に当てはまる語句を以下の選択肢から1つ選び記号で答えなさい。

> 　学習指導要領第3章の「第2　内容」は，教師と生徒が人間としてのよりよい生き方を求め，共に考え，共に語り合い，その実行に努めるための共通の課題である。学校の教育活動全体の中で，様々な場や機会を捉え，多様な方法によって進められる学習を通して，生徒自らが（　　）な道徳性を養うためのものである。

[選択肢]　ア　社会的　　イ　調和的　　ウ　独創的　　エ　安定的
(3) 「第4章　指導計画の作成と内容の取扱い　第3節　指導の配慮事項　3　(2)」には，生徒が自ら考え理解し，主体的に学習に取り組む工夫について，次のように述べられている。（　　）に当てはまる語句を以下の選択肢から1つ選び記号で答えなさい。

> 　道徳科の目標や指導のねらいを明らかにして，生徒一人一人が（　　）をもって主体的に考え，学ぶことができるようにする必要がある。また，道徳科の目標と指導内容との関係を明確にして取り組み，道徳的な内容を学ぶこととの意義を理解させたり，学んだことを振り返らせたりする指導が重要である。

[選択肢]　ア　目的意識　　イ　問題意識　　ウ　見通し
　　　　　エ　意欲
(4) 「第5章　道徳科の評価　第2節　道徳科における生徒の学習状況及び成長の様子についての評価　1」には，評価の基本的態度について，次のように述べられている。（　　）に当てはまる語句を以下の選択肢から1つ選び記号で答えなさい。

道徳性の評価の基盤には，教師と生徒との(　　)な触れ合い
　　による共感的な理解が存在することが重要である。その上で，
　　生徒の成長を見守り，努力を認めたり，励ましたりすることに
　　よって，生徒が自らの成長を実感し，更に意欲的に取り組もう
　　とするきっかけとなるような評価を目指すことが求められる。

[選択肢]　ア　本質的　　イ　誠実的　　ウ　対話的　　エ　人格的
(☆☆☆◎◎◎)

高 校 理 科

【共通問題】

【1】次の各問いに答えなさい。

(1)　電子1個の電気量の大きさは，1.6×10^{-19}Cである。今，一定の電流が流れる導線の断面を，30秒間に大きさ96Cの電気量が回路に流れた。このとき，導線を流れた電流〔A〕と，この断面を通過した電子の数〔個〕として正しい組み合わせを，次の選択肢から1つ選び，記号で答えなさい。

	流れた電流〔A〕	通過した電子の数〔個〕
ア	2.9×10^2	1.9×10^{20}
イ	2.9×10^2	6.0×10^{20}
ウ	3.2	1.9×10^{20}
エ	3.2	6.0×10^{20}

(2)　質量$2m$〔kg〕の小球Aと質量m〔kg〕の小球Bがある。小球Aに大きさF〔N〕の力を加えたときの加速度の大きさはa〔m/s²〕であった。小球Bに大きさF〔N〕の力を加えたときの加速度の大きさとして適するものを，次の選択肢から1つ選び，記号で答えなさい。

ア　$\dfrac{a}{4}$　　イ　$\dfrac{a}{2}$　　ウ　$2a$　　エ　$4a$

(3)　極性分子を，次の選択肢から2つ選び，記号で答えなさい。

　　　ア　H_2O　　イ　CO_2　　ウ　CH_4　　エ　NH_3　　オ　CCl_4

(4)　0.0005mol/Lの希硫酸のpHとして適するものを，次の選択肢から1つ選び，記号で答えなさい。ただし，温度は25℃，希硫酸は完全に電離するものとする。

　　　ア　pH＝1　　イ　pH＝2　　ウ　pH＝3　　エ　pH＝4

(5)　次の化学式のうち，下線をつけた原子の酸化数が最も大きいものを，次の選択肢から1つ選び，記号で答えなさい。

　　　ア　$\underline{C}O_3{}^{2-}$　　イ　$Cu\underline{S}O_4$　　ウ　$H_3\underline{P}O_4$　　エ　$H_2\underline{C}_2O_4$

(6)　光学顕微鏡の分解能(区別できる2点間の最小距離)として最も適するものを，次の選択肢から1つ選び，記号で答えなさい。

　　　ア　0.2nm　　イ　2nm　　ウ　0.2μm　　エ　2μm

(7)　脳下垂体から分泌されるホルモンとして適するものを，次の選択肢から1つ選び，記号で答えなさい。

　　　ア　アドレナリン　　イ　インスリン　　ウ　チロキシン

　　　エ　甲状腺刺激ホルモン

(8)　次の文章中の(　　)に適する語句として正しい組み合わせを，以下の選択肢から1つ選び，記号で答えなさい。

　　太陽系の誕生にあたり，今から約(　①　)億年前，星間物質の密度の大きい領域が，回転しながら自らの重力によって収縮していった。星間物質の主成分である水素とヘリウムの多くが中心部に集まって(　②　)となり，残りの星間物質はその周囲を回る円盤を形成した。この段階を(　③　)という。

	①	②	③
ア	40	原始太陽	原始太陽系円盤
イ	40	原始太陽	原始惑星系円盤
ウ	40	原始惑星	原始太陽系円盤
エ	40	原始惑星	原始惑星系円盤
オ	46	原始太陽	原始太陽系円盤
カ	46	原始太陽	原始惑星系円盤
キ	46	原始惑星	原始太陽系円盤
ク	46	原始惑星	原始惑星系円盤

(9) 日本で気象庁により定められている震度階級は10階級である。その10階級として適するものを，次の選択肢から1つ選び，記号で答えなさい。

ア　0，1，2，3，4，5，6，7，8，9
イ　1，2，3，4，5，6，7，8，9，10
ウ　0，1，2，3，4，5弱，5強，6弱，6強，7
エ　1，2，3，4，5，6弱，6強，7弱，7強，8

(☆☆☆◎◎◎◎)

【物理】

【1】次の各問いに答えなさい。

(1) 次の文は，「高等学校学習指導要領(平成30年告示)　第2章　各学科に共通する各教科　第5節　理科　第3款　各科目にわたる指導計画の作成と内容の取扱い」の一部である。文中の(　)に当てはまる言葉を以下の選択肢からそれぞれ1つずつ選び，記号で答えなさい。

> 2　内容の取扱いに当たっては，次の事項に配慮するものとする。
> 　(1)　各科目の指導に当たっては，(　①　)観察，実験などを計画する学習活動，観察，実験などの結果を分析し解釈する学習活動，(　②　)を使用して考えたり説明したりする学習活動などが充実するようにすること。

ア　探究活動として　　　イ　問題を見いだし
ウ　身近な素材に関する　エ　生徒が進んで
オ　図，表，グラフなど　カ　レポート
キ　科学的な概念　　　　ク　学習した内容

(2) 次の文は，「高等学校学習指導要領(平成30年告示)　第2章　各学科に共通する各教科　第5節　理科　第2款　各科目　第1　科学と人間生活　3　内容の取扱い」の一部である。文中の(　)に当ては

81

まる語句を以下の選択肢から1つ選び，記号で答えなさい。

> (1) 内容の取扱いに当たっては，次の事項に配慮するものと
> する。
> 　ア　（　　）との関連を十分考慮するとともに，科学と人間
> 生活との関わりについて理解させ，観察，実験などを中
> 心に扱い，自然や科学技術に対する興味・関心を高める
> ようにすること。

　ア　実体験　　イ　他教科　　ウ　中学校理科　　エ　探究活動

(3) 次の文は，「高等学校学習指導要領(平成30年告示)　第2章　各学
科に共通する各教科　第5節　理科　第2款　各科目　第3　物理　1
目標」の一部である。文中の(　　)に当てはまる語句を以下の選択
肢から1つ選び，記号で答えなさい。

> (1) 物理学の基本的な概念や(　　)の理解を深め，科学的に
> 探究するために必要な観察，実験などに関する技能を身に
> 付けるようにする。

　ア　事物・現象　　イ　見方・考え方　　ウ　資質・能力
　エ　原理・法則

(4) 次の文は，「高等学校学習指導要領(平成30年告示)　第2章　各学
科に共通する各教科　第5節　理科　第2款　各科目　第2　物理基
礎　1　目標」の一部である。文中の(　　)に当てはまる言葉を以下
の選択肢から1つ選び，記号で答えなさい。

> (1) 日常生活や社会との関連を図りながら，(　　)について
> 理解するとともに，科学的に探究するために必要な観察，
> 実験などに関する基本的な技能を身に付けるようにする。

　ア　物体の運動と様々なエネルギー
　イ　様々な物理現象とエネルギーの利用
　ウ　様々な力とその働き

エ　物理学が拓く世界

(☆☆◯◯◯)

【2】次の各問いに答えなさい。ただし，重力加速度の大きさをg，ばね
は鉛直方向のみに運動するものとする。

Ⅰ　図1のように，ばね定数kの軽いばねの一端を床に固定し，他端に
質量mの板を取りつけると，ばねが自然の長さからdだけ縮んでつり
合った。その後，ばねが自然の長さになるまで板を持ち上げて静か
にはなすと，鉛直方向に単振動を始めた。ばねの自然の長さの位置
を原点Oとし，鉛直下向きを正としてx軸をとる。以下の各問いに答
えなさい。

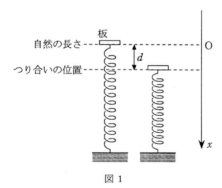

図 1

(1)　dはいくらか。適するものを次の選択肢から1つ選び，記号で答
えなさい。

ア　mg　　イ　kmg　　ウ　$\dfrac{mg}{k}$　　エ　$\dfrac{k}{mg}$

(2)　板が位置xにあるとき，板にはたらく力の合力として適するも
のを，次の選択肢から1つ選び，記号で答えなさい。

ア　$-kx-kmg$　　イ　$-kx+kmg$　　ウ　$-kx-mg$

エ　$-kx+mg$

(3)　板がつり合いの位置を通過するときの速さはいくらか。次の選
択肢から1つ選び，記号で答えなさい。

$$\text{ア}\quad g\sqrt{\dfrac{m}{k}}\qquad \text{イ}\quad 2\pi g\sqrt{\dfrac{m}{k}}\qquad \text{ウ}\quad g\sqrt{\dfrac{k}{m}}\qquad \text{エ}\quad \dfrac{2\pi}{g}\sqrt{\dfrac{k}{m}}$$

(4) 板を静かにはなしてから，初めて$x=\dfrac{3}{2}d$の位置を通過するまでにかかった時間はいくらか。次の選択肢から1つ選び，記号で答えなさい。

$$\text{ア}\quad \dfrac{3\pi}{8}\sqrt{\dfrac{m}{k}}\qquad \text{イ}\quad \dfrac{4\pi}{3}\sqrt{\dfrac{m}{k}}\qquad \text{ウ}\quad \dfrac{2\pi}{3}\sqrt{\dfrac{m}{k}}$$

$$\text{エ}\quad \dfrac{3\pi}{4}\sqrt{\dfrac{m}{k}}$$

Ⅱ　次に，同じばねを使って図2のように，板がつり合っている位置($x=d$)で板が動かないように手で支えながら，板の上に質量$\dfrac{m}{2}$のおもりをのせて静かに手を離すと，板とおもりは一体となって単振動を始めた。以下の各問いに答えなさい。

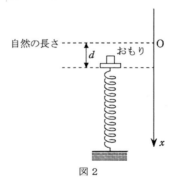

図2

(1) 板とおもりが到達する最下点のx座標として適するものを，次の選択肢から1つ選び，記号で答えなさい。

$$\text{ア}\quad \dfrac{3}{2}d\qquad \text{イ}\quad 2d\qquad \text{ウ}\quad \dfrac{5}{2}d\qquad \text{エ}\quad 3d$$

(2) 板とおもりが単振動をしているとき，ある位置xを通過する際のおもりの運動方程式を表す式として最も適するものを，次の選択肢から1つ選び，記号で答えなさい。ただし，加速度をa，垂直抗力をNとする。

$$\text{ア}\quad \dfrac{m}{2}a=\dfrac{1}{2}mg+N-kx\qquad \text{イ}\quad \dfrac{m}{2}a=\dfrac{1}{2}mg+N$$

ウ　$\dfrac{m}{2}a = \dfrac{1}{2}mg - N - kx$　　エ　$\dfrac{m}{2}a = \dfrac{1}{2}mg - N$

(3)　(2)の垂直抗力Nをk, xを用いて表した式として最も適するもの
を, 次の選択肢から1つ選び, 記号で答えなさい。

ア　$\dfrac{1}{3}kx$　　イ　$\dfrac{1}{2}kx$　　ウ　$\dfrac{2}{3}kx$　　エ　$\dfrac{3}{2}kx$

(☆☆☆☆◎◎)

【3】次の各問いに答えなさい。

Ⅰ　シリンダーに単原子分子の理想気体を入れ, その状態を図1のよ
うに, 次の4通りの過程で変化させた。

過程①A→B→C→E　　過程②A→C→E　　過程③A→E

過程④A→D→E

ここで, A→Cは断熱変化, A→Eは等温変化である。以下の各問
いに答えなさい。

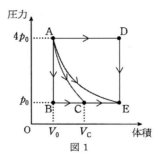

図1

(1)　状態Eの体積として最も適するものを, 次の選択肢から1つ選び,
記号で答えなさい。

ア　$\dfrac{3}{2}V_0$　　イ　$2V_0$　　ウ　$3V_0$　　エ　$4V_0$

(2)　過程④で気体が外部にした仕事は, 過程①で気体が外部にした
仕事の何倍になるか。最も適するものを, 次の選択肢から1つ選
び, 記号で答えなさい。

ア　2倍　　イ　3倍　　ウ　4倍　　エ　8倍

(3)　A→Bで気体から放出された熱量として適するものを, 次の選

択肢から1つ選び，記号で答えなさい。

ア　$\dfrac{3}{2}p_0V_0$　　イ　$\dfrac{9}{2}p_0V_0$　　ウ　$3p_0V_0$　　エ　$6p_0V_0$

(4)　B→Eで気体が吸収した熱量として適するものを，次の選択肢から1つ選び，記号で答えなさい。

ア　$3p_0V_0$　　イ　$\dfrac{9}{2}p_0V_0$　　ウ　$5p_0V_0$　　エ　$\dfrac{15}{2}p_0V_0$

(5)　A→Cで気体が外部にした仕事として適するものを，次の選択肢から1つ選び，記号で答えなさい。

ア　$\dfrac{3}{2}p_0V_C$　　イ　$6p_0V_0$　　ウ　$p_0(4V_0-V_C)$

エ　$\dfrac{3}{2}p_0(4V_0-V_C)$

(6)　過程①～④における気体に入った熱量の大小関係として，最も適するものを次の選択肢から1つ選び，記号で答えなさい。

ア　④＞③＞①＞②　　イ　④＞③＞②＞①

ウ　③＞④＞①＞②　　エ　①＞②＞③＞④

Ⅱ　次の各問いに答えなさい。

(1)　図2のように，焦点距離20cmの凹レンズPの左側(前方)30cmのところに物体AA′を置いた。凹レンズPによって物体AA′の像ができる位置として最も適するものを，以下の選択肢から1つ選び，記号で答えなさい。

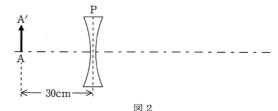

図2

ア　凹レンズPの左側(前方)12cm

イ　凹レンズPの右側(後方)12cm

ウ　凹レンズPの左側(前方)60cm

エ　凹レンズPの右側(後方)60cm

(2)　(1)で求めた像の見え方として最も適するものを，次の選択肢

から1つ選び，記号で答えなさい。

ア　倒立の虚像　　イ　倒立の実像　　ウ　正立の虚像

エ　正立の実像

(3)　図3のように，焦点距離20cmの凸レンズQの左側(前方)30cmの
ところに物体AA′を置き，さらに凸レンズQと同一光軸上で，凸
レンズQの右側(後方)にd〔cm〕離して焦点距離10cmの凸レンズR
を置いた。以下の各問いに答えなさい。

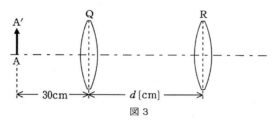

図3

(i)　d=68cmのとき，これらのレンズによってできる物体の像の
位置として最も適するものを，次の選択肢から1つ選び，記号
で答えなさい。

ア　凸レンズRの右側(後方)40cm

イ　凸レンズRの右側(後方)2.5cm

ウ　凸レンズRの左側(前方)40cm

エ　凸レンズRの左側(前方)2.5cm

(ii)　これらのレンズによって，物体AA′の大きさの10倍の実像を
つくるには，dをいくらにすればよいか。次の選択肢から1つ選
び，記号で答えなさい。

ア　70cm　　イ　72cm　　ウ　76cm　　エ　80cm

(☆☆☆☆◎◎)

【4】次の各問いに答えなさい。

(1)　図1のように，3つの抵抗R_1，R_2，R_3と2つの電源E_1，E_2を用いて電
気回路を作った。抵抗R_1と抵抗R_3は抵抗値R，抵抗R_2は抵抗値$2R$，
電源E_1は起電力$2E$，電源E_2は起電力Eである。抵抗以外の部分には

抵抗がなく，電源の内部抵抗も無視できるものとする。R₁，R₂，およびR_3に流れる電流値を図1の向きにI_1，I_2，I_3とするとき，この回路におけるキルヒホッフの法則を示している式として誤っているものを，以下の選択肢から1つ選び，記号で答えなさい。

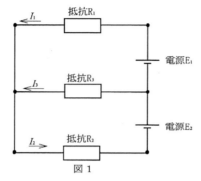

図1

ア　$I_2＝I_1＋I_3$　　イ　$E＝RI_3＋2RI_2$　　ウ　$3E＝RI_1＋2RI_2$

エ　$2E＝RI_1＋RI_3$

(2)　図2のように図1の抵抗R_3を外して，極板ABをもつ電気容量Cのコンデンサーを接続し，十分時間が経過した。極板Bに蓄えられている電気量として適するものを，以下の選択肢から1つ選び，記号で答えなさい。

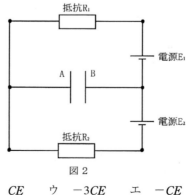

図2

ア　$3CE$　　イ　CE　　ウ　$-3CE$　　エ　$-CE$

(3) 図3のように，図1の抵抗R_1，R_2を用いて一辺lの正方形abcdの回路をxy平面上に作り，辺adがx軸上に重なるよう配置する。この回路を一定の速さvでx軸正方向に動かす。$0<x<l$の領域には，磁束密度Bの一様な磁場が紙面の裏から表に向けて垂直に生じている。以下の各問いに答えなさい。

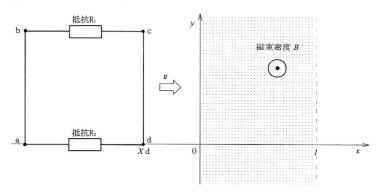

図3

(i) 点dのx座標X_dが$0<X_d<l$のときに回路に流れる電流の大きさとして適するものを，次の選択肢から1つ選び，記号で答えなさい。

ア $3vBlR$　　イ $\dfrac{vBl}{3R}$　　ウ $\dfrac{3Rl}{vB}$　　エ $vBl\left(\dfrac{1}{R}+\dfrac{1}{2R}\right)$

(ii) 点dのx座標X_dが$0<X_d<2l$の間に回路を等速度で移動させるために必要な外力のする仕事として適するものを，次の選択肢から1つ選び，記号で答えなさい。

ア $\dfrac{2vB^2l^3}{3R}$　　イ $\dfrac{6Rl^2}{v^2B^2}$　　ウ $-\dfrac{2vB^2l^3}{3R}$　　エ $-\dfrac{6Rl^2}{v^2B^2}$

(4) 図4のように$y<x$の領域に磁束密度Bの一様な磁場が紙面の裏から表に向けて垂直に生じている。(3)で用いた正方形abcdの回路を，(3)と同様にx軸上を一定の速さvで動かす。回路を流れる電流の時間変化の概形を示した図として最も適切なものを，以下の選択肢から1つ選び，記号で答えなさい。ただし，点dが原点を通過した時刻を0とし，電流の向きはa→b→c→dの周りを正とする。

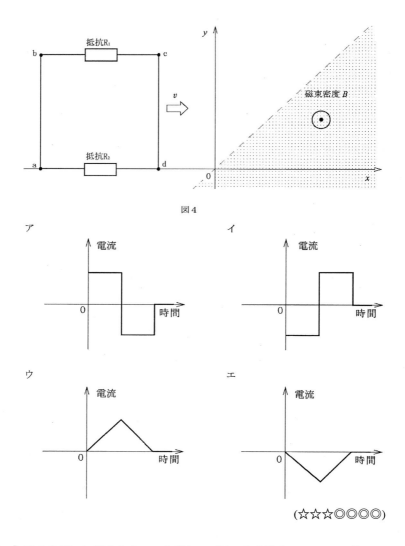

図4

ア

↑電流

0　　　時間

イ

↑電流

0　　　時間

ウ

↑電流

0　　　時間

エ

↑電流

0　　　時間

(☆☆☆◎◎◎)

【５】次の各問いに答えなさい。ただし，プランク定数を$h = 6.6 \times 10^{-34}$J・s，真空中の光の速さを$c = 3.0 \times 10^{8}$m/s，電気素量を$e = 1.6 \times 10^{-19}$Cとする。

Ⅰ　図1はあるX線管で発生させたX線の強さと波長の関係を表すグラ

フである。以下の各問いに答えなさい。

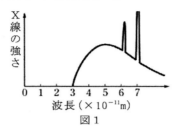

図1

(1) X線について説明した文章として誤っているものを，次の選択肢から1つ選び，記号で答えなさい。

ア　X線は紫外線よりも振動数の大きい電磁波である。

イ　X線は透過力が強いので，医療診断や機械内部の検査などに利用される。

ウ　X線は大きなエネルギーを持つ電磁波であり，光電効果は生じない。

エ　発生する固有X線の波長は，X線管のターゲットの材質によって決まっている。

(2) 図1から，このX線管の最短波長と振動数として最も適する組み合わせを，次の選択肢から1つ選び，記号で答えなさい。

	最短波長〔m〕	振動数〔Hz〕
ア	6.0×10^{-11}	2.0×10^{-3}
イ	6.0×10^{-11}	5.0×10^{18}
ウ	3.0×10^{-11}	1.0×10^{-3}
エ	3.0×10^{-11}	1.0×10^{19}

(3) このX線管の加速電圧として最も適するものを，次の選択肢から1つ選び，記号で答えなさい。

ア　4.1×10^4V　　イ　1.2×10^7V　　ウ　2.4×10^5V

エ　8.3×10^6V

Ⅱ　図2のように原子が規則正しく配列された結晶がある。この結晶面の間隔d〔m〕を調べるために，波長がλ〔m〕のX線を結晶面に照射した。入射X線と結晶面との角度をθとして，θを0°から増加

させながら反射X線の強度を測定したところ，$\theta=30°$のとき，4回目の極大を示した。

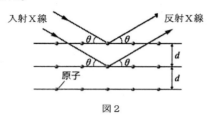

入射X線　　　　　　　　反射X線

原子

図2

(1)　結晶面の間隔dを表す式として適するものを，次の選択肢から1つ選び，記号で答えなさい。

　　　ア　$d=8\lambda$　　　イ　$d=4\lambda$　　　ウ　$d=\dfrac{8\sqrt{3}}{3}\lambda$　　　エ　$d=\dfrac{4\sqrt{3}}{3}\lambda$

(2)　X線の波長を3倍にして同じ測定を行った。$0<\theta<90°$の範囲内で反射X線の強度が極大を示す回数を，次の選択肢から1つ選び，記号で答えなさい。

　　　ア　1　　　イ　2　　　ウ　3　　　エ　4

(☆☆☆◎◎)

【生物】

【1】次の各問いに答えなさい。

(1)　次の文は，「高等学校学習指導要領(平成30年告示)　第2章　各学科に共通する各教科　第5節　理科　第3款　各科目にわたる指導計画の作成と内容の取扱い」の一部である。文中の(　)に当てはまる語句を以下の選択肢からそれぞれ1つずつ選び，記号で答えなさい。

　2　内容の取扱いに当たっては，次の事項に配慮するものとする。
　　(1)　各科目の指導に当たっては，(　①　)観察，実験などを計画する学習活動，観察，実験などの結果を分析し解釈する学習活動，(　②　)を使用して考えたり説明したりする学習活動などが充実するようにすること。

　ア　探究活動として　　　　　イ　問題を見いだし

　　ウ　身近な素材に関する　　エ　生徒が進んで
　　オ　図，表，グラフなど　　カ　レポート
　　キ　科学的な概念　　　　　ク　学習した内容

(2)　次の文は，「高等学校学習指導要領(平成30年告示)　第2章　各学科に共通する各教科　第5節　理科　第2款　各科目　第1　科学と人間生活　3　内容の取扱い」の一部である。文中の(　　)に当てはまる語句を以下の選択肢から1つ選び，記号で答えなさい。

> (1)　内容の取扱いに当たっては，次の事項に配慮するものとする。
> 　ア　(　　)との関連を十分考慮するとともに，科学と人間生活との関わりについて理解させ，観察，実験などを中心に扱い，自然や科学技術に対する興味・関心を高めるようにすること。

　　ア　実体験　　イ　他教科　　ウ　中学校理科　　エ　探究活動

(3)　次の文は「高等学校学習指導要領(平成30年告示)解説　理科編　理数編　第1部　理科編　第2章　理科の各科目　第7節　生物　2　目標」の一部である。(　　)に適する語句として正しい組合せを以下の選択肢から1つ選び，記号で答えなさい。

> 　生物や生物現象に関わり，理科の見方・考え方を働かせ，(　①　)をもって観察，実験を行うことなどを通して，生物や生物現象を科学的に(　②　)するために必要な資質・能力を次のとおり(　③　)することを目指す。

記号	（　①　）	（　②　）	（　③　）
ア	見通し	探究	育成
イ	興味	研究	育成
ウ	見通し	研究	指導
エ	興味	探究	指導

(4)　「高等学校学習指導要領(平成30年告示)解説　理科編　理数編　第1部　理科編　第2章　理科の各科目　第6節　生物基礎　1　性格」

において，生物基礎は今回の改訂で学習内容を基本的に踏襲しつつ，構成を次の三つの大項目に改訂した。その三つの大項目に関して，正しい組み合わせのものを次から1つ選び，記号で答えなさい。

ア　細胞と遺伝子，生物の体内環境の維持，生物の多様性と生態系
イ　生物の特徴，生物の体内環境の維持，生態と環境
ウ　生物の特徴，ヒトの体の調節，生物の多様性と生態系
エ　細胞と遺伝子，ヒトの体の調節，生体と環境

(☆☆○○○)

【2】進化と系統に関する次の各問いに答えなさい。

(1)　次図は，植物の系統を示したものである。植物の系統と進化に関する以下の各問いに答えなさい。

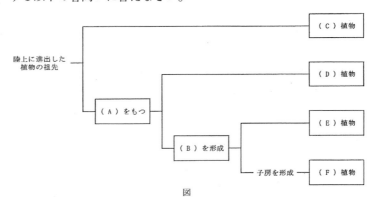

図

①　図中の(A)，(B)に適する語句として正しい組合せを，次の選択肢から1つ選び，記号で答えなさい。

記号	(A)	(B)
ア	葉緑体	胞子
イ	維管束	種子
ウ	維管束	胞子
エ	胞子のう	種子

②　図中の(E)植物において，遺伝子型AAである個体の花粉が

遺伝子型aaの個体と受精した。このとき，胚のうに形成される胚乳の遺伝子型を，次の選択肢から1つ選び，記号で答えなさい。

　ア　a　　イ　Aa　　ウ　AAa　　エ　Aaa

③　図中の(D)，(E)の植物が繁栄した地質時代と，その時代の植物と動物の繁栄や出現時期の組合せとして正しいものを次の選択肢から1つ選び，記号で答えなさい。

記号	地質時代	植物	動物
ア	オルドビス紀	(D) 植物の繁栄	両生類の繁栄
イ	石炭紀	(E) 植物の繁栄	恐竜類の出現
ウ	ペルム紀	(D) 植物の繁栄	鳥類の出現
エ	三畳紀	(E) 植物の繁栄	は虫類の繁栄

④　緑藻類がもつ葉緑素として適するものを，次の選択肢から1つ選び，記号で答えなさい。

　ア　クロロフィルaのみ

　イ　クロロフィルaとクロロフィルb

　ウ　クロロフィルaとクロロフィルc

　エ　クロロフィルaとクロロフィルd

⑤　最古の陸上植物とされるものと，その化石が発見された地質時代の組合せとして適するものを次の選択肢から1つ選び，記号で答えなさい。

記号	植物名	地質時代
ア	クックソニア	デボン紀
イ	リンボク	カンブリア紀
ウ	クックソニア	シルル紀
エ	リンボク	石炭紀

⑥　原核細胞から植物細胞への進化は細胞内共生説により説明されているが，これについて正しく述べている文を次の選択肢から1つ選び，記号で答えなさい。

　ア　先に原始的な好気性細菌が共生してミトコンドリアとなり，後に原始的なシアノバクテリアが共生して葉緑体となった。

　　　イ　先に原始的なシアノバクテリアが共生して葉緑体となり，後
　　　　に原始的な好気性細菌が共生してミトコンドリアとなった。
　　　ウ　先に原始的な好気性細菌が共生して葉緑体となり，後に原始
　　　　的なシアノバクテリアが共生してミトコンドリアとなった。
　　　エ　先に原始的なシアノバクテリアが共生してミトコンドリアと
　　　　なり，後に原始的な好気性細菌が共生して葉緑体となった。

(2)　次の文章を読んで，後の各問いに答えなさい。

　　　1960年代の初めごろ，いろいろな生物のヘモグロビンのα鎖のア
　　ミノ酸配列が調べられるようになった。種間のアミノ酸配列の違い
　　を調べたところ，2つの種の間で異なっているアミノ酸の数は，そ
　　れらの生物が共通の祖先から分岐してからの時間に，およそ比例し
　　ていることがわかった。また，塩基配列だけでなく，タンパク質の
　　アミノ酸配列についても同様の傾向が見られる。そのため，塩基配
　　列やアミノ酸配列の変化の速度は(　ａ　)とよばれ，2種が進化の過
　　程で枝分かれした年代を探るための目安となり得る。

　　　次の表はヒトおよびいずれも脊椎動物である生物A～Dのヘモグ
　　ロビンのα鎖のアミノ酸配列を比較したものである。表に示した数
　　字は，ヘモグロビンα鎖を比較したときのアミノ酸の違いの数であ
　　る。また，図は表の値をもとに作成した分子系統樹である。図の
　　(　①　)～(　④　)の生物は生物A～Dのいずれかである。

表

					ヒト
				17	生物A
			25	25	生物B
		49	43	37	生物C
	71	69	64	62	生物D
生物D	生物C	生物B	生物A	ヒト	

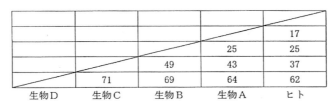

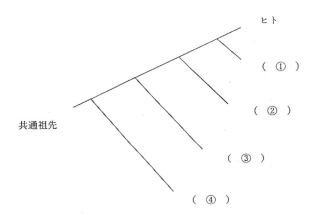

図

① 文中の(a)に当てはまる語句を次の選択肢から1つ選び，記号で答えなさい。
ア 分子進化　　イ 進化速度　　ウ 分子時計
エ 分子速度

② ヒトと図中の(①)が共通祖先から分岐した後，ヘモグロビンα鎖のアミノ酸配列は，それぞれいくつ置換が生じたと考えられるか。適するものを次の選択肢から1つ選び，記号で答えなさい。
ア 8.5　　イ 12.5　　ウ 17　　エ 25

③ ヒトと生物Dが分岐した時期として最も適するものを次の選択肢から1つ選び，記号で答えなさい。ただし，α鎖のアミノ酸1個の変化に1000万年かかるものとする。
ア 1億7625万年　　イ 3億3250万年　　ウ 6億2000万年
エ 6億6500万年

(☆☆◎◎◎)

【3】生命現象と生物に関する次の各問いに答えなさい。
Ⅰ 免疫に関する次の各問いに答えなさい。

(1)　記憶細胞になるものを次の選択肢から2つ選び，記号で答えなさい。

ア　マクロファージ　　イ　キラーT細胞　　ウ　B細胞
エ　樹状細胞　　　　　　オ　NK細胞

(2)　抗原提示について，提示する側のタンパク質名と受容体名の組合せとして適するものはどれか。次の選択肢から1つ選び，記号で答えなさい。

記号	提示する側	受容体
ア	ＴＬＲ	ＴＮＦ
イ	ＭＨＣ分子	ＴＣＲ
ウ	ＴＮＦ	ＴＬＲ
エ	ＴＣＲ	ＭＨＣ分子

(3)　免疫反応ではさまざまなサイトカインが細胞間の情報伝達を仲介している。分泌されるサイトカインについて，正しいものを次の選択肢から1つ選び，記号で答えなさい。

ア　活性化されたT細胞が分泌したサイトカインは，T細胞にのみ情報を伝達する。

イ　サイトカインにより，免疫細胞の活性化が引き起こされる。

ウ　血中のサイトカインが増加すると，フィードバック作用により，食細胞の食作用は抑制される。

エ　サイトカインは毛細血管の血管壁を緩め，炎症反応を抑制する作用をもつ。

(4)　抗体に関する記述として，誤っているものを次の選択肢から1つ選び，記号で答えなさい。

ア　可変部の遺伝子再編成により，1種類の抗体が多様な抗原と結合することが可能となる。

イ　ヒスタミンの放出を促進する抗体はIgEと呼ばれており，アレルギー反応に関係している。

ウ　免疫グロブリンというタンパク質からなり，ポリペプチド同士はS－S結合でつながっている。

　　エ　形質細胞では抗体を大量に作るため，小胞体が発達する。

(5)　免疫のしくみについて，正しいものを次の選択肢から1つ選び，記号で答えなさい。

　　ア　関節リウマチなどの自己免疫疾患はツベルクリン反応で免疫の程度を調べることができる。

　　イ　血清療法は記憶細胞を含んだ血清を注射する治療法である。

　　ウ　予防接種はあらかじめ作られた抗体を注射し，感染症を予防する方法である。

　　エ　インフルエンザなどの感染検査の際，抗原抗体反応が応用されている。

II　次の文章を読んで，後の各問いに答えなさい。

　　図は，植物体内における窒素同化の過程と土壌中での窒素化合物の変化をまとめたものである。生物の遺体や排出物などに含まれる有機窒素化合物の分解によって生じたNH_4^+の多くは，土壌中のある種の細菌によって行われる反応A，反応Bの結果，NO_3^-に変えられる。植物は空気中の窒素を直接利用できないので，土壌に含まれる硝酸塩やアンモニウム塩を根からイオンの形で吸収して，窒素源としている。植物体内でNO_3^-は，還元されてNH_4^+になる。NH_4^+はいろいろな有機酸と結合して，アミノ酸になる。アミノ酸を原料として，植物体を構成する有機窒素化合物が合成される。

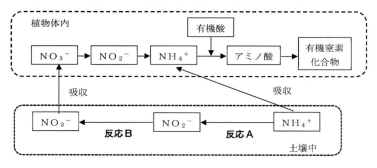

図

(1) 下線部の過程に関する記述として正しい文を，次の選択肢から
1つ選び，記号で答えなさい。

ア この過程でエネルギーの出入りは見られない。

イ この過程は酸素が生じる反応である。

ウ これらの細菌は従属栄養細菌である。

エ この過程でエネルギーが放出され，細菌はこのエネルギーで
化学合成を行う。

(2) 次のa〜fのうち，緑色植物が合成する有機窒素化合物として，
正しい組合せを1つ選び，記号で答えなさい。

a グルコース   b ATP   c タンパク質

d クロロフィル   e 核酸   f グリコーゲン

ア a, b, c   イ a, b, d   ウ b, c, d, e

エ c, d, e, f

(3) 図の反応Aと反応Bを行う微生物の組合せとして，最も適する
ものを次の選択肢から1つ選び，記号で答えなさい。

記号	反応A	反応B
ア	硝酸菌	亜硝酸菌
イ	窒素固定細菌	硝酸菌
ウ	亜硝酸菌	硝酸菌
エ	窒素固定細菌	亜硝酸菌

(4) 窒素固定に関する記述として最も適するものを，次の選択肢か
ら1つ選び，記号で答えなさい。

ア 菌類の一種であるアゾトバクターは好気性であり，単独で窒
素固定を行うことができる。

イ 根粒菌が窒素固定を行うことができるのは共生してバクテロ
イドとよばれる状態になったときだけで，単独生活していると
きには行わない。

ウ 嫌気性の細菌であるクロストリジウムは，ルビスコとよばれ
る酵素が触媒として働くことで窒素固定を行っている。

エ シアノバクテリアの一種であるネンジュモは，窒素固定以外

にも光合成を行うため光合成細菌ともよばれ，電子伝達系の出発物質として水のかわりに硫化水素などを利用する。

(5)　ある植物体内で98gのタンパク質が合成されたとする。根から吸収された窒素はすべて硝酸イオンに由来し，その70%がタンパク質に取り込まれたとすると，根から吸収された硝酸イオンはおよそ何gになると考えられるか。

　　最も適するものを次の選択肢から1つ選び，記号で答えなさい。ただし，タンパク質の窒素含量は16%とし，原子量はH：1，C：12，N：14，O：16とする。

ア　5g　　イ　22g　　ウ　69g　　エ　99g

(☆☆◎◎◎◎)

【4】生物の環境応答に関する後の各問いに答えなさい。

I　ある植物の種子の発芽の条件を確かめるため，赤色光と遠赤色光を当てる処理を行った。結果は次に示す。

図

(1)　下線部について，上の処理を行った植物として誤っているものを次の選択肢から1つ選び，記号で答えなさい。

ア　タバコ　　イ　マツヨイグサ　　ウ　カボチャ　　エ　レタス

(2)　種子の発芽と光の関係として，適するものを次の選択肢から1
つ選び，記号で答えなさい。

　　ア　赤色光を照射した際，種子内のフィトクロムがP_{FR}型になり
　　　ジベレリンを合成する。

　　イ　遠赤色光を照射した際，種子内のフィトクロムがP_R型になり，
　　　サイトカイニンを合成する。

　　ウ　陰樹林の林冠部分の葉は赤色光を吸収できないため，その林
　　　床にある光発芽種子は発芽しやすい。

　　エ　陽樹林の林冠部分の葉は遠赤色光をほとんど吸収するため，
　　　その林床にある光発芽種子は発芽しにくい。

(3)　光と植物の関係について述べた次の文のうち，誤っているもの
を次の選択肢から1つ選び，記号で答えなさい。

　　ア　アヤメは連続暗期が限界暗期より長くなると花芽を形成す
　　　る。

　　イ　マカラスムギの幼葉鞘に一方向から光を当てると，光の当た
　　　らない側が伸長する。

　　ウ　フォトトロピンをもたない変異体であるマカラスムギの幼葉
　　　鞘は，光屈性を示さない。

　　エ　タンポポの頭花の開閉は光の刺激により起こる。

(4)　発芽後，植物が花芽を形成する際，植物ホルモンがはたらく。
植物ホルモンについて述べた次の文として，適するものを次の選
択肢から1つ選び，記号で答えなさい。

　　ア　オーキシンは細胞壁をゆるめ，細胞の縦方向の伸長を助ける。

　　イ　エチレンは離層形成の抑制にはたらき，落葉・落果を促進す
　　　る。

　　ウ　アブシシン酸はK^+チャネルからのK^+の細胞内の流入を促進
　　　し，気孔を閉鎖する。

　　エ　頂芽で合成されたオーキシンの作用により，側芽付近でのサ
　　　イトカイニンの合成が促進され，側芽成長が抑制される。

(5)　シロイヌナズナに以下の条件で白色光，赤色光，青色光の3色

の光を当て，開花までの日数を調べた。その結果を次の図に示す。この実験結果の考察として最も適するものを，以下の選択肢から1つ選び，記号で答えなさい。

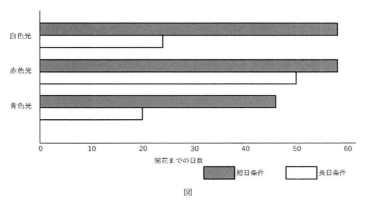

図

ア　シロイヌナズナは短日植物で，赤色光を利用し日長を測っている。

イ　シロイヌナズナは短日植物で，青色光を利用し日長を測っている。

ウ　シロイヌナズナは長日植物で，赤色光を利用し日長を測っている。

エ　シロイヌナズナは長日植物で，青色光を利用し日長を測っている。

Ⅱ　次の文章を読んで，後の各問いに答えなさい。

アメフラシは，背中のえらに続く水管から海水を出し入れして呼吸をしている(図1)。水管に接触刺激を与えると，水管やえらを縮めて体の中に引っ込める。しかし，何度も繰り返し接触刺激を与えると，①しだいにえらを引っ込めなくなる。これは（　A　）と呼ばれる単純な学習である。

（　A　）を起こしたアメフラシの尾部に電気ショックを与えると，水管の接触刺激によるえらを引っ込める行動が回復する。②さらに強い電気ショックを与えると，尾部感覚ニューロンの情報を受けと

る介在ニューロンの作用により，ふつうでは生じないほどの水管への弱い刺激でも敏感にえらを引っ込めるようになる(図2)。これを(Ｂ)という。

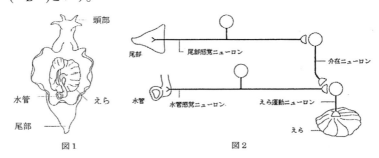

図1　　　　　　　　　　　　図2

(1) 文中の(Ａ)，(Ｂ)に適する語句の組合せとして適するものを次の選択肢から1つ選び，記号で答えなさい。

記号	(Ａ)	(Ｂ)
ア	慣れ	脱慣れ
イ	慣れ	鋭敏化
ウ	反射	鋭敏化
エ	反射	脱慣れ

(2) 文中の下線部①の状態になった原因として最も適するものを次の選択肢から1つ選び，記号で答えなさい。ただし，介在ニューロンは関与していないものとする。
ア　えら運動ニューロンの神経終末に存在するシナプス小胞の減少
イ　水管感覚ニューロンの神経終末に存在するシナプス小胞の減少
ウ　えら運動ニューロンの神経終末に存在するシナプス小胞の増加
エ　水管感覚ニューロンの神経終末に存在する神経伝達物質の増加

(3) 文中の下線部②について，尾部からの感覚情報を受けた介在ニューロンの役割として最も適するものを次の選択肢から1つ選び，記号で答えなさい。
ア　水管感覚ニューロンのCa^{2+}チャネルを不活性化させ，これにより，活動電位の持続時間が延長し，Ca^{2+}の流入量を増やす。

　　イ　水管感覚ニューロンのCa^{2+}チャネルを活性化させ, これによ
　　　り, 活動電位の持続時間が延長し, Ca^{2+}の流入量を増やす。
　　ウ　水管感覚ニューロンのK^{+}チャネルを不活性化させ, これに
　　　より, 活動電位の持続時間が延長し, Ca^{2+}の流入量を増やす。
　　エ　水管感覚ニューロンのK^{+}チャネルを活性化させ, これによ
　　　り, 活動電位の持続時間が延長し, Ca^{2+}の流入量を増やす。
(4)　細胞外の情報を間接的に細胞内に伝える物質の総称として適す
　るものを, 次の選択肢から1つ選び, 記号で答えなさい。
　　ア　セカンドメッセンジャー　　イ　cDNA
　　ウ　ヘミデスモソース　　　　　エ　エンドサイトーシス

(☆☆☆◎◎◎)

【5】遺伝子に関する次の各問いに答えなさい。
　I　次の文章を読んで, 以下の各問いに答えなさい。
　　遺伝子の本体はDNAである。現在では, ごく当たり前のように教
　科書に書かれているこの事実も, 第二次世界大戦のころにはまだ明
　らかになっていなかった。他にもDNAの構造や複製様式, 遺伝子の
　発現などは先人たちのさまざまな研究によって証明されてきた。
　　大腸菌は遺伝子の発現調節の研究モデルとして, 広く利用されて
　きた。大腸菌をグルコースがなくラクトースがある培地で培養する
　と, (　①　)遺伝子が転写→翻訳されてできたタンパク質が(　②　)
　に結合できなくなることで, ラクトースの分解にかかわるβ－ガラ
　クトシダーゼなどの3種類の酵素がつくられるようになる。
(1)　文中の(　)に当てはまる語句の組合せとして適するものを次
　の選択肢から1つ選び, 記号で答えなさい。

記号	(　①　)	(　②　)
ア	調節	オペレーター
イ	調節	オペロン
ウ	構造	オペレーター
エ	構造	オペロン

(2)　大腸菌の生育に必要なアミノ酸の一種であるトリプトファンは，複数の酵素群によって段階的に合成されており，これらの酵素の遺伝子はDNA上に隣り合って存在している。トリプトファンが合成される仕組みの説明として適するものを，次の選択肢から1つ選び，記号で答えなさい。なお，トリプトファンが過剰に合成されると，上述した遺伝子は転写されず，トリプトファンは合成されなくなる。

　ア　リプレッサーがDNAと結合し，RNAポリメラーゼがプロモーターに結合できることでトリプトファンが合成される。

　イ　リプレッサーがDNAと結合し，RNAポリメラーゼがプロモーターに結合できないことで，トリプトファンが合成される。

　ウ　リプレッサーがDNAと結合できず，RNAポリメラーゼがプロモーターに結合できることでトリプトファンが合成される。

　エ　リプレッサーがDNAと結合できず，RNAポリメラーゼがプロモーターに結合できないことでトリプトファンが合成される。

(3)　文中の下線部について，遺伝情報に関する研究者とその研究内容の組合せとして適するものを次の選択肢から1つ選び，記号で答えなさい。

記号	研　究　者	研　究　内　容
ア	グリフィスとエイブリー	形質転換の発見と原因物質の追求
イ	メセルソンとスタール	ＤＮＡの塩基組成の解明
ウ	ワトソンとクリック	遺伝子の本体の解明
エ	ジャコブとモノー	ＤＮＡの半保存的複製

(4)　大腸菌のDNAについて適するものを次の選択肢から1つ選び，記号で答えなさい。

　ア　原核生物であるため，一般的に1本鎖でできている。

　イ　DNAの転写終了後，mRNAに次々とリボソームが付着する。

　ウ　DNAの複製の起点は1か所のみであり，両方向に進行する。

　エ　環状構造であるため，3′→5′方向への複製もみられる。

Ⅱ　次の文章を読んで，後の各問いに答えなさい。

　　イネでは，人為的に交配を重ねる品種改良によってさまざまな品種がつくられている。外見上では区別のつかないコシヒカリ，あきたこまち，ひとめぼれの3品種について，PCR法を用いてそれぞれの品種に特異的にみられる塩基配列の有無を調べ，その違いを判別する。

　　あきたこまちはコシヒカリと奥羽292号の交配から，ひとめぼれはコシヒカリと初星の交配からそれぞれ作出された。

　　イネの細胞は$2n=24$の染色体をもつ。第9染色体において，あきたこまちとひとめぼれには，いもち病抵抗性遺伝子の一種であるPii遺伝子が存在するが，コシヒカリには存在しない。一方，コシヒカリとひとめぼれには，ゲノム中の遺伝子として働かない部分に特定の共通する塩基配列が存在するが，この配列はあきたこまちには存在しない。このため，これらの配列に対応する2組のプライマーを用いてPCR法を行うと，3種類の品種を判別することができる。なお，この2組のプライマーは以下に示す。

　　イネのDNA型鑑定実験について，次のような操作で実験を行った。

【実験】

　〈操作1〉　3種類の米粒をそれぞれ別の紙ヤスリで削り，粉末状にする。米粉は，互いに混ざらないように留意する。

　〈操作2〉　PCR用のマイクロチューブを4本用意し，あらかじめ用意しておいたPCR用反応液に25μLずつ加える。そのうちの1本に〈操作1〉の米粉のうち1種類を加え，これを試料Aとする。他の2種類の米粉も同様にし，それぞれ試料B，試料Cとする。1本は何も加えずに，試料Dとする。

　〈操作3〉　PCR法によりDNA断片の増殖を行う。

　〈操作4〉　電気泳動用の色素を加える。

　〈操作5〉　電気泳動を行う。

　〈操作6〉　ゲルをトレイに移し，DNA染色液を加えて染色する。

〈操作7〉　紫外線照射器にゲルを置き，デジタルカメラで撮影する。

【2組のプライマーで増幅されるDNA断片】

（プライマーⅠ）

　　増幅されるDNA断片は文中のPⅱ遺伝子の一部を含んでおり，その長さは1610bpである。

（プライマーⅡ）

　　増幅されるDNA断片は文中のゲノム中の遺伝子として働かない部分に特定の共通する塩基配列を含んでおり，その長さは830bpである。

【結果】

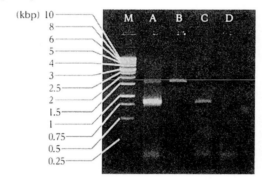

M：DNAマーカー
A：試料A
B：試料B
C：試料C
D：試料D

(1)　文中の下線部について適するものを，次の選択肢から1つ選び，記号で答えなさい。

　　ア　DNAを多量に増幅させるため，元となるDNAが多量に必要である。

　　イ　高温にすると，DNAポリメラーゼが失活するので70℃以上にはしない。

　　ウ　DNAは1サイクルで6倍に増幅する。

　　エ　増幅の際には，一般的に短い1本鎖DNAが2種類必要である。

(2)　次の文中の空欄に当てはまるものの組合わせとして，適するものを以下の選択肢から1つ選び，記号で答えなさい。

PCRのサイクルをn回繰り返すと，1対の2本鎖DNAは理論上，(①)対に増幅され，増幅させたい部分のみからなる2本鎖DNAは理論上，(②)対になる。

記号	①	②
ア	$2n$	2^n-2
イ	2^n	2^n-2
ウ	$2n$	2^n-2n
エ	2^n	2^n-2n

(3) 実験結果から，「コシヒカリ」，「あきたこまち」，「ひとめぼれ」は，それぞれどの品種に該当するか。適するものを次の選択肢から1つ選び，記号で答えなさい。

記号	品種A	品種B	品種C
ア	コシヒカリ	あきたこまち	ひとめぼれ
イ	コシヒカリ	ひとめぼれ	あきたこまち
ウ	あきたこまち	ひとめぼれ	コシヒカリ
エ	あきたこまち	コシヒカリ	ひとめぼれ
オ	ひとめぼれ	あきたこまち	コシヒカリ
カ	ひとめぼれ	コシヒカリ	あきたこまち

(☆☆◎◎◎◎)

【地学】

【1】次の各問いに答えなさい。

(1) 次の文は，「高等学校学習指導要領(平成30年告示) 第2章 各学科に共通する各教科 第5節 理科 第3款 各科目にわたる指導計画の作成と内容の取扱い」の一部である。文中の( )に当てはまる言葉を，以下の選択肢からそれぞれ1つずつ選び，記号で答えなさい。

> 2 内容の取扱いに当たっては，次の事項に配慮するものとする。
> (1) 各科目の指導に当たっては，(①)観察，実験などを計画する学習活動，観察，実験などの結果を分析し解

> 釈する学習活動，(②)を使用して考えたり説明した
> りする学習活動などが充実するようにすること。

ア　探究活動として　　　イ　問題を見いだし
ウ　身近な素材に関する　エ　生徒が進んで
オ　図，表，グラフなど　カ　レポート
キ　科学的な概念　　　　ク　学習した内容

(2)　次の文は，「高等学校学習指導要領(平成30年告示)　第2章　各学科に共通する各教科　第5節　理科　第2款　各科目　第1　科学と人間生活　3　内容の取扱い」の一部である。文中の(　)に当てはまる言葉を，以下の選択肢から1つ選び，記号で答えなさい。

> (1)　内容の取扱いに当たっては，次の事項に配慮するものとする。
> 　ア　(　)との関連を十分考慮するとともに，科学と人間生活との関わりについて理解させ，観察，実験などを中心に扱い，自然や科学技術に対する興味・関心を高めるようにすること。

ア　実体験　イ　他教科　ウ　中学校理科　エ　探究活動

(3)　次の文は，「高等学校学習指導要領(平成30年告示)解説　第1部理科編　第2章　理科の各科目　第8節　地学基礎　2　目標」の一部である。文中の(　)に当てはまる言葉を，以下の選択肢から1つ選び，記号で答えなさい。

> 　地球や地球を取り巻く環境に関わり，理科の見方・考え方を働かせ，(　)をもって観察，実験を行うことなどを通して，地球や地球を取り巻く環境を科学的に探究するために必要な資質・能力を次のとおり育成することを目指す。(以下省略)

ア　基本的な概念　　イ　見通し　　ウ　目的意識
エ　原理・法則

(4) 次の文は,「高等学校学習指導要領(平成30年告示)解説　第1部 理科編　第2章　理科の各科目　第8節　地学基礎　3　内容とその 範囲,程度」の一部である。文中の(　)に当てはまる言葉を,以 下の選択肢から1つ選び,記号で答えなさい。

> (イ)の⑦の「地球規模の自然環境」については,地球温暖化, オゾン層破壊,エルニーニョ現象などの現象を,(　)に基づ いて人間生活と関連させて扱うこと。⑦の「恩恵や災害」に ついては,日本に見られる気象現象,地震や火山活動など特 徴的な現象を扱うこと。また,自然災害の予測や防災にも触 れること。

ア　情報　　イ　資料　　ウ　観測結果　　エ　データ

(☆☆◎◎◎)

【2】次の各問いに答えなさい。

(1) 岩石について説明したものとして正しいものを,次の選択肢から 1つ選び,記号で答えなさい。

ア　堆積物が圧密作用やセメンテーションを経て,硬い変成岩にな る過程を続成作用という。

イ　岩石が高い温度や圧力によって液体化し,結晶構造が変化する ことで変成岩になる。

ウ　マグマの結晶分化作用が進むと,相対的にSiO_2の割合が高くな っていく。

エ　付加体に見られるデュープレックス構造でも地層累重の法則が 成り立つ。

(2) 土石流について説明したものとして正しいものを,次の選択肢か ら1つ選び,記号で答えなさい。

ア　傾斜30°以上の斜面で起こり,大量の雨や地震による振動で地 盤がゆるみ,瞬時に崩れ落ちる。

イ　崖や谷底にたまった土砂が,長期の降雨や局地的な大雨などに

　　　より，水と一体となって一気に下流に押し流される。

　ウ　ゆるやかな斜面の地中に滑りやすい粘土層や滞水層などがある
　　　ときに，土砂がその面で滑り出す。

　エ　火山灰と火山ガスが高速で山を下っていく。

(3)　海底地形について，海岸から沖の方向にできる順番と一番沖側に
　　できる混濁流によって堆積した地層の名称の組み合わせとして正し
　　いものを，次の選択肢から1つ選び，記号で答えなさい。

	順番			名称
ア	大陸斜面 →	大陸棚 →	海底扇状地	ホルンフェルス
イ	大陸棚 →	大陸斜面 →	海底扇状地	ホルンフェルス
ウ	大陸斜面 →	大陸棚 →	海底扇状地	タービダイト
エ	大陸棚 →	大陸斜面 →	海底扇状地	タービダイト

(4)　次の文章を読んで，(　　)に入る語句の組み合わせとして最も正
　　しい組み合わせを，以下の選択肢から1つ選び，記号で答えなさい。

　　　太古代の大気には，分子状の酸素O_2がほとんど存在しなかった。
　　これを最初に生み出したのは，光合成を行う(　A　)である。この
　　群集は，海中の泥や石灰分を吸着し，ドーム状の成層構造をもった
　　(　B　)を形成した。(　B　)は現在でも見られるが，(　C　)年前の
　　地層から多数発見されている。

	A	B	C	
ア	シアノバクテリア	ストロマトライト	約25億	～　約18億
イ	シアノバクテリア	ストロマトライト	約27億	～　約5.4億
ウ	シアノバクテリア	縞状鉄鉱層	約6.2億	～　約5.4億
エ	ストロマトライト	縞状鉄鉱層	約25億	～　約18億
オ	ストロマトライト	シアノバクテリア	約27億	～　約5.4億
カ	ストロマトライト	シアノバクテリア	約25億	～　約20億

(5)　次の文章を読んで，(　　)に入る語句の組み合わせとして最も正
　　しい組み合わせを，以下の選択肢から1つ選び，記号で答えなさい。

　　　原生代末期には，偏平な形態でかたい組織をもたない(　A　)と
　　呼ばれる，化石群が発見されている。古生代に入ると，カナダのロ
　　ッキー山脈から(　B　)などの遊泳性の捕食者など多様な化石をふ
　　くむ(　C　)と呼ばれる化石群が発見されている。

	A	B	C
ア	バージェス動物群	ユーステノプテロン	エディアカラ生物群
イ	バージェス動物群	アノマロカリス	エディアカラ生物群
ウ	エディアカラ生物群	ユーステノプテロン	バージェス動物群
エ	エディアカラ生物群	アノマロカリス	バージェス動物群

(6) 次の文章を読んで，(　　)に入る語句の組み合わせとして最も正しい組み合わせを，以下の選択肢から1つ選び，記号で答えなさい。

　　新生代は古第三紀，新第三紀，第四紀からなる。新第三紀中ごろ以降は，小さな変動はあるものの，基本的に(　A　)が続いている。新第三紀後半の約700万年前には，二足歩行した最も原始的な人類(　B　)が現れた。第四紀後半の最近までの約70万年間には氷期と間氷期が繰り返され，これに大地の動きも複合して宮崎県の海岸部では(　C　)が多く形成された。

	A	B	C
ア	温暖化	アウストラロピテクス	段丘
イ	温暖化	アウストラロピテクス	平野
ウ	温暖化	サヘラントロプス	段丘
エ	温暖化	サヘラントロプス	圏谷
オ	寒冷化	アウストラロピテクス	段丘
カ	寒冷化	アウストラロピテクス	平野
キ	寒冷化	サヘラントロプス	段丘
ク	寒冷化	サヘラントロプス	圏谷

(7) 中生代の地層に含まれる化石として最も正しいものを，次の選択肢から1つ選び，記号で答えなさい。

ア　フデイシ　　イ　カヘイ石　　ウ　イノセラムス
エ　フズリナ

(8) 岩石中に半減期100万年の放射性同位体が含まれているとする。この放射性同位体の原子数は，300万年後には元の何分の1になるかを，次の選択肢から1つ選び，記号で答えなさい。

ア　2分の1　　イ　3分の1　　ウ　6分の1　　エ　8分の1

(☆☆☆◎◎◎)

【３】次の各問いに答えなさい。

(1) 雨についての文章を読んで，（　　）に入る語句の組み合わせとして最も正しい組み合わせを，以下の選択肢から1つ選び，記号で答えなさい。

　　　熱帯地方や夏の中緯度地域では，気温が0℃以上の温かい大気中で，氷晶を含まない雲から雨が降る。大気中には大小の凝結核があり，それを核としてできた雲粒の大きさも一様ではない。雲粒は気流の乱れの中で上昇・下降をくり返すうちに，落下速度の違いから大小の雲粒が衝突し，落下速度が速い（　A　）な雲粒は（　B　）な雲粒を次々に捕らえる。このような過程をへて，（　A　）な雲粒はさらに成長する。落下の途中でも（　B　）な水滴を次々に捕えつづけ，雨粒となって降ってくる。このような雨を（　C　）雨という。

	A	B	C
ア	小さ	大き	暖かい
イ	小さ	大き	冷たい
ウ	大き	小さ	暖かい
エ	大き	小さ	冷たい

(2) 図は地表からの高さが1kmを超え，大気と地表の間の摩擦力の影響がなくなった状態で吹いている風を表したものである。この時かかる転向力と風の吹く向きを，図の中から1つずつ記号で答えなさい。ただし，北半球について考えることとする。

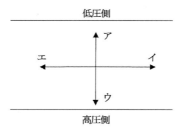

(3) 図は地球環境の変化の時間・空間スケールについてまとめたものである。図で①，③に該当するものを，以下の選択肢の中から記号で選びなさい。

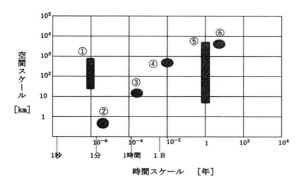

    ア　エルニーニョ現象　　イ　台風　　ウ　竜巻　　エ　地震動
    オ　集中豪雨　　　　　　カ　火山噴火
(4)　次の高層天気図について，以下の各問いに答えなさい。

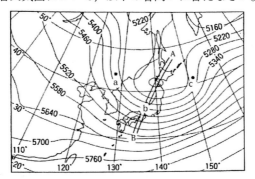

①　数値のついた実線の説明と，その単位の組み合わせとして正し
　いものを，次の選択肢から1つ選び，記号で答えなさい。

	名称	単位
ア	等圧線	Pa
イ	等圧線	hPa
ウ	等高線	m
エ	等高線	km

②　二重線A＝Bの部分の名称と，地上で発達中の低気圧の位置の
　組み合わせとして正しいものを，次の選択肢から1つ選び，記号
　で答えなさい。

	A＝Bの部分の名称	低気圧の位置
ア	気圧の谷	a
イ	気圧の谷	b
ウ	気圧の谷	c
エ	気圧の尾根	a
オ	気圧の尾根	b
カ	気圧の尾根	c

③　図のように，数値のついた実線が，北半球中緯度付近で南北に蛇行する原因となるものを，次の選択肢から1つ選び，記号で答えなさい。

ア　モンスーン　　イ　エクマン吹送流　　ウ　局地風

エ　ジェット気流

(5)　海流について述べた文として最も適当なものを，次の選択肢から1つ選び，記号で答えなさい。

ア　赤道付近で沈んだ高温の水が深層循環を形成する。

イ　南極海流は西向きの流れである。

ウ　深層循環に伴って，海水は世界の大洋を約3年で循環する。

エ　大洋の環流の西側では，メキシコ湾流のような強い流れがある。

(6)　図のように地球の●の位置で地球，月，太陽が一直線上に並んでいる場合の正しい説明を，以下の選択肢から1つ選び，記号で答えなさい。

太陽の方向

地球　　　月

ア　月は新月で大潮である。　　イ　月は新月で小潮である。

ウ　月は満月で大潮である。　　エ　月は満月で小潮である。

(☆☆☆◎◎)

【4】 次の各問いに答えなさい。

(1) 図1は，地表近くの震源iから観測点ivへ伝播するP波の伝播経路を示している。地殻の厚さをhとし，直接波の経路(i→iv)と，屈折波の経路(i→ii→iii→iv)を示している。地殻の下にはマントルがある。図2は，直接波と屈折波の走時曲線をグラフに示している。後の各問いに答えなさい。

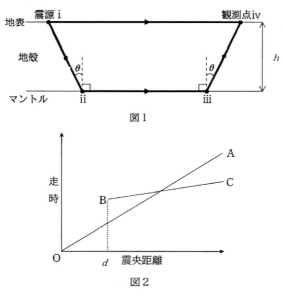

図1

図2

① 地震波のP波とS波について説明した文として正しいものを，次の選択肢から1つ選び，記号で答えなさい。

ア P波は横波であるため，波の進行方向に対して垂直に振動する。

イ P波は縦波であるため，気体中だけでなく液体中や固体中も伝わる。

ウ S波は横波であるため，液体中は伝わらないが気体中は伝わる。

エ S波は縦波であるため，気体中と固体中は伝わるが液体中は

　　伝わらない。

②　次の文章中の(　　)に適する語句の組み合わせを，以下の選択
　肢から1つ選び，記号で答えなさい。

　　図1において，地殻とマントルの地震波速度を比較すると，地
　震波速度が大きいのは(　a　)である。また，図2のグラフにおい
　て，屈折波の走時曲線は(　b　)が示している。

	a	b
ア	地殻	OA
イ	地殻	BC
ウ	マントル	OA
エ	マントル	BC

③　次の文章中の(　　)に適する式を，以下の選択肢から1つ選び，
　記号で答えなさい。

　　図2に示す震央距離dは，θを用いて表すと$d＝h×(\quad)$で表さ
　れる。

　　ア　$\sin\theta$　　　イ　$\tan\theta$　　　ウ　$2\sin\theta$　　　エ　$2\tan\theta$

④　次の文章中の(　　)に適する語句を，以下の選択肢から1つ選び，
　記号で答えなさい。

　　走時曲線の交点の位置は，地殻の厚さによって決まる。地殻の
　厚さhが大きくなると点Bは図2の(　　)方向に移動し，OAとBCの
　交点の位置も移動する。

　　ア　右上　　　イ　右下　　　ウ　左上　　　エ　左下

⑤　走時曲線の傾きは，地殻とマントルのP波の速さによって決ま
　る。地殻を伝わるP波の速さが大きくなり，マントルを伝わるP波
　の速さは変わらないとすると，走時曲線OAとBCの傾きはどのよ
　うに変化するか。適する語句の組み合わせを，次の選択肢から1
　つ選び，記号で答えなさい。

	OAの傾き	BCの傾き
ア	大きくなる	大きくなる
イ	大きくなる	変わらない
ウ	大きくなる	小さくなる
エ	変わらない	大きくなる
オ	変わらない	変わらない
カ	変わらない	小さくなる
キ	小さくなる	大きくなる
ク	小さくなる	変わらない
ケ	小さくなる	小さくなる

⑥　地球の深部を伝播するP波については，地球が球形であること
を考慮する必要があるため，震央距離に角距離が用いられる。地
表近くで発生した地震からのP波の影の部分(シャドーゾーン)につ
いて記述した文章として正しいものを，次の選択肢から1つ選び，
記号で答えなさい。

ア　震央距離103°以遠にはP波は伝わらない。

イ　震央距離110°の地点に弱いP波が伝わることから，核の内側
にP波を反射させる固体表面があることが確認された。

ウ　震央距離103°～143°だけにはS波が直接伝わらない部分がで
きる。

エ　深さ約2900kmの不連続面でS波の速度が急激に遅くなり，地
球の深部に向かって曲げられる。

(2)　次の各問いに答えなさい。

①　日本列島の歴史についての文章を読んで，文章中の(　　)に適
する語句を，以下の選択肢からそれぞれ1つずつ選び，記号で答
えなさい。

　　7億年前ごろ，超大陸(　A　)が分裂を始め，太平洋ができはじ
めた。日本はこのときできた南中国地塊の太平洋側の縁で生まれ
た。その後，古生代初期からの約(　B　)年間で，大陸縁にプレ
ートが沈み込み，大陸地殻が増え，太平洋の方向に成長していっ
た。1500万年から現在にかけて，日本海の拡大とともに島弧を形
成し，新生代後半には現在のような島弧になった。

A　ア　ゴンドワナ　　イ　ロディニア　　ウ　パンゲア
　　エ　ヌーナ
B　ア　3億　　イ　4億　　ウ　5億　　エ　6億

②　日本の構造線について，用語と説明が正しい組み合わせになっているものを，後の選択肢から1つ選び，記号で答えなさい。

[用語]

i　棚倉構造線　　　ii　中央構造線　　　iii　糸魚川－静岡構造線

[説明]

a　北米プレートとユーラシアプレートの境界である。

b　東北日本と西南日本に区分される。

c　西南日本が内帯と外帯に区分される。

	i	ii	iii
ア	a	b	c
イ	a	c	b
ウ	b	c	a
エ	b	a	c
オ	c	a	b
カ	c	b	a

③　マグマについての文章を読んで，文章中の(　　)に適する語句の組み合わせを，以下の選択肢から1つ選び，記号で答えなさい。

　マグマは地下の岩石が融けてできたものである。岩石の融解開始温度は，H_2Oなどの成分が加わると大きく(　A　)する。また，マントルの岩石が融ける場合，融けやすい成分が選択的に鉱物と鉱物の粒の間に融け出す。これを(　B　)という。元の岩石と発生したマグマの化学組成は，一般に異なる。例えば，かんらん岩はSiO_2成分に乏しい超苦鉄質の岩石だが，その部分溶融によって発生するのは，かんらん岩よりSiO_2成分に富んだ(　C　)である。

	A	B	C
ア	上昇	変成作用	苦鉄質の玄武岩質マグマ
イ	上昇	変成作用	ケイ長質のデイサイト質マグマ
ウ	上昇	部分溶融	苦鉄質の玄武岩質マグマ
エ	上昇	部分溶融	ケイ長質のデイサイト質マグマ
オ	低下	変成作用	苦鉄質の玄武岩質マグマ
カ	低下	変成作用	ケイ長質のデイサイト質マグマ
キ	低下	部分溶融	苦鉄質の玄武岩質マグマ
ク	低下	部分溶融	ケイ長質のデイサイト質マグマ

(☆☆☆☆◎◎◎)

【5】図のように，長軸の半分の長さ(長半径)を1，離心率がeの楕円を地球の公転軌道とする。このとき，楕円軌道の中心Oと太陽Sとの距離はeに等しくなる。以下の各問いに答えなさい。

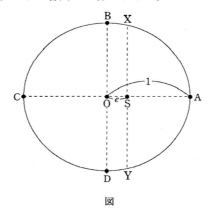

図

(1) 太陽Sの位置を楕円軌道の何というか。次の選択肢から1つ選び，記号で答えなさい。

　　ア　近日点　　イ　中心点　　ウ　焦点　　エ　遠日点

(2) 点Aを何というか。次の選択肢から1つ選び，記号で答えなさい。

　　ア　近日点　　イ　中心点　　ウ　焦点　　エ　遠日点

(3) 地球が1月上旬に通過する点を，次の選択肢から1つ選び，記号で答えなさい。

　　ア　点A　　イ　点B　　ウ　点C　　エ　点D

(4)　春分の日から秋分の日までの日数と，秋分の日から春分の日までの日数は同じではない。このことは，「各惑星について，太陽と惑星を結ぶ線分(動径)は，等しい時間に等しい面積を描く。」という法則で説明することができる。この法則名を，次の選択肢から1つ選び，記号で答えなさい。

　　ア　ニュートンの法則　　イ　ケプラーの法則
　　ウ　ジュールの法則　　　エ　フーコーの法則

(5)　公転速度が最大となる点を，次の選択肢から1つ選び，記号で答えなさい。

　　ア　点A　　イ　点B　　ウ　点C　　エ　点D

(6)　次の文章中の(　　)に適する式を，以下の選択肢から1つ選び，記号で答えなさい。

　　地球のまわりを衛星が円軌道を描いて公転しているとき，衛星の軌道半径a，周期P，地球の質量Mの間には，(　　)＝一定の式が成り立つ。

　　ア　$\dfrac{a^3}{P^3M}$　　イ　$\dfrac{a^3}{P^3M^2}$　　ウ　$\dfrac{a^3}{P^2M}$　　エ　$\dfrac{a^3}{P^2M^3}$

(7)　(6)の式が成り立つ根拠となる法則を，次の選択肢から1つ選び，記号で答えなさい。

　　ア　コリオリの法則　　　イ　面積速度一定の法則
　　ウ　ハッブルの法則　　　エ　万有引力の法則

(8)　太陽系天体について述べた文として適するものを，次の選択肢から2つ選び，記号で答えなさい。

　　ア　小惑星の大部分は地球軌道の内側に存在する。

　　イ　彗星は揮発性成分の一部が太陽風によって吹き流され，尾部を形成することがある。

　　ウ　太陽放射による加熱のため，木星の衛星イオには活発な火山活動が存在する。

　　エ　大気の主成分が二酸化炭素である火星は，温室効果が非常に強い。

　　オ　天王星は，大気中にメタンが含まれるため，表面が青く見える。

(9) 巨星，白色矮星の性質の組み合わせとして正しいものを，次の選択肢から1つ選び，記号で答えなさい。

	巨星	白色矮星
ア	表面温度は低く明るい	表面温度は高く暗い
イ	表面温度は低く暗い	表面温度は高く暗い
ウ	表面温度は高く明るい	表面温度は低く明るい
エ	表面温度は高く暗い	表面温度は低く明るい

(☆☆◎◎◎)

解答・解説

中　学　理　科

【1】① ウ　② ツ　③ ア　④ オ　⑤ キ　⑥ ケ
〈解説〉指導計画の作成に当たっては，新学習指導要領の「目標」や「各分野の目標及び内容」に照らして，各分野の目標や内容のねらいが十分達成できるように配慮する必要がある。新たに追加された事項は，「主体的・対話的で深い学び」の実現に向けた授業改善，他教科との関連の強化，障害のある生徒への授業工夫の計画的，組織的行動，言語活動の充実化，生徒が見通しを立てたり過程を振り返ったりできるような活動の工夫，体験的な学習活動の充実化および学習環境の整備である。

【2】① オ　② ケ　③ ソ　④ カ
〈解説〉理科の教科の目標は，中学校理科においてどのような資質・能力の育成を目指しているのかを簡潔に示したものである。前文では，どのような学習の過程を通してねらいを達成するかを示している。また，設問の(1)は，育成を目指す資質・能力のうち「知識及び技能」に対応

しており，自然の事物・現象についての観察，実験などを行い，それらに関する知識や，科学的に探究するために必要な観察，実験の技能を身に付けることを述べている。

【3】(1) ① Ｂ エ　　Ｄ ウ　　② イ　　(2) ① Ａ オ
Ｂ カ　Ｃ ア　　② イ，エ

〈解説〉(1) ① ゼニゴケはコケ植物，タンポポは被子植物の双子葉類，スギナはシダ植物，イチョウは裸子植物，イネは被子植物の単子葉類である。コケ植物とシダ植物は種子をつくらず胞子でふえるため，Ａにはアが該当する。シダ植物は葉，茎，根の区別があるが，コケ植物はこれらの区別がないので，Ｃにはイが該当する。裸子植物は子房がなく胚珠がむき出しになっているため，Ｂにはエが該当する。単子葉類の子葉は1枚，双子葉類の子葉は2枚なので，Ｄにはウが該当する。② ①より，bには裸子植物のイチョウが該当する。　(2) ① ウサギは哺乳類，ワシは鳥類，カメは爬虫類，カエルは両生類，フナは魚類，バッタは節足動物，イカは軟体動物である。　Ａ 哺乳類・鳥類・爬虫類は一生肺で呼吸する。　Ｂ 図2のうち哺乳類以外は卵生，哺乳類は胎生である。　Ｃ 節足動物と軟体動物は背骨がなく，無脊椎動物に分類される。　② ア バッタは節足動物の昆虫類であり，体が頭部・胸部・腹部の3つに分かれている。　ウ 胸部に3対6本の足をもっている。

【4】(1) ア　　(2) ウ　　(3) エ　　(4) イ　　(5) ウ

〈解説〉(1) アサリの化石は，その地域がかつて浅い海だったことを示す示相化石である。　(2) れきの粒径は2mm以上，砂の粒径は$\frac{1}{16}$mm以上2mm未満，泥の粒径は$\frac{1}{16}$mm未満である。　(3) 火山灰や凝灰岩は短時間に広範囲に降り積もるため，時代の特定がしやすく地層の対比に用いられる。　(4) 図1の各地点の標高，および図2の柱状図の火山灰層の堆積した標高より，火山灰層の上端が見られるのは，地点

Aでは標高100−20＝80〔m〕，地点Bでは110−30＝80〔m〕，地点Cでは120−25＝95〔m〕である。したがって，地点Aと地点Bの地層は同じ高さになり，地点Aから地点Bの南北方向が走向になる。また，地点Cの火山灰層は，地点AやBより15m高い位置になると読み取れるので，傾斜は西に向かって下がっていることになる。　(5)　地点Dの地表から深さ10mは，標高110−10＝100〔m〕である。ここに最も近い地点Cにおいて標高100mの地点にある層は，地表からの深さが120−100＝20〔m〕の層なので，れきの層である。

【5】(1)　①　ウ　　②　イ　　③　ア　　(2)　エ

〈解説〉①　水が逆流するのを防ぐため，まずガラス管を石灰水から取り出し，次に火を消す。その後，銅が空気中の酸素と反応するのを防ぐため，ゴム管を目玉クリップで閉じる。　②　酸化銅CuOが活性炭Cにより還元されて，銅Cuと二酸化炭素CO_2が生じる。　③　火のついたマグネシウムリボンを二酸化炭素の中に入れると，マグネシウムは二酸化炭素の中の酸素により酸化される。　(2)　酸化銀Ag_2Oを熱分解すると，$2Ag_2O \rightarrow 4Ag + O_2$の反応より，銀が生じる。銀は白色の光沢をもち，薄く広がる展性をもつ。また，Ag_2OがAgになるので，質量は減少するとわかる。

【6】(1)　オ　　(2)　イ　　(3)　①　ウ　　②　エ　　(4)　①　ウ　②　イ

〈解説〉(1)　電流計の−端子に5Aを使用しているので，電流計の目盛りの最大値が5Aであること，また目盛りが0.1A毎であることに注意すると，最小目盛りの$\frac{1}{10}$まで読んで，1.50Aとなる。　(2)　電流計は回路に直列に接続し，電圧計は抵抗器に並列に接続し，スイッチの位置に注意すると，イの回路となる。　(3)　①　オームの法則より，抵抗器Aに加わる電圧は2×3＝6〔V〕なので，抵抗器Bおよび抵抗器Cに加わる電圧は，18−6＝12〔V〕となる。一方，抵抗器Aに流れる電流が3Aであり，これは，抵抗器Bを流れる電流と抵抗器Cを流れる電流の和な

ので，抵抗器Cを流れる電流は3－2＝1〔A〕である。したがって，抵抗器Cの電気抵抗は，12÷1＝12〔Ω〕　②　1分間は60秒であり，求める電気エネルギーは，抵抗器Bを流れる電流と電圧の積に時間をかけたものなので，2×12×60＝1440〔J〕　(4)　①　図4の明るいすじ(陰極線)の正体は電子であり，陰極から陽極へ進むので，電極Aが陰極，電極Bが陽極である。　②　電子は負の電荷をもっているので，＋極に引き寄せられ，－極からは遠ざかる。電極Cが＋極，電極Dが－極なので，明るいすじは電極C側へ曲がる。

【7】(1)　①　ウ　②　イ　③　a, b, c, d, j　(2)　①　ウ　②　ア

〈解説〉(1)　①　図1より，大気中の気体は生物A，B，C，Dのいずれからも放出されるので，二酸化炭素CO_2である。　②　生物Aは生産者，生物B，Cは消費者，生物Dは分解者である。　③　無機物の移動としては，大気中のCO_2が生産者の光合成により取り込まれ，有機物の合成に使われる(b)。また，それぞれの生物の呼吸により体外にCO_2が放出される(a, c, d, j)。一方，有機物の移動としては，生産者から一次消費者，一次消費者から二次消費者と捕食されたり(e, f)，生物の遺体が分解者により利用されたりする(g, h, i)。(2)　①　ppmはparts per millionの略で，100万分の1を意味する。　②　分解されにくく体に蓄積されやすい化学物質が生物に取り込まれると，その生物が食べられることにより捕食者に化学物質が移動し濃縮される。食物連鎖により栄養段階が上位の生物ほど化学物質が濃縮されるので，その影響を受けやすい。

【8】(1)　イ　(2)　エ　(3)　イ　(4)　カ

〈解説〉(1)　地球の影に月が入ると起きる現象は，月が欠ける月食である。　(2)　月の公転軌道は黄道面に対し，約5°傾いているため，満月の位置に来るたびに常に地球の影に入るわけではない。　(3)　月の公転周期は27.3日で360°回るので，1日におよそ$\frac{360°}{27.3}≒13°$地球の周りを

公転している。しかし，地球も365日かけて太陽の周り(360°)を公転しているので，1日約1°公転している。そのため，月は，1日におよそ13°－1°＝12°，西から東へ動いて見える。　(4)　図3より，地球からは下弦の月が見えたので，図2の地球の位置より，前方(紙面の上側)の地球の公転軌道上に月があることになり，この位置がPである。月と地球の間が38万km，地球の公転速度が11万km/hなので，地球がPに到達するのは，38万÷11万＝3.45…≒3.5〔時間〕後，つまり約3時間半後である。

【9】(1)　エ　　(2)　イ　　(3)　ア，エ　　(4)　①　A　イ　　B　エ　　C　ア　　D　ウ　　②　A　ウ　　B　オ

〈解説〉(1)　イオンになりにくい金属の水溶液に，イオンになりやすい金属片を入れると，金属片が溶け，水溶液中の金属イオンが固体として付着する。表より，銅を硫酸銅水溶液に入れても変化がなかったが，これは同じ金属とそのイオンの組み合わせだからである。また，硫酸亜鉛水溶液に入れても変化がなかったことから，銅より亜鉛の方がイオンになりやすいとわかる。次に，マグネシウムを硫酸銅水溶液や硫酸亜鉛水溶液に入れると，それぞれ赤色の銅と銀色の亜鉛が付着したので，マグネシウムは銅や亜鉛よりイオンになりやすいとわかる。よって，イオンになりやすい順に，マグネシウム＞亜鉛＞銅となる。

(2)　銀樹が起きたので，銅の方が銀よりイオンになりやすいことがわかる。すると，銅が銅イオンとなって溶け出すので，水溶液は青色になる。　(3)　ア，エ　イオンになりやすい金属はさびやすい。メッキは，さびやすい金属の表面を，イオンになりにくい金属の薄い膜で覆うことで，腐食などを防ぐ処理である。　(4)　①　ダニエル電池では，負極の亜鉛板が溶け出して電子を放出する。この電子を水溶液中の銅イオンが受け取り，正極で銅が析出する。　②　負極の水溶液中では亜鉛イオンが増加するため，素焼きを通過して正極に移動する。一方，正極の水溶液中には硫酸イオンが多く残るため，素焼きを通過して負極の方へ移動する。これにより，電荷のバランスが保たれる。

【10】(1)　①　ア，ウ　　②　エ　　(2)　ク

〈解説〉(1)　①　物体の運動の様子は，速さとその向きで表すことができる。　　②　区間3を進むのに要する時間は0.2秒なので，求める平均の速さは，13.5÷0.2＝67.5〔cm/s〕　　(2)　どの場合においても，力学的エネルギー保存の法則より，地面にぶつかる直前の速さは同じである。

【11】(1)　ア　　(2)　イ　　(3)　ウ　　(4)　エ

〈解説〉(1)　道徳科の目標における「道徳的な判断力，心情，実践意欲と態度」はキーワードとして覚えておきたい。道徳科の目標は，主体的な判断に基づいて道徳的実践を行い，自立した人間として他者と共によりよく生きるための基盤となる道徳性を養うことである。つまり，道徳性を養うために重視すべきより具体的な資質・能力とは何かを明確にし，生徒の発達の段階を踏まえて計画的な指導を充実する観点から規定されており，その際，道徳的価値や人間としての生き方についての自覚を深め，道徳的実践につなげていくことができるようにすることが求められている。　　(2)　道徳科における「内容」に記載されている事柄は，教師と生徒が人間としてのよりよい生き方を求め，共に考え，共に語り合い，その実行に努めるための共通の課題である。つまり，「全教育活動において指導されるべきもの」であり，出題にあるように「教育活動全体の様々な場や機会を捉え，多様な方法で進められる学習を通して，生徒自らが調和的な道徳性を養うためのもの」であり，また，「生徒が人間として他者と共によりよく生きていく上で学ぶことが必要と考えられる道徳的価値を含む内容を短い文章で平易に表現したもの」であり，「生徒自らが道徳性を養うための手掛かり」であると捉えられる。　　(3)　道徳科の授業において，教師が特定の価値観を生徒に押し付けたり，指示どおりに主体性をもたず言われるままに行動するよう指導したりすることは，道徳教育が目指す方向の対極にあるものである。中学生になると，自分の考え方や生き方を主体的に見つめ直し，人間としての生き方や在り方について考えを深

め，自分自身の人生の課題や目標を見つけようとする傾向が強まる。したがって，生徒自身が人生の課題や目標に向き合い，道徳的価値を視点に自らの人生を振り返り，これからの自己の生き方を主体的に判断するとともに，人間としての生き方について理解を深めることができるよう支援することが大切になる。　(4)　道徳科で養う道徳性は，生徒が将来いかに人間としてよりよく生きるか，いかに諸問題に適切に対応するかといった個人の問題に関わるものである。つまり，道徳性は極めて多様な生徒の人格全体に関わるものであることから，評価に当たっては，個人内の成長の過程を重視すべきである。出題の項目は，道徳教育を進めていく上で，他の教科や学習活動以上に「教師と生徒の人格的な触れ合いによる共感的な理解の存在」の大切さを示したものである。教員を志望するに当たっては，ここに示された内容を深く理解して準備を進めていくことが極めて大切である。

高 校 理 科

【共通問題】

【1】(1)　エ　　(2)　ウ　　(3)　ア，エ　　(4)　ウ　　(5)　イ
(6)　ウ　　(7)　エ　　(8)　オ　　(9)　ウ

〈解説〉(1)　電流の大きさは1秒あたりに流れた電気量なので，$\frac{96}{30}=3.2$
〔A〕　96Cの電気量はすべて電子に由来するので，通過した電子の個数は，$\frac{96}{1.6\times10^{-19}}=6.0\times10^{20}$〔個〕　　(2)　小球Aの運動方程式は，$2ma=F$　…①　小球Bの加速度をa'とすると，$ma'=F$　…②　①，②より，$a'=2a$　(3)　イ　異なる種類の原子で形成される結合は，極性をもっている。しかし，CO_2の分子構造はO＝C＝Oと直線形なので，分子全体では極性が打ち消される。　ウ　CH_4の分子構造は正四面体形なので，分子全体ではC－Hの極性が打ち消されて無極性となる。オ　ウと同様の理由で分子全体では無極性となる。　　(4)　$H_2SO_4\to$

$2H^+ + SO_4^{2-}$ と電離するため，$[H^+]＝0.0005×2＝1×10^{-3}$〔mol/L〕となる。よって，$pH＝-\log_{10}[H^+]＝-\log_{10}(1×10^{-3})＝3$　(5)　それぞれの下線部の原子の酸化数をxとする。　ア　$x+(-2)×3＝-2$より，$x＝+4$　イ　$+2+x+(-2)×4＝0$より，$x＝+6$　ウ　$+1×3+x+(-2)×4＝0$より，$x＝+5$　エ　$+1×2+x×2+(-2)×4＝0$より，$x＝+3$　(6)　解答参照。　(7)　甲状腺刺激ホルモンは，脳下垂体前葉から分泌され，チロキシンの分泌を促進する。アドレナリンは副腎髄質，インスリンは膵臓ランゲルハンス島 β 細胞，チロキシンは甲状腺から分泌される。　(8)　解答参照。　(9)　日本では，震度は5と6に強弱があり，0〜7までの10段階で定められている。

【物理】

【１】(1)　①　イ　　②　キ　　(2)　ウ　　(3)　エ　　(4)　ア
〈解説〉(1)　ここでは，理科で育成を目指す資質・能力を育む観点から，「理科の見方・考え方」を働かせ，科学的に探究する学習活動を充実することについて述べている。このためには，年間の指導計画を見通して，観察，実験などを行い，課題を解決するために探究する学習活動の時間を確保することが必要である。　(2)　ここでは，中学校理科との内容の継続性を考慮するとともに，内容については具体的な例を取り上げて，観察，実験などを中心に扱いながら，自然や科学技術に関する興味・関心を高めさせることを示している。　(3)　目標(1)は，育成を目指す資質・能力のうち，知識及び技能を示したものである。知識及び技能を育成するに当たっては，物理的な事物・現象についての観察，実験などを行うことを通して，物理学の基本的な概念や原理・法則の理解を図るとともに，科学的に探究するために必要な観察，実験などに関する技能を身に付けさせることが重要である。そのためには，いくつかの事象を同一の概念によって説明したり，概念や原理・法則を新しい事象の解釈に応用したりする活動を行うことが重要である。　(4)　(3)と同様，目標(1)は，育成を目指す資質・能力のうち，知識及び技能を示したものである。知識及び技能を育成するに当

たっては，日常生活や社会との関連を図りながら，物体の運動と様々
なエネルギーについての観察，実験などを行うことを通して，物体の
運動と様々なエネルギーに関する基本的な概念や原理・法則の理解を
図るとともに，科学的に探究するために必要な観察，実験などに関す
る基本的な技能を身に付けさせることが重要である。

【2】 I (1) ウ (2) エ (3) ア (4) ウ II (1) イ
(2) エ (3) ア

〈解説〉 I (1) 重力mgと弾性力kxのつり合いより，$mg=kd$ ∴ $d=$
$\dfrac{mg}{k}$ (2) 求める合力は，重力mgと弾性力kxの和となる。鉛直下向
きが正なので，$-kx+mg$ (3) つり合いの位置からの変位をx'とす
ると，運動方程式は，$ma=-kx'$ ∴ $a=-\dfrac{kx'}{m}$ 一方，単振動の角
振動数をωとすると，$a=-\omega^2 x'$より，板はつり合いの位置を中心と
した角振動数$\omega=\sqrt{\dfrac{k}{m}}$の単振動をする。振動の中心を通過するときの
速さは，振幅dを用いて$d\omega$なので，求める速さは(1)の結果を用いて
$d\sqrt{\dfrac{k}{m}}=\dfrac{mg}{k}\times\sqrt{\dfrac{k}{m}}=g\sqrt{\dfrac{m}{k}}$ (4) $x=\dfrac{3}{2}d$は，振動の中心($x=d$)から
振幅の$\dfrac{1}{2}$倍に相当する位置にある。単振動が等速円運動の正射影で表
されることなどを踏まえると，最大振幅から一旦変位0になり，さらに
振幅の$\dfrac{1}{2}$倍になるまで動くのに必要な時間は，周期の$\dfrac{1}{3}$倍に相当する。
この単振動の周期は$2\pi\sqrt{\dfrac{m}{k}}$なので，求める時間は$2\pi\sqrt{\dfrac{m}{k}}\times\dfrac{1}{3}=$
$\dfrac{2\pi}{3}\sqrt{\dfrac{m}{k}}$ II (1) つり合いの位置が$x=\dfrac{3}{2}d$に変わり，板とおもり
が一体となったときの単振動の振幅は$\dfrac{d}{2}$となる。したがって，最下点
のx座標は，$\dfrac{3}{2}d+\dfrac{d}{2}=2d$ (2) おもりには直接弾性力がはたらかず，
重力と板から受ける垂直抗力によって運動するので，$\dfrac{m}{2}a=\dfrac{1}{2}mg-N$
(3) 板の運動方程式は，$ma=mg-kx+N$である。これと(2)の式から

aを消去すると，$0=-kx+3N$　∴　$N=\dfrac{1}{3}kx$

【３】Ⅰ　(1)　エ　　(2)　ウ　　(3)　イ　　(4)　エ　　(5)　エ
　　(6)　イ　　Ⅱ　(1)　ア　　(2)　ウ　　(3) (i)　ウ　　(ii)　イ
〈解説〉Ⅰ　(1)　A→Eは等温変化なので，ボイルの法則より，圧力と体積の積は一定となる。したがって，状態Eの体積は$4V_0$　(2)　気体が外部へする仕事は，p-V図の軌跡と体積の軸に囲まれた面積で表せる。過程①で気体が外部にした仕事は，$p_0\times(4V_0-V_0)=3p_0V_0$，過程④で気体が外部にした仕事は，$4p_0\times(4V_0-V_0)=12p_0V_0$となる。したがって，$\dfrac{12p_0V_0}{3p_0V_0}=4$〔倍〕　(3)　A→Bは定積変化なので，熱力学第一法則より，放出された熱量は，気体の内部エネルギーの変化に等しい。状態Bの絶対温度をT，理想気体の物質量をn，気体定数をRとすると，状態Bでの気体の状態方程式は，$p_0V_0=nRT$となる。状態Aの温度は，ボイル・シャルルの法則より$4T$となるので，熱力学第一法則より求める熱量は，$\dfrac{3}{2}nR(T-4T)=-\dfrac{9}{2}nRT=-\dfrac{9}{2}p_0V_0$　なお，負の符号より熱は放出されたことがわかる。　(4)　B→Eは定圧変化である。また，A→Eが等温変化なので，(3)より状態Eの温度は$4T$となる。よって，求める熱量は，$\dfrac{3}{2}nR(4T-T)+p_0(4V_0-V_0)=\dfrac{9}{2}nRT+3p_0V_0=\dfrac{15}{2}p_0V_0$

(5)　状態Cの温度をT_Cとすると，圧力の等しい状態BとCの間で，シャルルの法則より，$\dfrac{V_0}{T}=\dfrac{V_C}{T_C}$　∴　$T_C=\dfrac{V_C}{V_0}T$　また，A→Cは断熱変化なので，熱力学第一法則より，気体が外部にした仕事はすべて気体の内部エネルギーの変化により生み出されるので，求める仕事は$\dfrac{3}{2}nR(4T-T_C)=\dfrac{3}{2}p_0(4V_0-V_C)$　(6)　状態AとEの温度が等しいので，過程全体での気体の内部エネルギーの変化は0となる。すると，熱力学第一法則より，気体に入った熱量はすべて気体が外部へする仕事になる。よって，外部へする仕事の大きい順，つまりp-V図の軌跡と体積の軸に囲まれた面積の大きい順なので，④＞③＞②＞①
Ⅱ　(1)　求める像が凹レンズからb〔cm〕の位置にあるとすると，写

像公式より, $\dfrac{1}{30} - \dfrac{1}{b} = -\dfrac{1}{20}$ ∴ $b = 12$ 〔cm〕 この像は凹レンズの左側(前方)にできる。 (2) この像は正立虚像である。

(3) (i) 物体AA′の凸レンズにより像ができる位置をb_1〔cm〕とすると, 写像公式より, $\dfrac{1}{30} + \dfrac{1}{b_1} = \dfrac{1}{20}$ ∴ $b_1 = 60$ 〔cm〕 これは凸レンズRの左側(前方)にできる倒立実像である。次に, この倒立実像を物体とし, 凸レンズRにより像が凸レンズRからb_2〔cm〕の位置にできるとすると, $\dfrac{1}{68-60} + \dfrac{1}{b_2} = \dfrac{1}{10}$ ∴ $b_2 = -40$ 〔cm〕 $b_2 < 0$ より, 凸レンズRにより虚像ができ, 位置は左側(前方)40cmとなる。

(ii) 元の物体に対する倍率は, 凸レンズQを通ることにより$\dfrac{b_1}{30} = \dfrac{60}{30} = 2$ 〔倍〕, 凸レンズRを通ることにより, $\dfrac{b_2}{d-60}$ 〔倍〕となる。したがって, 求める条件は, $2 \times \dfrac{b_2}{d-60} = 10$ ∴ $\dfrac{1}{b_2} = \dfrac{1}{5(d-60)}$ …①

一方, $\dfrac{1}{d-60} + \dfrac{1}{b_2} = \dfrac{1}{10}$ より, $\dfrac{1}{b_2} = \dfrac{d-60-10}{10(d-60)} = \dfrac{d-70}{10(d-60)}$ …②

①, ②より, $d - 70 = 2$ ∴ $d = 72$ 〔cm〕

【4】 (1) エ (2) エ (3) (i) イ (ii) ア (4) ウ

〈解説〉 (1) キルヒホッフの第2法則より, 閉回路では起電力の和と電圧降下の和が一致するので, エは正しくは, $2E = RI_1 - RI_3$ である。

(2) 十分時間が経過したとき, コンデンサーを含む導線には電流が流れないので, 抵抗R_1と抵抗R_2に流れる電流は等しい。したがって, 抵抗R_1と抵抗R_2に加わる電圧の比は抵抗値の比に等しいので, 電源E_2の負極から見た極板Aの電位は$2E$である。したがって, コンデンサーの電位差は, $2E - E = E$であり, 極板Aに正電荷, 極板Bに負電荷が蓄えられていることがわかる。したがって, 求める電気量は$-CE$

(3) (i) 正方形の回路を貫く磁束は, 1秒あたりvBlだけ増えるので, 誘導起電力はvBlである。よって, 求める誘導電流は, $\dfrac{vBl}{R+2R} = \dfrac{vBl}{3R}$

(ii) $0 < X_d < l$の間は辺cdが, $l < X_d < 2l$の間は辺abが磁場からx軸の負の向きに力を受けるので, 外力はx軸の正の向きに加える必要がある。

その大きさはいずれの場合も，$B \times \dfrac{vBl}{3R} \times l = \dfrac{vB^2 l^2}{3R}$　したがって，求める仕事は，$2l \times \dfrac{vB^2 l^2}{3R} = \dfrac{2vB^2 l^3}{3R}$　（4）　時刻tにおける正方形の回路を貫く磁束を考える。$0 \leqq t < \dfrac{l}{v}$のとき，t^2に比例して回路を貫く磁束が増加するので，磁束の時間変化はtに比例する。したがって，誘導電流もtに比例する。誘導電流の向きは，レンツの法則より，a→b→c→d，すなわち正の向きである。$\dfrac{l}{v} \leqq t < \dfrac{2l}{v}$のとき，磁場に入っていない面積が，$\left(\dfrac{2l}{v} - t \right)^2$に比例して減少するので，回路を貫く磁束は増加し，誘導電流の向きは変わらないが，磁束の時間変化の仕方は，$0 \leqq t < \dfrac{l}{v}$のときと真逆で，tの増加に伴い小さくなるので，誘導電流も徐々に0に近づく。$\dfrac{2l}{v} \leqq t$のとき，正方形の回路すべてが磁場に入っているので，磁束の時間変化は0となり，誘導電流も発生しない。

【５】Ⅰ　（1）　ウ　　（2）　エ　　（3）　ア　　Ⅱ　（1）　イ　　（2）　イ
〈解説〉Ⅰ　（1）　X線は振動数の大きな電磁波なので，光電効果が生じる。
（2）　図1より，最短波長は，3.0×10^{-11}〔m〕である。また，振動数は，$\dfrac{3.0 \times 10^8}{3.0 \times 10^{-11}} = 1.0 \times 10^{19}$〔Hz〕　（3）　最短波長が生じるのは，電子のエネルギーがすべて光子のエネルギーとなった場合である。求める電圧をVとすると，$(1.6 \times 10^{-19}) \times V = (6.6 \times 10^{-34}) \times (1.0 \times 10^{19})$　∴　$V \fallingdotseq 4.1 \times 10^4$〔V〕　Ⅱ　（1）　ブラッグの条件より，4回目の極大を示すとき，$2d \sin \theta = 4\lambda$が成り立つ。$\theta = 30°$，$\sin 30° = \dfrac{1}{2}$より，$d = 4\lambda$
（2）　波長を3倍にしたとき，θ'（$0° < \theta' < 90°$）の方向に極大を示す条件は，$2d \sin \theta' = m \times 3\lambda$（$m$は整数）となる。（1）の結果$d = 4\lambda$より，$\sin \theta' = \dfrac{3m\lambda}{8\lambda} = \dfrac{3m}{8}$　ここで，$0 < \sin \theta' < 1$なので，これを満たすmは$m = 1$，2の2つである。

【生物】

【1】(1) ① イ　② キ　(2) ウ　(3) ア　(4) ウ

〈解説〉(1)　ここでは，理科で育成を目指す資質・能力を育む観点から，「理科の見方・考え方」を働かせ，科学的に探究する学習活動を充実することについて述べている。このためには，年間の指導計画を見通して，観察，実験などを行い，課題を解決するために探究する学習活動の時間を確保することが必要である。　(2)　ここでは，中学校理科との内容の継続性を考慮するとともに，内容については具体的な例を取り上げて，観察，実験などを中心に扱いながら，自然や科学技術に関する興味・関心を高めさせることを示している。　(3)　「生物」の目標のうち，設問の「見通しをもって観察，実験を行うことなどを通して，生物や生物現象を科学的に探究するために必要な資質・能力を次のとおり育成することを目指す」の箇所は，「生物基礎」と同様に，探究の過程を通して，生物や生物現象を科学的に探究するために必要な資質・能力を育成する必要があることを示している。　(4)　「生物基礎」の内容は，中学校理科との関連を考慮するとともに，平成21年の改訂で近年の生命科学の急速な進歩を反映した内容を取り入れ，「生物」と併せて学習内容の再構築を行ったので，今回の改訂では，その学習内容を基本的に踏襲しつつ改善を図っている。具体的には，「(1)　生物の特徴」，「(2)　ヒトの体の調節」及び「(3)　生物の多様性と生態系」の三つの大項目から構成されている。生物としての共通の特徴，ヒトという動物の生理，生物の多様性に注目した生態系など，ミクロレベルからマクロレベルまでの領域を学ぶように構成している。また，人間の活動と環境との関連や健康に対する認識を深めるよう構成している。

【2】(1) ① イ　② ア　③ エ　④ イ　⑤ ウ
　　⑥ ア　(2) ① ウ　② ア　③ イ

〈解説〉(1)　①　A　図中のCはコケ植物，Dはシダ植物，Eは裸子植物，Fは被子植物である。コケ植物は維管束をもたず，葉・茎・根の区別

がない。　　B　シダ植物は種子ではなく胞子によって増える。

②　Eの裸子植物は被子植物とは異なり重複受精をしない。そのため，胚乳の遺伝子型は胚のう母細胞($2n$)が減数分裂してできた胚のう細胞(n)と同じである。花粉の遺伝子型がAAなので，胚のう母細胞の遺伝子型はaaとなり，胚のう細胞ではaとなる。　　③　ア　Dのシダ植物が出現したのはシルル紀，両生類が出現したのはデボン紀である。

イ　Eの裸子植物の繁栄，および恐竜類の出現は中生代であり，古生代の石炭紀ではない。　　ウ　鳥類が出現したのはジュラ紀以降であり，古生代のペルム紀ではない。　　④　アは紅藻類，ウは褐藻類がもつ葉緑素である。　　⑤　シルル紀に生息したクックソニアは維管束がなく，胞子で増えたと考えられている。リンボクは石炭紀に繁栄したとされるシダ植物である。　　⑥　動物細胞，植物細胞ともにミトコンドリアが存在するので，シアノバクテリアより先に好気性細菌が共生したと考えられている。　　(2)　①　解答参照。　　②　表のヘモグロビン α 鎖のアミノ酸の違いより，ヒトと最も違いが少ないのは生物Aの17なので，①は生物Aが該当する。ヒトと生物Aが分岐してから同じだけアミノ酸に置換が生じたとすると，$17 \div 2 = 8.5$ だけ置換したことになる。③　それぞれのアミノ酸の違いは，ヒトと生物Dが62，生物Aと生物Dが64，生物Bと生物Dが69，生物Cと生物Dが71であるが，これらの共通祖先は同じ時間が経過し，同じだけアミノ酸に置換が生じたと考えられるので，これらの平均は $\frac{62+64+69+71}{4}=66.5$ より，ヒトと④の生物Dのアミノ酸の違いは $66.5 \div 2 = 33.25$ となる。ここで，アミノ酸1個の変化に1000万年かかるので，求める時間は $33.25 \times 1000 = 33250$〔万年〕$= 3$ 億3250〔万年〕となる。

【3】I　(1)　イ，ウ　　(2)　イ　　(3)　イ　　(4)　ア　　(5)　エ
　　II　(1)　エ　　(2)　ウ　　(3)　ウ　　(4)　イ　　(5)　エ
〈解説〉I　(1)　記憶細胞になるのはT細胞とB細胞の一部だけであり，選択肢の他にヘルパーT細胞が該当する。　　(2)　抗原提示は樹状細胞が行い，MHC抗原というタンパク質によりT細胞へ提示する。T細胞

は，これらをTCR(T細胞受容体)に結合させて認識する。　(3)　ア　ヘルパーT細胞が分泌したサイトカインは，マクロファージにも情報を伝達する。　ウ　血中のサイトカインが増加すると，マクロファージなどの食細胞が活性化する。　エ　サイトカインにより毛細血管の血管壁が緩められると，血液中の好中球やNK細胞が組織中に流れ込み炎症が起こる。　(4)　1種類の抗体は特定の抗原のみを認識し結合する。可変部の遺伝子再編成により，それぞれの抗原に合わせた抗体をつくることが可能となる。　(5)　ア　ツベルクリン反応とは，結核菌の感染の有無を調べる検査法のことである。　イ　血清療法とは，特定の抗原に対する抗体が含まれている血清を注射する治療法のことである。　ウ　予防接種とは，弱毒化・無毒化した病原体(抗原)をあらかじめ注射し，体内に記憶細胞を作らせる予防法のことである。

Ⅱ　(1)　ア　反応Aは亜硝酸菌，反応Bは硝酸菌により進められるが，いずれも化学合成細菌であり，化学物質からエネルギーを取り出し利用している。　イ　酸素は生成するのではなく，反応に利用される。ウ　これらの細菌は，有機物を体内に取り込まず無機物を利用しているので，独立栄養細菌である。　(2)　グルコースの分子式は$C_6H_{12}O_6$であり，窒素を含まない。また，グリコーゲンはグルコースがグリコシド結合により重合した高分子化合物なので，窒素を含まない。

(3)　(1)の解説参照。　(4)　ア　アゾトバクターは菌類ではなく細菌である。　ウ　クロストリジウムの窒素固定では，ニトロゲナーゼという酵素がはたらいている。　エ　ネンジュモなどのシアノバクテリアは，光合成の際に水と二酸化炭素を利用する。　(5)　タンパク質の窒素含量は16％なので，この植物体内で合成されたタンパク質中の窒素量は，$98×0.16＝15.68$〔g〕となる。これは根から吸収された窒素の70％に相当するので，根から吸収された窒素量は，$15.68×\dfrac{100}{70}＝22.4$〔g〕となる。この窒素はすべて硝酸イオン($NO_3^-$)に由来するが，硝酸イオンの式量は$14＋16×3＝62$より，根から吸収された硝酸イオン量を$x$〔g〕とすると，$22.4：14＝x：62$が成り立つので，$x≒99$〔g〕となる。

【4】 Ⅰ　(1)　ウ　　(2)　ア　　(3)　ア　　(4)　ア　　(5)　エ

　　　Ⅱ　(1)　イ　　(2)　イ　　(3)　ウ　　(4)　ア

〈解説〉Ⅰ　(1)　カボチャは光により発芽が促進される光発芽種子ではなく，光により発芽が抑制される暗発芽種子をもっている。　(2)　イ　遠赤色光を照射した場合，フィトクロムはP_R型になるが，サイトカイニンは合成されない。　ウ　林床にある光発芽種子には赤色光が届きにくいので，発芽しにくいと考えられる。　エ　林床にある光発芽種子が発芽しにくい原因は，林冠部分の葉が大部分の赤色光を吸収するからである。　(3)　アヤメは長日植物であり，連続暗期が限界暗期より短くなると花芽を形成する。　(4)　イ　エチレンは離層形成を促進するはたらきがある。　ウ　アブシシン酸によりK^+が細胞外へ流出するため，気孔は閉鎖する。　エ　頂芽で合成されたオーキシンによりサイトカイニンの合成が抑制されるため，側芽成長が抑制される。

(5)　全体の傾向として，短日条件の方が長日条件よりも開花までの日数が長いので，シロイヌナズナは長日植物とわかる。また，長日条件において，赤色光では白色光のときと比べて開花までの日数が長くなったのに対し，青色光では短くなったので，シロイヌナズナは青色光を利用して日長を測っているとわかる。　Ⅱ　(1)　脱慣れは，慣れを起こしたアメフラシの尾部に電気ショックを与えたところ，水管の接触刺激によるえらを引っ込める運動が回復する現象である。　(2)　繰り返しの刺激により水管の感覚ニューロンのCa^{2+}チャネルが不活性化することも，慣れの原因である。　(3)　尾部を刺激すると，介在ニューロンが感覚ニューロンに対してセロトニンを放出する。感覚ニューロンがセロトニンを受容すると細胞内でcAMPが産生され，これがK^+チャネルを不活性化させるため，活動電位の持続時間が長くなる。これに伴いCa^{2+}チャネルが開く時間が長くなるため，通常よりもCa^{2+}の細胞内への流入量が増加し，神経伝達物質の放出量が増加する。

(4)　この現象において，(3)の解説に記したcAMPがセカンドメッセンジャーである。

【5】Ⅰ (1) ア　(2) ウ　(3) ア　(4) ウ　Ⅱ (1) エ
(2) エ　(3) オ

〈解説〉Ⅰ (1) ラクトースオペロンでは，ラクトース代謝産物が調節タンパク質(リプレッサー)と結合するため，オペレーターに結合できなくなる。　(2) トリプトファンオペロンでは，リプレッサーがトリプトファンと結合することでオペレーターに結合できるようになり，トリプトファン合成酵素遺伝子の転写が抑制される。　(3) イ　メセルソンとスタールは，DNAの半保存的複製を証明した。　ウ　ワトソンとクリックは，DNAが二重らせん構造であることを発見した。エ　ジャコブとモノーは，オペロン説を提唱した。　(4) ア　原核生物のDNAは環状の2本鎖である。　イ　大腸菌などの原核生物では，DNAの転写と同時にリボソームがmRNAに結合して翻訳を行うので，「次々」という表現は不適。　エ　DNAの複製は常に$5'\rightarrow3'$方向に行われる。　Ⅱ (1) ア　PCR法では，少量のDNAから大量のDNAを増幅することができる。　イ　PCR法では2本鎖DNAを1本鎖にするため，70℃以上の高温で処理する過程がある。そのため，高温耐性のあるDNAポリメラーゼを使用する。　ウ　DNAは1サイクルで2倍に増幅する。　(2) 1サイクルで2本鎖DNAは2倍に増幅されるため，nサイクル後に2本鎖DNAは2^n対になる。元の長いDNAにプライマーが結合すると中間の長さのDNAが，中間の長さのDNAにプライマーが結合すると目的の短いDNAが合成される。長いDNAと中間の長さのDNAの2本鎖が2対，中間の長さのDNAと目的の短いDNAの2本鎖が$2(n-1)$〔対〕できるので，これらを2本鎖DNA全体から引くと，$2^n-\{2+2(n-1)\}=2^n-2n$〔対〕となる。　(3) あきたこまちとひとめぼれにはPii遺伝子が存在しているため，PCR法でこの領域が増幅されれば，電気泳動で1610bpのバンドが確認できるはずである。コシヒカリとひとめぼれには，あきたこまちには存在しない特定の共通配列をもつため，PCR法でこの領域が増幅されれば，電気泳動で830bpのバンドが確認できるはずである。電気泳動の結果から，品種AとBには1610bpにバンドがみられ，品種AとCには830bpにバンドがみられる。よって，品種Aがひ

とめぼれ，Bがあきたこまち，Cがコシヒカリである。

【地学】

【1】(1)　①　イ　　②　キ　　(2)　ウ　　(3)　イ　　(4)　エ

〈解説〉(1)　ここでは，理科で育成を目指す資質・能力を育む観点から，「理科の見方・考え方」を働かせ，科学的に探究する学習活動を充実することについて述べている。このためには，年間の指導計画を見通して，観察，実験などを行い，課題を解決するために探究する学習活動の時間を確保することが必要である。　(2)　ここでは，中学校理科との内容の継続性を考慮するとともに，内容については具体的な例を取り上げて，観察，実験などを中心に扱いながら，自然や科学技術に関する興味・関心を高めさせることを示している。　(3)　「見通しをもって観察，実験を行うこと」とは，観察，実験などを行う際，何のために行うか，どのような結果になるかを考えさせるなど，予想したり仮説を立てたりしてそれを検証するための観察，実験を行わせることを意味する。さらに，広く理科の学習全般においても，生徒が見通しをもって学習を進め，学習の結果，何が獲得され，何が分かるようになったかをはっきりさせ，一連の学習を自分のものになるようにすることが重要である。このようなことから，「見通しをもって」ということを強調している。従前の「目的意識をもって」に比べ，幅広く様々な場面で活用することをより明確にした表現となっている。

(4)　ここでは，地球規模の自然環境に関する資料に基づいて，地球規模の自然環境について分析し，その結果を解釈することを通して，地球環境の変化を見いださせ，その仕組みを理解させるとともに，それらの現象と人間生活との関わりについて認識させることがねらいである。地球環境の変化を見いださせるには，例えば，世界の平均気温の変化や氷河の後退などのデータに基づいて，地球温暖化が実際に起きていることに気付かせるとともに，地域の自然環境の変化との関わりや人間生活への影響を予想させることが考えられる。

【2】(1) ウ　　(2) イ　　(3) エ　　(4) イ　　(5) エ　　(6) キ

(7) ウ　　(8) エ

〈解説〉(1)　ア　続成作用は，堆積物が堆積岩に変わる過程であり，変成岩に変わる過程ではない。　イ　変成岩へ変化する際は，固体のまま鉱物の結晶構造や化学組成が変化する。　エ　デュープレックス構造では，一般に地層累積の法則と真逆の累重関係となる。　(2)　アは崖崩れ，ウは地すべり，エは火砕流の説明である。　(3)　海底地形は，傾斜が小さく平坦な大陸棚，その先端の急斜面である大陸斜面へ変化し，陸源砕屑物が堆積した海底扇状地からなる。また，大陸斜面を流れ下る混濁流により，タービダイトが形成される。　(4)　約27億年前，最初に光合成を始めたのはシアノバクテリアと考えられており，この生物は，ストロマトライトを形成する。　(5)　原生代末には大型の多細胞生物であるエディアカラ生物群，古生代に入るとかたい殻や骨をもつバージェス動物群の化石が発見されている。バージェス動物群の代表例はアノマロカリスである。　(6)　A　新生代は，寒冷化により氷河が発達する時代であり，何度か氷期が訪れている。　B　最も原始的な人類の化石は，サヘラントロプスのものである。　C　氷期と間氷期を繰り返すことで，海水面の変動が起こり，段丘が形成された。(7)　アのフデイシは古生代，イのカヘイ石は新生代，エのフズリナは古生代末の示準化石である。　(8)　半減期100万年の放射性同位体は，300万年後には半減期を3回経たので，元の原子数の$\left(\dfrac{1}{2}\right)^3 = \dfrac{1}{8}$になる。

【3】(1) ウ　　(2) 転向力…ウ　　風の吹く向き…イ　　(3) ① エ　③ オ　　(4) ① ウ　② ウ　③ エ　　(5) エ　　(6) ア

〈解説〉(1)　気温が0℃以上の温かい大気中で，氷晶を含まない雲から降る雨を暖かい雨という。大きな雲粒は落下速度が速く，落下しながら小さな雲粒を吸収し，より大きくなっていく。　(2)　大気と地表の間の摩擦力の影響がない上空では，高圧側から低圧側に向かって気圧傾度力がはたらき(ア)，これと転向力がつり合うので，転向力はウの向きとなる。また，北半球では風が吹く方向に対して直角右向きにはた

らくので，風の吹く向きはイとなる。このような風を地衡風という。

(3)　①の10〜1000km以内で1分間程起こる現象は，エの地震動である。　③　10〜数十km以内の範囲に時間雨量50ミリを超える雨が降る場合が集中豪雨と考えられ，数時間にわたって雨が降り続ける場合もある。

(4)　①　高層天気図では，等圧面の高度分布を等高線で表す等圧面等高線が用いられ，単位はメートルで表す。　②　等圧面がくぼんだ部分の軸を気圧の谷という。低気圧の位置は，a〜cのうち等圧面高度が最も低いcである。　③　北半球では，ジェット気流の北側では気圧は低く，南側では気圧は高くなるので，気圧の谷や気圧の尾根ができる。　(5)　ア　深層循環は，低温で密度の高い水が沈むことで形成される。　イ　南極海流は東向きである。　ウ　深層循環に伴い，海水は世界の大洋を1000〜2000年かけて循環すると考えられる。　(6)　月が地球と太陽の間にあるので新月である。また，●の地点は太陽，月，地球が一直線に並んでいるので大潮である。

【4】(1)　①　イ　　②　エ　　③　エ　　④　ア　　⑤　ク　　⑥　イ　(2)　①　A　イ　　B　ウ　　②　イ　　③　キ

〈解説〉(1)　①　P波は，波の進行方向と振動方向が同じ縦波であり，固体・液体・気体中を伝わる。S波は横波であり，固体中のみ伝わる。　②　a　地震波の速度は，地殻からマントルに入ると速くなる。b　マントル内を伝わってきた屈折波は，震央距離が遠くなると，直接波よりも速く伝わるので，走時曲線の傾きは，直接波に比べて小さくなる。よって，BCが屈折波，OAが直接波の走時曲線である。③　図2より，震央距離dは，屈折波の走時曲線BCの開始点Bと一致する。これは，図1において震源i→iiを通り，マントル内を通らず，同じ角度θで地表に戻ってきた屈折波を初めて観測した点となるので，$h\tan\theta$の2倍となる。　④　地殻の厚さhが大きくなると，図1の震源i→iiに到達して地表へ戻ってくるまでの距離が長くなるので，この屈折波が地表に到達するまでに要する時間も長くなる結果，点Bの位置が右上にずれる。また，OAとBCの交点(屈折波が直接波に追いつく点)

の位置も右上にずれる。　⑤　地殻を伝わるP波の速度が大きくなると，走時曲線OAの傾きは小さくなる。一方，マントル内を伝わるP波の速度は変わらないので，BCの傾きは変わらない。　⑥　ア　震央距離103°以遠にもP波は伝わる。　ウ　震央距離103°～143°はP波の影ができるためシャドーゾーンと呼ばれるが，110°の地点ではP波が観測される。一方，S波は103°以遠には伝わらない。　エ　深さ約2900kmの不連続面では，S派は伝わらなくなる。　(2)　①　解答参照。②　公式解答ではイとなっているが，以下の通り，正しい組み合せは「aとiii」，「bとi」，「cとii」になるので，正解はウと考えられる。a　北米プレートとユーラシアプレートの境界は不明瞭と考えられているが，概ね糸魚川－静岡構造線に位置し，棚倉構造線や中央構造線の位置とは異なるので，iiiが該当する。　b　一般的に，棚倉構造線により東北日本と西南日本が分けられるが，これは西南日本の帯状構造が棚倉構造線まで伸び，これ以降は地質分布や岩石の特徴が大きく異なるからである。一方，糸魚川－静岡構造線により東北日本と西南日本を分けるという考えもあるが，本問ではaとの兼ね合いから，iの棚倉構造線が該当する。　c　中央構造線は，西南日本を内帯(北側)と外帯(南側)に分ける大きな断層なので，iiが該当する。　③　マントルを構成するかんらん岩の融点は，水が加わると低下する。かんらん岩が融けるときは，全体が融けるのではなく，融けやすい部分から融ける(部分溶融)。そのため，生成するマグマはかんらん岩とは成分が異なる。

【5】(1)　ウ　(2)　ア　(3)　ア　(4)　イ　(5)　ア　(6)　ウ
(7)　エ　(8)　イ，オ　(9)　ア
〈解説〉(1)　ケプラーの第1法則より，地球の公転軌道は太陽を焦点の1つとする楕円軌道となるので，太陽Sの位置は焦点である。　(2)　点Aは太陽Sから最も近い位置なので，近日点である。　(3)　地球は1月上旬に近日点を通る。　(4)　これはケプラーの第2法則であり，面積速度一定の法則ともいう。　(5)　(4)の法則より，公転速度は近日点で

最大となる。　(6)(7)　(6)の式は，ケプラーの第3法則より求めることができる。また，ケプラーの第3法則は，ニュートンの万有引力の法則の発見により，理論的に解明された。　(8)　ア　小惑星は，火星と木星の間に多く存在する。　ウ　イオの火山活動は，木星との起潮力によりイオが変形し，内部が高温になるためと考えられている。
エ　火星は，引力が小さいため気圧が低く，そのため温室効果は強くない。　(9)　巨星はHR図の右上に位置し，表面温度は低くて明るい。一方，白色矮星はHR図の左下に位置し，表面温度は高くて暗い。

2022年度　実施問題

中 学 理 科

【1】次の文は「中学校学習指導要領(平成29年告示)解説　理科編　第2章　理科の目標及び内容　第1節　教科の目標」である。これについて，以下の各問いに答えなさい。

> 　自然の事物・現象に関わり，理科の(　①　)を働かせ，(　②　)をもって観察，実験を行うことなどを通して，自然の事物・現象を科学的に探究するために必要な資質・能力を次のとおり育成することを目指す。
> (1)　自然の事物・現象についての(　③　)を深め，科学的に探究するために必要な観察，実験などに関する基本的な(　④　)を身に付けるようにする。
> (2)　観察，実験などを行い，科学的に探究する力を養う。
> (3)　自然の事物・現象に進んで関わり，科学的に探究しようとする態度を養う。

(1)　文中の(　)に当てはまる語句を答えなさい。

(2)　次の文は，目標(2)の解説の一部である。(　)に当てはまる語句を答えなさい。

> 　その際，第1学年では自然の事物・現象に進んで関わり，それらの中から(　①　)活動，第2学年では解決する方法を立案し，その結果を(　②　)活動，第3学年では探究の過程を(　③　)活動などに重点を置き，3年間を通じて科学的に探究する力の育成を図るようにする。

(3)　次の文は，目標(3)の解説の一部である。(　)に当てはまる語句を答えなさい。

　　　また，自然環境の保全や科学技術の利用に関する問題など
　では，人間が自然と調和しながら（　①　）をつくっていくため，
　身の回りの事象から地球規模の環境までを視野に入れて，
　（　②　）に基づいて賢明な意思決定ができるような態度を身に
　付ける必要がある。

(☆☆◎◎◎)

【２】次の文は「中学校学習指導要領(平成29年告示)解説　理科編　第3
　章　指導計画の作成と内容の取扱い　3　事故防止，薬品などの管理
　及び廃棄物の処理　(3)廃棄物の処理について」の一部である。（　　）
　に当てはまる内容を答えなさい。

　　　特に，薬品を廃棄する場合，例えば，酸やアルカリの廃液は
　（　　）など適切な処理をする必要がある。

(☆☆◎◎◎)

【３】図1のように，試験管A～Cを用意し，試験管AとBにタンポポの葉
　を入れた。次に，試験管A～Cに息を吹き込んでゴム栓をし，Aにはア
　ルミニウムはくでおおいをして，光によく当てた。その後，試験管A
　～Cに石灰水(水酸化カルシウム水溶液)を少し入れ，ゴム栓をしてよく
　振ったところ，表のような結果になった。これについて，以下の各問
　いに答えなさい。

図1

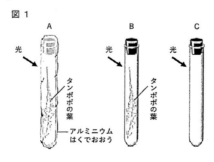

表

試験管	石灰水による変化
A	白くにごった
B	変化なし
C	白くにごった

(1) タンポポの葉は，葉全体に葉脈が網の目のように広がっており，網状脈と呼ばれている。タンポポのように網状脈の葉をもつ植物を，次の選択肢から全て選び，記号で答えなさい。

ア　アブラナ　　イ　イネ　　ウ　イチョウ　　エ　ユリ

オ　ツツジ

(2) 試験管AとB，試験管BとCは，それぞれ対照実験である。対照実験とは，どのような実験であるか簡潔に説明しなさい。

(3) 石灰水が白くにごる反応を化学反応式で答えなさい。

(4) 試験管Aのタンポポの葉と試験管Bのタンポポの葉のはたらきとして，正しく説明しているものを，次の選択肢から1つ選び，記号で答えなさい。

ア　試験管Aのタンポポの葉は呼吸のみを行い，試験管Bのタンポポの葉は光合成のみを行った。

イ　試験管Aのタンポポの葉は呼吸のみを行い，試験管Bのタンポポの葉は光合成と呼吸の両方を行った。

ウ　試験管Aのタンポポの葉は光合成のみを行い，試験管Bのタンポポの葉は呼吸のみを行った。

エ　試験管Aのタンポポの葉は光合成のみを行い，試験管Bのタンポポの葉は光合成と呼吸の両方を行った。

(☆☆◎◎)

【4】図1のように，水30cm³とエタノール20cm³の混合物50cm³を器具Xに入れ，おだやかに加熱しながら，温度を測定した。しばらくすると混合物は沸騰し始め，試験管Aの中に液体がたまり始めた。その後，液

体が約5cm³たまるたびに試験管をとりかえ，試験管A，B，C，D，Eの順に液体を集めた。図2は，この実験における加熱時間と温度との関係をグラフに表したものである。これについて，以下の各問いに答えなさい。

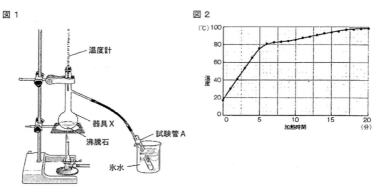

図1　　　　　　　　　　　　　　図2

(1)　沸騰石を入れて加熱する理由を答えなさい。

(2)　器具Xの名称を答えなさい。

(3)　図2のグラフから混合物が沸騰し始めたのは，加熱を始めてから約何分後と考えられるか，最も適するものを次の選択肢から1つ選び，記号で答えなさい。

　　ア　約3分後　　　イ　約6分後　　　ウ　約12分後　　　エ　約18分後

(4)　試験管Aに集めた液体(5cm³)の質量Ygについて，最も適するものを次の選択肢から1つ選び，記号で答えなさい。ただし，実験に用いた水の密度は，1.00g/cm³，エタノールの密度は，0.79g/cm³とする。

　　ア　Y＜3.95　　　イ　Y＝3.95　　　ウ　3.95＜Y＜4.58
　　エ　Y＝4.58　　　オ　4.58＜Y＜5.00

　　　　　　　　　　　　　　　　　　　　　　　　　(☆☆☆◎◎◎)

【5】Aさんは，図の装置で凸レンズによってできる像の大きさや向きについて調べるために【実験】を行った。これについて，あとの各問いに答えなさい。

図

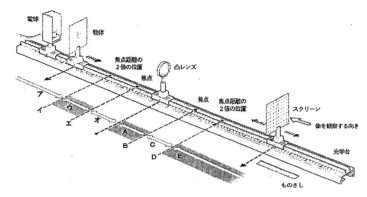

【実験】

① 光学台の中央に凸レンズを置き，凸レンズの両側の焦点と焦点距離の2倍の位置に印をつける。

② 物体を図の位置に置き，凸レンズは動かさずにスクリーンだけを動かし，はっきりとした像を映す。その像を後方から観察し，像ができる位置や，物体と比べた像の見え方を調べる。

③ 凸レンズは動かさずに，物体を凸レンズに近づけていき，②と同様に調べる。

④ スクリーンに像が映らなければ，スクリーンをはずし，凸レンズを通して物体がどのように見えるか調べる。

(1) 物体がイの位置にあるとき，スクリーンにはっきりした像が映った。このときのスクリーンの位置はどこか，図中の記号で答えなさい。

(2) (1)のとき，凸レンズの上半分を隠すと，スクリーンに映った像の形と明るさは，(1)で映った像と比べてどのようになるか答えなさい。

(3) 物体がウの範囲にあるとき，スクリーンにはっきりした像が映った。このときのスクリーンに映る像の向きと大きさは，物体に比べてどのようになるか答えなさい。

(4)　④のとき，凸レンズを通して見える像の名称を漢字で答えなさい。また，このときの物体の位置はどこか，図中の記号で答えなさい。

(☆☆☆◎◎◎)

【６】大気の動きに関する次の各問いに答えなさい。

(1)　図1は，ある晴れた日の昼と夜の大気の動きを表し，図2は，その日の地面と海面の温度変化を表したグラフである。Fさんは，図2から大気の動きの原因は，地面と海面のあたたまり方の違いではないかと考え，図3の実験装置で地面と水面のあたたまり方を調べようとした。

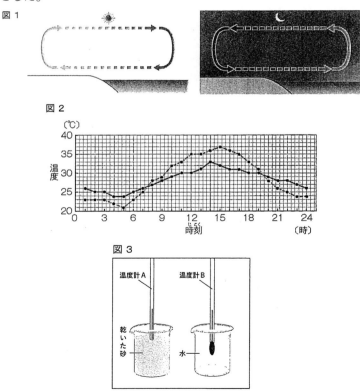

図1

図2

図3

① 気温が高いところでは，上昇気流が起こりやすく，気圧が低くなり，図1のような大気の動きが生じる。気温が高いところでは，上昇気流が起こりやすい理由を「あたためられた空気は」に続けて答えなさい。

② 図2から12時における地面の温度は何℃か答えなさい。また，そのように判断した理由を答えなさい。

③ 図3の実験装置に太陽の光を同じように当て，乾いた砂と水の温度を1分ごとに調べることにした。温度計はいずれも，砂や水の表面近くの温度が測定できるように固定していることとする。図3の実験装置は，砂や水の表面近くの温度を測定する上で必要なことが1つ抜けている。必要なことは何か答えなさい。

(2) 図4は，湿った大気が山を越えて吹くとき，風下側の山麓で急に気温が上がり，乾燥する現象を表したものである。この現象を何というか答えなさい。また，このときの風下側の山麓の気温は約何℃か答えなさい。

図4

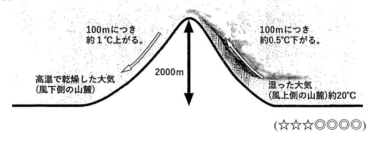

(☆☆☆◎◎◎◎)

【7】図1は，電流が磁界から受ける力を調べるための実験装置である。図2は，図1の実験装置の一部を表している。図3は，直流モーターの模式図である。図4は，電磁誘導を調べるための実験装置である。これについて，以下の各問いに答えなさい。

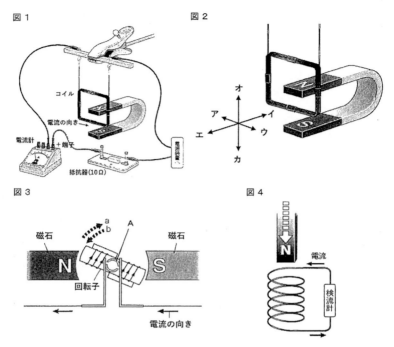

図1　　　　　　　　　　　　　　図2

図3　　　　　　　　　　　　　　図4

(1)　図1の実験装置に抵抗器を入れる理由を答えなさい。

(2)　図1で電流が矢印の向きに流れるとき，コイルが動く向きを図2の記号から1つ選び，答えなさい。

(3)　図3のAは，コイルに流れる電流の向きを制御するつくりである。Aの名称を答えなさい。また，図3で電流が矢印の向きに流れるとき，回転子が動く向きを図3の記号から1つ選び，答えなさい。

(4)　図4のように電磁誘導では，コイル内の磁界が変化すると電流が流れる。このとき流れる電流のことを何というか答えなさい。

(5)　電磁誘導では，コイルの中の磁界の変化を妨げるような向きに電流が流れる。このような規則性を表した法則を何というか答えなさい。

(☆☆☆◎◎◎)

【8】水溶液とイオンに関する次の各問いに答えなさい。

(1) ビーカーに20cm³のうすい硫酸を入れ，うすい水酸化バリウム水溶液を少しずつ加えていく実験を行った。図1は，このときのようすである。この実験により生成した塩の色と化学式を答えなさい。

図1

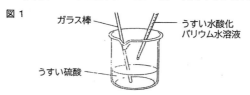

ガラス棒　　　　　　　　うすい水酸化
　　　　　　　　　　　　バリウム水溶液

うすい硫酸

(2) (1)の実験により生成した物質(塩)は，レントゲン撮影の際のX線造影剤に使われている。この物質は，X線に対してどのような性質をもっているか答えなさい。

(3) (1)の実験では，うすい水酸化バリウム水溶液を15cm³加えたところで，ちょうど中和していた。ビーカー内の水溶液中の水素イオンの数の変化を表したグラフとして，最も適するものを次の選択肢から1つ選び，記号で答えなさい。ただし，グラフの横軸は，加えたうすい水酸化バリウム水溶液の体積とする。

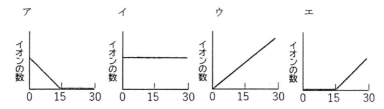

ア　　　　　　　イ　　　　　　　ウ　　　　　　　エ

(4) 図2のように，硝酸カリウム水溶液で湿らせたろ紙をスライドガラスにのせ，その中央に塩化銅水溶液のしみをつけた。この装置を電源装置につなぎ，ろ紙の両端に9Vの電圧を加えた。これについて，以下の各問いに答えなさい。

図2

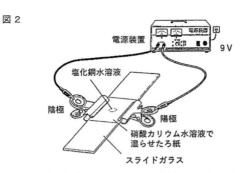

① この実験で，ろ紙を硝酸カリウム水溶液で湿らせた理由を答え
なさい。
② 電圧を加えたとき，どのようなようすが観察されるか簡潔に説
明しなさい。

(☆☆☆◎◎◎)

【9】図1は，日本のある地点で毎月15日の0時に見えるオリオン座の位置
を記録したものである。図2は，地球の1年間の動きと真夜中に南の空
に見られる星座の位置関係を示したものである。これについて，以下
の各問いに答えなさい。

図1

図2

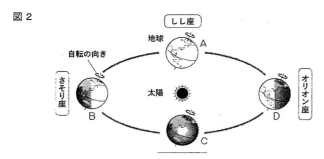

(1)　図1のような星座の星の1年間の見かけの動きを何というか答えなさい。また，その原因は何か答えなさい。

(2)　11月14日の20時にオリオン座を観察した。このとき，オリオン座は，どの方位の空に見えるか。方位は，東，西，南，北のいずれかで答えなさい。また，別の日の同じ時間(20時)に同じ場所でオリオン座を観察した場合，真南の空に観測できるのは，この日から約何か月後か答えなさい。

(3)　図2において，日の出前にしし座が南の空に見られるのは，地球がどの位置のときか，図2から1つ選び，記号で答えなさい。

(4)　6月15日の0時にオリオン座を観測することができなかった。そのときの地球の位置に最も近いものを図2から1つ選び，記号で答えなさい。また，オリオン座が観測できなかった理由を答えなさい。ただし，空に雲はないものとする。

(5)　12月15日の0時に，オーストラリアのシドニーのある地点で，天体観測をした。このとき，オリオン座は，どの方位の空に，どのような形で見えるか。方位は，東，西，南，北のいずれかで答えなさい。形は，次の選択肢から1つ選び，記号で答えなさい。

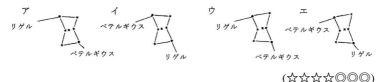

(☆☆☆☆◎◎◎)

【10】川の水質調査を行うため，同じ川のＡ，Ｂ，Ｃの3地点でどのような指標生物がすんでいるのかを調べた。次の表は，その結果を示したものである。これについて，以下の各問いに答えなさい。

表

水質階級	Ⅰ　きれいな水				Ⅱ　ややきれいな水					Ⅲ　きたない水					Ⅳ　とてもきたない水				
指標生物	ヘビトンボ	カワゲラ	サワガニ	ヤマトビケラ	コオニヤンマ	スジエビ	カワニナ	ゲンジボタル	ヤマトシジミ	タニシ	タイコウチ	ミズカマキリ	ヒル	ミズムシ	アメリカザリガニ	セスジユスリカ	チョウバエ	エラミミズ	サカマキガイ
Ａ				○			●	●	○										
Ｂ													○	●					●
Ｃ										●					●	○			

●は見つかった指標生物のうち上位2種類　　○は見つかった上位2種類以外の指標生物

(1) 水生生物による水質調査について，正しく述べた文を次の選択肢から全て選び，記号で答えなさい。

ア　水深20〜30cm，流速30〜40cm/sの場所が適している。

イ　水深50〜60cm，流れのない場所が適している。

ウ　調査する川は大きくても小さくてもよい。

エ　川底に10〜30cm位の大きさの石が多い川が適している。

(2) Ａ，Ｂ，Ｃの3地点を水質階級Ⅰに近い順から並べ，記号で答えなさい。

(3) 水の浄化に関する次の文の(　　　)に適する語句を答えなさい。

> 生活排水に含まれる有機物が川に流れ込むと，細菌類などの微生物のはたらきにより有機物を無機物に分解して水が浄化される。細菌類などの微生物のはたらきを活発にするためには，水中に十分な(　　　)が必要である。下水処理場で行われる活性汚泥法は，このような水の浄化のしくみを利用したものである。

(4) 水質階級Ⅳの地点で，見つかった「アメリカザリガニ」は外来種である。外来種は海外からきて日本に定着したものだけでなく，日本から海外へわたり外来種になっている生物もある。日本から海外

へわたり外来種になった生物を次の選択肢から全て選び，記号で答えなさい。

ア　ワカメ　　イ　ミズヒマワリ　　ウ　ホテイアオイ　　エ　クズ

(5)　環境省の2020年のレッドリストでは，日本で生息または生育する野生生物のうち，約何種の野生生物が絶滅のおそれがあると指摘しているか。最も近いものを次の選択肢から1つ選び，記号で答えなさい。

ア　約1700種　　イ　約3700種　　ウ　約5700種　　エ　約7700種

(☆☆☆◎)

【11】「中学校学習指導要領(平成29年告示)解説　特別の教科　道徳編」について，次の各問いに答えなさい。

(1)　「第2章　道徳教育の目標　第2節　道徳科の目標」には，道徳教育の要である道徳科の目標について，次のように述べられている。（　　）に当てはまる語句を答えなさい。

> 　第1章総則の第1の2の(2)に示す道徳教育の目標に基づき，よりよく生きるための基盤となる道徳性を養うため，道徳的諸価値についての（　①　）を基に，自己を見つめ，物事を広い視野から多面的・多角的に考え，人間としての（　②　）についての考えを深める学習を通して，道徳的な判断力，心情，実践意欲と態度を育てる。

(2)　「第3章　道徳科の内容　第1節　内容の基本的性格　2　内容の取扱い方　(1)」には，関連的，発展的な取扱いの工夫について，次のように述べられている。（　　）に当てはまる語句を答えなさい。

> 　道徳科の指導に当たっては，内容項目間の（　①　）を十分に考慮したり，指導の（　②　）を工夫したりして，生徒の実態に応じた適切な指導を行うことが大切である。そして，全ての内容項目が調和的に関わり合いながら，生徒の道徳性が養われるように工夫する必要がある。

(3)　「第4章　指導計画の作成と内容の取扱い　第3節　指導の配慮事項　5　問題解決的な学習など多様な方法を取り入れた指導　(1)」には，道徳科における問題解決的な学習の工夫について，次のように述べられている。(　　)に当てはまる語句を答えなさい。

> 　道徳科における問題解決的な学習とは，生徒一人一人が生きる上で出会う様々な道徳上の問題や課題を多面的・多角的に考え，(　①　)に判断し実行し，よりよく生きていくための資質・能力を養う学習である。そうした問題や課題は，多くの場合，道徳的な判断や心情，意欲に誤りがあったり，複数の道徳的価値が衝突したりするために生じるものである。指導方法は，(　②　)に即して，目標である道徳性を養うことに資するものでなければならない。

(4)　「第5章　道徳科の評価　第2節　1　評価の基本的態度」には，指導と評価の関連性について，次のように述べられている。(　　)に当てはまる語句を，以下の[選択肢]からそれぞれ選び，記号で答えなさい。

> 　道徳性を養うことを学習活動として行う道徳科の指導では，その学習状況や(　①　)を適切に把握し評価することが求められる。生徒の学習状況は，指導によって変わる。道徳科における生徒の学習状況の把握と評価については，教師が道徳科における指導と評価の考え方について明確にした(　②　)の作成が求められる。道徳性を養う道徳教育の要である道徳科の授業を改善していくことの重要性はここにある。

[選択肢]　ア　指導計画　　イ　成長の様子　　ウ　評価計画
　　　　　エ　学習の様子

(☆☆☆☆◎◎◎◎)

高 校 理 科

【共通問題】

【1】 次の各問いに答えなさい。

(1) 小球をある高さから静かにはなすと，0.40秒後に地面に達した。小球をはなした点の地面からの高さは何mか，答えなさい。ただし，重力加速度の大きさを9.8m/s²とし，有効数字2桁で答えなさい。

(2) 変圧器を使って周波数が60Hzの交流電圧500Vを100Vにしたい。このとき，二次コイルの巻数は，一次コイルの巻数の何倍にすればよいか，答えなさい。

(3) 質量数63の原子が2価の陽イオンになったとき，電子の数が27個であった。この原子1個の中には中性子が何個含まれているか，答えなさい。

(4) pH＝1.0の水溶液中の水素イオン濃度は，pH＝4.0の水素イオン濃度の何倍か，答えなさい。

(5) 原核細胞からなる生物を，次の選択肢から2つ選び，記号で答えなさい。

ア 酵母菌　　　イ イシクラゲ　　　ウ 大腸菌
エ アメーバ　　オ オオカナダモ

(6) 高山では標高に応じて，低緯度から高緯度への変化と同じようなバイオームの分布が見られる。このような，標高に応じたバイオームの分布を何というか，答えなさい。

(7) 地質時代の区分において，地球が誕生した約46億年前から5億4100万年前までの時代を何というか，答えなさい。

(8) プレートの運動，特にプレート境界における相互作用によって，地球表層部でおこっている造山運動，火山活動，地震などを統一的に説明することができるという考え方を何というか，答えなさい。

(9) 太陽系において，海王星の軌道よりも外側を公転する天体を何というか，答えなさい。

(☆☆☆◎◎◎)

【物理】

【１】次の各問いに答えなさい。

(1) 次の文は，「高等学校学習指導要領(平成30年告示)　第2章　各学科に共通する各教科　第5節　理科　第1款　目標」の一部である。文中の(　)に当てはまる語句を答えなさい。

> (1)　自然の事物・現象についての(　①　)を深め，科学的に探究するために必要な観察，実験などに関する(　②　)を身に付けるようにする。

(2)「高等学校学習指導要領(平成30年告示)解説　理科編　理数編　第1部　理科編　第1章　総説　第4節　理科の科目編成　2　科目の編成」に示されている理科の科目数を答えなさい。

(3)「高等学校学習指導要領(平成30年告示)解説　理科編　理数編　第1部　理科編　第3章　各科目にわたる指導計画の作成と内容の取扱い　2　内容の取扱いに当たっての配慮事項　(2)　生命の尊重と自然環境の保全」によると，環境問題や科学技術の進歩と人間生活に関わる内容等については，あることの重要性も踏まえながら，科学的な見地から取り扱うこととされている。あることとは何か，答えなさい。

(4)「高等学校学習指導要領(平成30年告示)　第2章　各学科に共通する各教科　第5節　理科　第2款　各科目　第2　物理基礎　2　内容」には「物理基礎」を構成する2つの大項目が記載されている。このうち「物体の運動とエネルギー」の項目に含まれる内容として適するものを次の選択肢からすべて選び，記号で答えなさい。

ア　物理量の測定と扱い方　　　イ　物理学が拓く世界
ウ　物質と電気抵抗　　　　　　エ　エネルギーとその利用
オ　力のつり合い　　　　　　　カ　様々な力

(5) 次の文は，「高等学校学習指導要領(平成30年告示)解説　理科編　理数編　第1部　理科編　第2章　理科の各科目　第3節　物理　4　内容の取扱い」の一部である。文中の(　)に当てはまる言葉を答

えなさい。

　　なお，物理現象を扱う際には，生徒が経験的にもっている
（　　）に留意して指導をすることが大切である。そのためには，
学習課題に関する生徒の考えを引き出し，物理学の基本とな
る原理・法則との整合性を議論させ，他の生徒や教師との関
わりを通して，自らの考えの正しかった部分，誤っていた部
分等について振り返らせることが重要である。

(☆☆◎◎◎)

【2】図1のように，糸の長さがLの単振り子がある。小球の質量m，重力
　　加速度の大きさをgとすると，糸が鉛直線と角θ〔rad〕(反時計回りを
　　正とする)をなす瞬間に小球にはたらく力は，大きさmgの重力と大き
　　さSの糸が引く力の2力である。以下の各問いに答えなさい。ただし，
　　円周率をπとする。

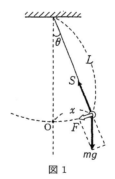

図1

(1)　次の文は，図1の単振り子の周期について述べたものである。文
　　中の空欄に適する数式や語句を答えなさい。ただし，[　③　]と
　　[　⑥　]には語句が入るものとする。

　　　小球の円周に沿った変位を，右向きを正として最下点Oからxとす
　　る。小球を最下点Oへ引きもどすはたらきをするのは，重力の接線
　　方向の成分$F = -mg\sin\theta$である。このとき，xはLとθを用いて$x = [$

161

[　①　]で表される。振れが小さいとき，単振り子は一直線上を往復するとみなせる。θが十分小さいときは$\sin\theta \fallingdotseq \theta$が成り立つから，$F$は$m$，$g$，$L$，$x$を用いて$F \fallingdotseq$[　②　]と表すことができる。したがって，小球は$F$が[　③　]となって単振動をしているといえる。

この振動の周期Tは，単振動の周期を表す式$T = 2\pi\sqrt{\dfrac{m}{K}}$において$K =$[　④　]とおけばよいから，単振り子の周期は$\pi$，$g$，$L$を使って$T =$[　⑤　]と表される。振れが小さいとき，周期は振幅に無関係で，糸の長さと重力加速度の大きさで決まり，これを振り子の[　⑥　]という。

(2)　図1の単振り子の糸の長さと周期の関係を表すグラフとして，最も適するものを次の選択肢から1つ選び，記号で答えなさい。ただし，それぞれのグラフは糸の長さを横軸に，周期を縦軸にとったものである。

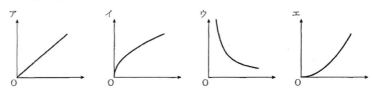

(3)　図1の振り子を図2のように，大きさaの加速度で速さを増しながら上昇中のエレベーター内につるして振動させた。このとき観測された振動の周期をT_1とする。ただし，振動の振れは小さく，観測者はこの小球の運動をエレベーター内で観測した。この観測者の立場では，見かけの重力が変わることに注意して，以下の各問いに答えなさい。

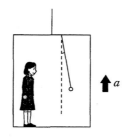

図2

(i) この振動の周期T_1はいくらか，π，g，L，aを用いて答えなさい。

(ii) エレベーターが静止しているときの振動の周期をT_0，エレベーターが大きさaの加速度で減速しながら上昇中のエレベーター内で観測したときの振動の周期をT_2とする。T_0，T_1，T_2の関係として，最も適するものを次の選択肢から1つ選び，記号で答えなさい。

ア　$T_0 > T_1 = T_2$　　イ　$T_0 < T_1 < T_2$　　ウ　$T_2 < T_1 < T_0$

エ　$T_0 < T_1 = T_2$　　オ　$T_1 < T_0 < T_2$　　カ　$T_2 < T_0 < T_1$

(☆☆☆◎◎◎)

【3】次の各問いに答えなさい。

Ⅰ　図1のように，長さLの開管の管口にスピーカーを置いて音を出す。音の振動数を徐々に上げていき，振動数f_1の音を出したときにはじめて気柱の固有振動が起こった。音の速さをV，管口の位置を腹とする。以下の各問いに答えなさい。

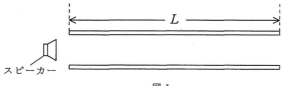

スピーカー

図1

(1) 音の振動数f_1をV，Lを用いて答えなさい。

(2) 音の振動数をf_1から徐々に上げていったところ，振動数がf_2の

ときに次の固有振動が起き，さらに上げていくと振動数がf_3のときに次の固有振動が起きた。f_3はf_2の何倍か，答えなさい。

(3)　図2のように管にピストンを取りつけて閉管とし，スピーカーからは(2)のf_3の音を出した。ピストンの位置を管口から徐々に遠ざけていき，気柱の固有振動が起こる位置を探した。以下の各問いに答えなさい。

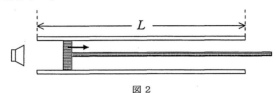

図2

(i)　最も管口に近い位置で気柱の固有振動が起こったとき，管口からピストンの位置までの距離を，Lを用いて答えなさい。

(ii)　ピストンを管口の位置に戻した後，ピストンを管口から徐々に遠ざけていき，最終的に管から完全に引き抜き取り去った。この過程で気柱の固有振動が起きた位置は，全部でいくつあったか答えなさい。

Ⅱ　図3のように同じ容積V_0の容器A，Bが，コックのついた，体積の無視できる細い管でつながれている。初め，コックは閉じられていて，Aには圧力$2P_0$で絶対温度がT_0の単原子分子の理想気体，Bには圧力P_0で絶対温度が$2T_0$の単原子分子の理想気体が閉じ込められていた。気体定数をRとして，以下の各問いに答えなさい。ただし，外部との熱のやりとりはないものとする。

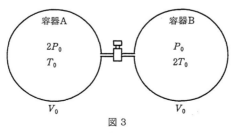

図3

(1) コックを開く前の容器Aに入っている気体の物質量を答えなさい。

(2) コックを開いて容器Aと容器Bの気体を混合し，しばらく時間をおいたときの絶対温度はいくらになるか，T_0を用いて答えなさい。

(3) 図3の実験と同じ器具を用いて，図4に示すような実験を行った。図4の実験では，初め，コックは閉じられていて，容器Aには圧力$2P_0$で絶対温度がT_0の単原子分子の理想気体が閉じ込められており，容器Bは真空になっていた。その後，コックを開くと容器Aに入っていた気体は真空中に広がっていった。以下の各問いに答えなさい。

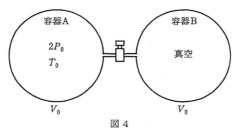

図 4

(i) 図4の実験で見られるような，気体の真空中への膨張を断熱自由膨張という。断熱自由膨張について述べた次の文の空欄に当てはまる語句として，適するものを以下の選択肢から1つ選び，記号で答えなさい。

断熱自由膨張は，ピストンなどを動かすわけでなく，真空中への膨張であり，気体は仕事をしない。また，全体が断熱されていて熱の出入りもない。したがって，熱力学第1法則から内部エネルギーは[　]。

ア　変化しない　　イ　増加する　　ウ　減少する

(ii) コックを開いてしばらく時間をおいたときの気体の絶対温度はいくらになるか，T_0を用いて答えなさい。

(☆☆☆◎◎◎)

【4】次の各問いに答えなさい。

Ⅰ　図1のように，質量m〔kg〕，電荷$-e$〔C〕の電子を初速0m/sから電圧V〔V〕で加速し，磁束密度B〔T〕の一様な磁場の中に磁場と垂直に速さv〔m/s〕で入射した。磁場内に入射された電子は，半径r〔m〕の円軌道を描いて検出器に入った。以下の各問いに答えなさい。ただし，磁場の向きは紙面の表から裏の向きとし，重力による影響は無視できるものとする。また，円周率をπとする。

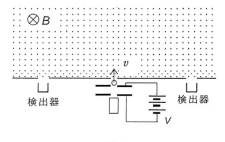

図 1

(1)　電圧V〔V〕で加速された電子の速さv〔m/s〕を，m，eおよびVを用いて答えなさい。

(2)　磁場中に入射した後，電子が磁場から受ける力の名称を答えなさい。

(3)　磁場中に入射した後の電子の軌跡の概形を図中に実線で示しなさい。

(4)　半径r〔m〕をm，e，vおよびBを用いて答えなさい。

(5)　磁場中に入射した電子が再び磁場中から抜け出すまでに要する時間t〔s〕を，m，e，VおよびBの中から必要な文字を用いて答えなさい。

Ⅱ　図2の回路で，電池の起電力はE〔V〕，抵抗はR〔Ω〕，コンデンサーの電気容量はC〔F〕，コイルの自己インダクタンスはL〔H〕である。初め，コンデンサーには電荷がなかったものとして，以下の各問いに答えなさい。ただし，円周率をπとし，電池の内部抵抗やコイルの抵抗の影響，および回路から電磁波として放出されるエネ

166

ルギーは無視できるものとする。

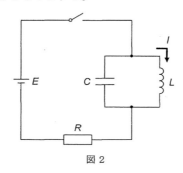

図2

(1) スイッチを入れた直後の抵抗にかかる電圧を答えなさい。

(2) スイッチを入れて十分に時間が経過したときのコンデンサーに蓄えられた電気量を答えなさい。

(3) (2)の後，スイッチを切ったところコンデンサーとコイルの間で振動電流が流れた。スイッチを切った時刻を$t=0$sとして，時刻t〔s〕におけるコイルに流れる電流I〔A〕を，tを用いた式で表しなさい。ただし，図の矢印の向きの電流を正とする。

(4) 図3のように，電池を(3)の振動電流と同じ周波数を持つ交流電源に変えた。交流電源の実効値は電池と同じE〔V〕である。スイッチを入れて十分に時間が経過したとき，抵抗を流れる電流はいくらになるか，答えなさい。

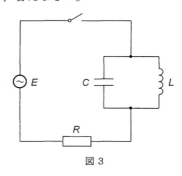

図3

(☆☆☆◎◎◎)

【5】次の各問いに答えなさい。

(1) 次の3つの項目について，α線の説明として最も適するものを各項目の選択肢からそれぞれ1つずつ選び，記号で答えなさい。

・正体

ア　高速の電子

イ　おおむね波長がX線より短い電磁波

ウ　大きな運動エネルギーをもつヘリウム原子核

・電荷

エ　正の電荷をもつ　　　　オ　負の電荷をもつ

・α線，β線，γ線を比較した場合の特徴

カ　電離作用が最も強い　　キ　透過力が最も大きい

(2) 炭素の同位体 $^{14}_{6}C$ は不安定であり，崩壊して窒素に変わる。逆に，大気中では窒素の原子核に，宇宙線によって生じた中性子が衝突して，$^{14}_{6}C$ が生成される。そのため，大気中の二酸化炭素に含まれる $^{14}_{6}C$ の割合は一定に保たれている。したがって光合成をしている植物の $^{14}_{6}C$ 含有率も大気と同様に一定である。植物が生命活動を終えると $^{14}_{6}C$ が取り込まれなくなり，その含有率が減っていく。このことから，古い木片などからこの $^{14}_{6}C$ 含有率を測定することで植物が生存していた時代を推定することができる。次の各問いに答えなさい。ただし，$^{14}_{6}C$ の半減期を 5.7×10^3 年とし，$\log_{10}2 = 0.301$，$\log_{10}3 = 0.477$ とする。

(i) 1.71×10^4 年前に生存していたと推定される植物の古い木片の $^{14}_{6}C$ 含有量は，生存する植物における $^{14}_{6}C$ 含有量の何倍になっていると推定されるか，答えなさい。

(ii) ある遺跡から発見された植物の古い木片の $^{14}_{6}C$ 含有量が，生存する植物における $^{14}_{6}C$ 含有量の $\dfrac{2}{3}$ であった場合，この植物が生存していたのは何年前と推定されるか，有効数字2桁で答えなさい。

(3) 放射性崩壊の半減期を調べるためサイコロを使ってモデル実験を行った。300個のサイコロを準備し，それぞれを放射性同位体とみなす。すべてのサイコロを同時に振って，1の目が出たサイコロは放射性崩壊を起こしたとして取り除き，残ったサイコロの個数を記

録する。以後，残ったサイコロを振って1の目が出たサイコロを取
り除く作業を繰り返す。サイコロを振った回数t〔回〕と崩壊せずに
残っているサイコロの数N〔個〕を表に記録した。この実験結果を
グラフにしたものとして最も適するものを，以下の選択肢から1つ
選び，記号で答えなさい。ただし，グラフは最初と最後の点しかプ
ロットしていない。

表

回数 t	0	・・・	15
サイコロ の数 N	300	・・・	19

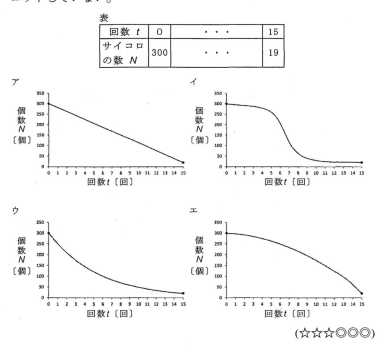

(☆☆☆◎◎◎)

【化学】

【1】次の各問いに答えなさい。

(1) 次の文は，「高等学校学習指導要領(平成30年告示) 第2章 各学
科に共通する各教科 第5節 理科 第1款 目標」の一部である。
文中の( )に当てはまる語句を答えなさい。

> (1)　自然の事物・現象についての(①)を深め，科学的に探究するために必要な観察，実験などに関する(②)を身に付けるようにする。

(2)　「高等学校学習指導要領(平成30年告示)解説　理科編　理数編　第1部　理科編　第1章　総説　第4節　理科の科目編成　2　科目の編成」に示されている理科の科目数を答えなさい。

(3)　「高等学校学習指導要領(平成30年告示)解説　理科編　理数編　第1部　理科編　第3章　各科目にわたる指導計画の作成と内容の取扱い　2　内容の取扱いに当たっての配慮事項　(2)　生命の尊重と自然環境の保全」によると，環境問題や科学技術の進歩と人間生活に関わる内容等については，あることの重要性も踏まえながら，科学的な見地から取り扱うこととされている。あることとは何か，答えなさい。

(4)　次の文は，「高等学校学習指導要領(平成30年告示)解説　理科編　理数編　第1部　理科編　第3章　各科目にわたる指導計画の作成と内容の取扱い　2　内容の取扱いに当たっての配慮事項」の中の一部を抜粋したものである。文中の(　)に当てはまる語句を答えなさい。

> (4)　体験的な学習活動の充実
>
> > (4)　観察，実験，野外観察などの体験的な学習活動を充実させること。また，環境整備に十分配慮すること。
>
> 　体験的な学習は，主体的に学習に取り組む態度を育成するとともに，学ぶことの(①)や成就感を体得させる上で有効である。このような学習の意義を踏まえ，理科において，観察，実験，野外観察などの体験的な学習に取り組めるようにすることが大切である。
>
> 　　　　　　　　　　　　　　　　(中略)

(5)　博物館や科学学習センターなどとの連携

> (5)　各科目の指導に当たっては，大学や研究機関，博物館や科学学習センターなどと積極的に連携，協力を図るようにすること。

　生徒の実感を伴った理解を図るために，それぞれの地域にある大学や研究機関，博物館，科学館，植物園，動物園，水族館などの施設を活用することが考えられる。これらは，科学技術の発展や地域の自然に関する豊富な情報や資料を有しており，専門的な説明を受けたり，実物に触れたりすることも可能である。これらの活用を(　②　)に位置付けることは生徒が学習活動を進める上で効果的である。

(5)　次の文は，「高等学校学習指導要領(平成30年告示)　第2章　各学科に共通する各教科　第5節　理科　第5　化学」の中の一部を抜粋したものである。文中の(　　)に当てはまる語句を答えなさい。

> 1　目標
> 　化学的な事物・現象に関わり，理科の(　①　)を働かせ，(　②　)をもって観察，実験を行うことなどを通して，化学的な事物・現象を科学的に探究するために必要な資質・能力を次のとおり育成することを目指す。

(☆☆◎◎◎)

【2】次の各問いに答えなさい。

(1)　次の図は，炭酸ナトリウムの工業的製法を表したものである。以下の各問いに答えなさい。
　　ただし，原子量は，H　1.0　C　12　N　14　O　16　Na　23　Cl　35.5　Ca　40とする。

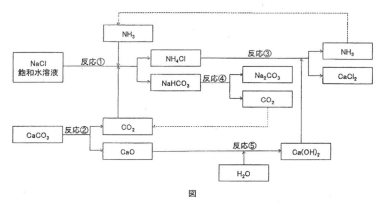

図

ア　炭酸ナトリウムの工業的製法の名称を答えなさい。

イ　図の反応①～⑤の全反応をまとめて，一つの化学反応式で答えなさい。

ウ　図の工業的製法において，塩化ナトリウム117kgを飽和させた食塩水を用いて反応させたところ，飽和食塩水中の塩化ナトリウムのうち，60％だけが反応した。このとき生成する炭酸ナトリウム無水物は，理論上何kgか。有効数字2桁で答えなさい。

エ　生成した炭酸ナトリウムの一部を水に溶かし，再結晶させると無色透明な炭酸ナトリウム十水和物が14.3g得られた。この結晶を空気中に放置すると，水和水の一部が失われ白色粉末になり，その質量を測定すると6.2gであった。この現象の名称と，白色粉末の化学式を答えなさい。

オ　炭酸水素ナトリウムの水溶液中における液性を示すイオン反応式を答えなさい。

(2)　次の文章を読み，以下の各問いに答えなさい。

コンピュータ部品や太陽電池などに欠かせないケイ素は，ダイヤモンドと同じ結晶構造をもつ。ダイヤモンドとは異なり，天然には酸化物の形で存在するので，炭素を用いて還元して単体をつくる。

二酸化ケイ素は自然界には，おもに石英として存在する。石英の透明な結晶を水晶といい，砂状のものをケイ砂という。SiとOの結

合は非常に強く，結晶が三次元の網目構造をしているため，二酸化ケイ素の結晶は硬い。融点は1550℃と高く，融解後冷却すると結晶構造をもたない石英ガラスとなる。

　　①二酸化ケイ素は，水や，塩酸などの強酸にも溶けない安定な化合物であるが，フッ化水素酸とは反応する。また，酸性酸化物であるので，塩基や炭酸ナトリウムと加熱すると塩を生じる。この塩に水を加えて加熱すると粘性の大きな(　　　)が得られる。これに②塩酸を加えると，弱酸であるケイ酸が白色ゲル状で生成する。このケイ酸を加熱・脱水したものがシリカゲルである。

ア　下線部①の反応を，化学反応式で答えなさい。
イ　文中の(　　　)に適する語句を答えなさい。
ウ　下線部②の反応を，化学反応式で答えなさい。

（☆☆☆◎◎◎）

【3】次の各問いに答えなさい。
(1)　次の図は，物質Aからアゾ化合物への反応経路図である。以下の各問いに答えなさい。

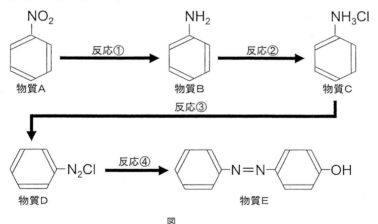

図

ア　物質Bに関する記述のうち，誤りを含むものを次の選択肢の中

　　　　から2つ選び，記号で答えなさい。

　　　a　水に溶けにくい。

　　　b　物質Aの酸化により生成される。

　　　c　塩化鉄(Ⅲ)水溶液により，紫色の呈色反応を示す。

　　　d　特有の臭気をもつ無色の油状物質である。

　　　e　塩基性で塩酸と容易に反応する。

　イ　反応③は，物質Cに「ある物質」を加え，低温(0〜5℃)で反応
　　させたものである。「ある物質」とは何か，化学式を答えなさい。

　ウ　物質Dは，温度が上昇すると加水分解される。このときの化学
　　反応式を答えなさい。

　エ　反応④で，物質Dに作用させた物質の名称を答えなさい。

(2)　次の文章を読み，以下の各問いに答えなさい。

　　ただし，原子量は，H　1.0　C　12　O　16とする。

　　油脂は，グリセリンとさまざまな高級脂肪酸からなるエステルの
混合物で，動植物に含まれている。油脂は，構成する脂肪酸の割合
によって性質が異なり，室温で固体の油脂を脂肪といい，液体の油
脂を(　①　)という。

　　けん化価とは，1gの油脂をけん化するのに必要な水酸化カリウム
KOH(式量56)の質量(mg 単位)であり，構成される脂肪酸の炭素数の
大小を知ることができる。

　　不飽和脂肪酸を多く含む油脂は液体の場合が多いが，触媒を用い
て水素を付加させると，飽和脂肪酸で構成される固体の油脂に変化
する。このようにつくられた油脂を(　②　)という。

　ア　文中の(　)に適する語句をそれぞれ答えなさい。

　イ　ある油脂は，高級脂肪酸X(炭素数18)：高級脂肪酸Y(炭素数
　　18)＝1：2で構成されている。また，高級脂肪酸X，Yそれぞれ
　　1molに水素を付加させたところ，Xには水素1mol，Yには水素
　　2molが付加した。ただし，水素は炭素間二重結合のみに付加した
　　ものとする。このような油脂のうち，鏡像異性体をもつ油脂の構
　　造式を，【構造式の例】を参考にして，答えなさい。

【構造式の例】

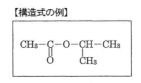

ウ　イの油脂のけん化価を，整数値で答えなさい。

(☆☆☆◎◎◎)

【4】次の各問いに答えなさい。

(1)　以下の図1は，濃度の異なる2種類の水溶液についての実験装置である。次の文章を読み，あとの各問いに答えなさい。

　　容器Aに，硫酸ナトリウム5.68gと水100gを入れて溶解させ，容器Bに，塩化バリウム5.20gと水100gを入れて溶解させた。その後，容器Aと容器Bを，図1のような実験装置に入れ，まず連結コックを閉じた状態で放置した。次に連結コックを開くと，水蒸気の移動が始まった。そして長時間放置して平衡に到達させた。

　　ただし，両水溶液は希薄であり，溶けている化合物の電離度は1とし，密閉した容器内の気体が存在する部分での水の質量は無視できるものとする。

　　また，原子量は，O　16　Na　23　S　32　Cl　35.5　Ba　137とする。

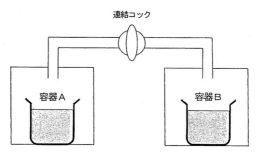

図1

ア　溶解直後の硫酸ナトリウム水溶液，および塩化バリウム水溶液

　　の質量モル濃度はそれぞれ何mol/kgか，有効数字2桁で答えなさい。

　イ　連結コックを開いたときの水蒸気の移動する方向は，①：容器A→容器B，②：容器B→容器Aのどちらか，番号で答えなさい。また，その理由を答えなさい。

　ウ　長時間放置して平衡に達したときの容器Aに入っている溶液の質量は何g変化したか，「増加」，「減少」のいずれかに○を付して，有効数字2桁で答えなさい。

　　　　　　　　　　　（　　　）g（増加・減少）

(2)　次の文章を読み，あとの各問いに答えなさい。

　金属が水素と反応し金属水素化物を生成することは古くから知られていた。中でもチタンなどは，たやすく水素と反応し，金属結晶格子間に水素を吸蔵して金属化合物を生成する。図2は，水素を吸蔵できる金属の1つであるパラジウムの単位格子を示したものである。

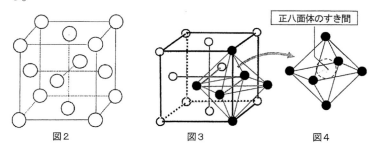

図2　　　　　　　　図3　　　　　　　　図4

　ア　図2の単位格子の名称を答えなさい。

　イ　図2の単位格子の中に存在するパラジウム原子は何個か，答えなさい。

　ウ　図4のように，周囲を6つの原子に取り囲まれたすき間を「正八面体のすき間」とよぶ。この正八面体のすき間に1個の球体が入ることができるとすると，図3の単位格子の中に入ることができる球体は何個か，答えなさい。

　エ　パラジウムは，水素を結晶表面で水素原子に変換し，ウの正八

面体のすき間(図4)に選択的に収容する。また，正八面体のすき間に水素原子は最大1個収容できる。ある温度と圧力の条件で，気体状態の水素がパラジウムの結晶に収容されたとする。パラジウム1.0cm³を十分な量の水素に接触させたとき，水素原子を収容した正八面体のすき間の数は，結晶中に含まれる正八面体のすき間の71%であった。1.0cm³のパラジウムの結晶中に吸蔵された水素の質量は何gか，有効数字2桁で答えなさい。

ただし，パラジウムの体積は，水素が吸蔵されても変化しないものとする。

また，原子量は，H　1.0　Pd　106，パラジウムの結晶密度は12.0g/cm³とする。

(☆☆☆◎◎◎)

【5】次の各問いに答えなさい。

(1) 次の文章を読み，以下の各問いに答えなさい。

松脂が固まったものや漆などを天然樹脂という。一方，合成高分子化合物を主成分とし，さまざまな形に成形できる材料を合成樹脂またはプラスチックという。長い鎖状の分子構造の合成高分子化合物は軟化点をもち，加熱すると軟らかくなり変形し，冷却すると，再び硬くなる。このような合成樹脂を(①)といい，機械的強度や耐熱性に劣るが，熱と圧力によって成形・加工はしやすいため，いろいろな用途に用いられている。

また，加熱によって硬化し，再び軟らかくならない性質をもつ合成樹脂を(②)といい，立体網目構造の高分子で，機械的強度，耐熱性には富むが，一度硬化したものは成形・加工はできない。

ア　文中の(　)に適する語句をそれぞれ答えなさい。

イ　次の選択肢から，アの①，②に該当する物質をすべて選び，記号で答えなさい。

(a)　ポリエチレン　　　　　(b)　尿素樹脂

(c)　ポリメタクリル酸メチル　(d)　メラミン樹脂

ウ　フェノールとホルムアルデヒドを，酸を触媒として高温・高圧下で付加縮合させると，フェノール分子と縮合して$-CH_2-$が生じ，連続的に重合が進行し，立体網目構造をもつフェノール樹脂が得られる。フェノール樹脂の模式的な部分構造を図1に示す。図1において，フェノール0.50molと反応するホルムアルデヒドは何molか。有効数字2桁で答えなさい。

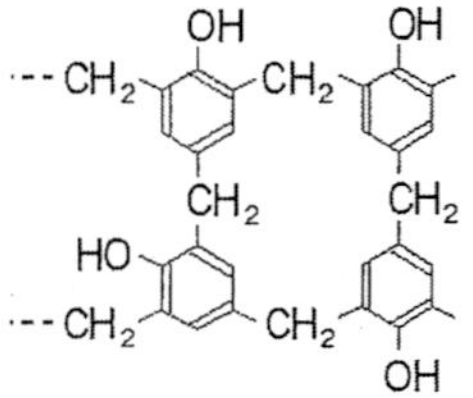

図1

(2)　次の文章を読み，あとの各問いに答えなさい。

糖類は，カルボニル基をもつ多価アルコールで，一般式$C_nH_{2m}O_m$で表される化合物である。糖類のうち，それ以上小さな化合物に加水分解できないものを，単糖という。2個の単糖類が脱水して縮合したものを二糖，多数の単糖類が脱水して縮合して連なったものを多糖という。

単糖類の一つにグルコースがある(図2)。グルコース2分子を脱水して縮合させると，二糖類であるマルトースが生成する。また，多数のグルコースが脱水して縮合して連なった多糖類として，デンプンやセルロースが存在する。デンプンには，構造の違いで，アミロースとアミロペクチンが存在する。植物の細胞壁の主成分であるセルロースは，1つのグルコース構造単位の中にヒドロキシ基が3個あるので，$[C_6H_7O_2(OH)_3]_n$のように表すことがある。この3個のヒドロキシ基をさまざまに変化させて，有用な物質をつくり出している。

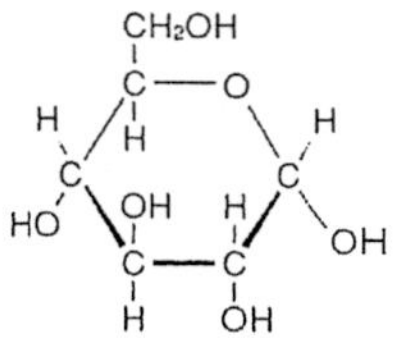

図2

ア　マルトースの構造式を，図2を参考にして，答えなさい。

イ　アミロースは，グルコースが脱水縮合し，鎖状に結合した構造をもつ。一方，アミロペクチンは，鎖状の構造に加えて，枝分れ構造を含んでいる。このとき，アミロペクチン内の枝分れの数を調べる方法としてメチル化がある。メチル化とは，グリコシド結合に関与しないヒドロキシ基の水素原子をメチル基に変化させる反応である。メチル化されていないヒドロキシ基を調べることで，グリコシド結合に使われているヒドロキシ基の数を特定できる。そこで，アミロペクチン分子中のヒドロキシ基をすべてメチル化して，$-OCH_3$に変えた後，希硫酸で加水分解したところ，$-OCH_3$の数が異なる3種類の化合物を得た。

　　これらの化合物を$-OCH_3$の数が多いものからA，B，Cとするとき，それぞれ1分子中に存在する$-OCH_3$の数を，答えなさい。

ウ　セルロースについて，濃硝酸と濃硫酸を作用させると，ヒドロキシ基の一部がエステル化されたニトロセルロースを生じる。いま，セルロース16.2gからニトロセルロース20.7gが得られた。このセルロース分子中のヒドロキシ基でエステル化されたものは，ヒドロキシ基全体の何％にあたるか，整数値で答えなさい。

　　ただし，原子量は，H　1.0　　C　12　　N　14　　O　16とする。

(☆☆☆◎◎◎)

【生物】

【1】次の各問いに答えなさい。

(1)　次の文は，「高等学校学習指導要領(平成30年告示)　第2章　各学

科に共通する各教科　第5節　理科　第1款　目標」の一部である。
文中の(　　)に当てはまる語句を答えなさい。

> (1)　自然の事物・現象についての(　①　)を深め，科学的に
> 探究するために必要な観察，実験などに関する(　②　)を
> 身に付けるようにする。

(2)　「高等学校学習指導要領(平成30年告示)解説　理科編　理数編　第
1部　理科編　第1章　総説　第4節　理科の科目編成　2　科目の編
成」に示されている理科の科目数を答えなさい。

(3)　「高等学校学習指導要領(平成30年告示)解説　理科編　理数編　第
1部　理科編　第3章　各科目にわたる指導計画の作成と内容の取扱
い　2　内容の取扱いに当たっての配慮事項　(2)　生命の尊重と自
然環境の保全」によると，環境問題や科学技術の進歩と人間生活に
関わる内容等については，あることの重要性も踏まえながら，科学
的な見地から取り扱うこととされている。あることとは何か，答え
なさい。

(4)　次の文は，「高等学校学習指導要領(平成30年告示)解説　理科編　理
数編　第1部　理科編　第2章　理科の各科目　第6節　生物基礎　1
性格」の一部である。文中の(　　)に当てはまる語句を答えなさい。

> 「生物基礎」は，このような特徴をもった科目であるので，
> 生徒に身の回りの事物・現象に関心をもたせ，主体的に関わ
> らせる中で，科学的に探究するために必要な資質・能力を育
> 成することが大切である。そのため，季節や(　　)の実態など
> に応じて素材としての生物を選び，生物や生物現象に対する
> 興味・関心を高めさせるように配慮することが必要である。

(5)　「高等学校学習指導要領(平成30年告示)　第2章　各学科に共通す
る各教科　第5節　理科　第2款　各科目　第7　生物　2　内容」に
は「生物」を構成する大項目が記載されている。「生物」を構成す
る5つの大項目を次の選択肢からすべて選び，記号で答えなさい。

ア　生態と環境　　　　イ　生物の多様性と生態系
ウ　生物の進化　　　　エ　ヒトの体の調節
オ　生命現象と物質　　カ　生物の特徴
キ　遺伝情報の発現と発生　　ク　生物の環境応答

(☆☆◎◎◎)

【2】細胞と酵素反応に関して，あとの各問いに答えなさい。

Ⅰ　細胞小器官の構造と機能を調べるため，次の実験を行った。

　ある緑色植物の組織片を細かく刻み，等張なスクロース溶液を加え，低温下でホモジェナイザーを用いてすりつぶし，細胞破砕液を作った。次に操作1～4を行い，分画A～Eを得た(文中のgは重力加速度の大きさを表す)。

＜操作1＞懸濁液を500gで10分，超遠心分離機にかけると，遺伝情報を担うDNAが収められている細胞小器官の沈殿(分画A)と上澄みが得られた。

＜操作2＞操作1で得た上澄みを3000gで10分，超遠心分離機にかけると，緑色の細胞小器官の沈殿(分画B)と上澄みが得られた。

＜操作3＞操作2で得た上澄みを8000gで20分，超遠心分離機にかけると，細胞内の呼吸の場である細胞小器官の沈殿(分画C)と上澄みが得られた。

＜操作4＞操作3で得た上澄みを10万gで60分，超遠心分離機にかけると，電子顕微鏡ではじめて確認できる粒状の細胞小器官を含む沈殿(分画D)と上澄み(分画E)が得られた。

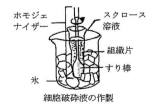

細胞破砕液の作製

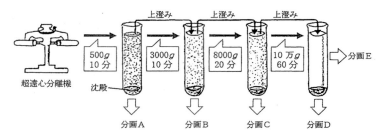

(1)　細胞を適当な条件で破砕し，超遠心分離機を用いて，大きさや密度の違いにより細胞小器官を分離する方法を何というか，答えなさい。

(2)　上記の下線部にあるように，加えるスクロース溶液が等張でなければならない理由について説明しなさい。

(3)　分画A，B，C，Dに含まれている細胞小器官は何か。それぞれの名称を答えなさい。

(4)　分画Eにグルコースを加えると，呼吸に関わる反応によりある有機物が生成されると予想される。その物質名を答えなさい。

Ⅱ　酵素反応に関する文章を読んで，後の各問いに答えなさい。

　図1のように，酵素は基質特異性を示すが，基質とよく似た構造の阻害物質が存在すると，この阻害物質と基質との間で酵素の活性部位を奪い合う。このような阻害物質による酵素反応の阻害を（　①　）という。

　図2は（　①　）における酵素反応速度と基質濃度についての関係を示したものである。基質濃度が高くなるにつれ，酵素と阻害物質が結合する割合が（　②　）し，阻害作用は（　③　）なる。

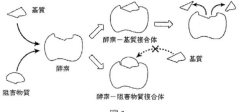

図1

182

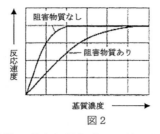

図2

　図3のように，多数の酵素が関与する一連の反応では，最終産物が初期の反応に作用する酵素Aの活性を抑制し，反応全体の進行を調節することがある。これを(④)阻害という。(④)阻害には(⑤)が関係している場合が多く，(⑤)は調節に関わる物質が結合する(⑥)を，活性部位とは異なる部分にもつ。(⑥)に合致する物質が結合すると活性部位の立体構造が変化して，酵素活性が影響を受ける。

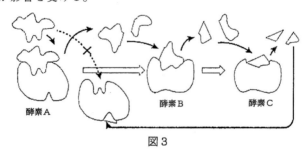

図3

(1)　文中の( )に当てはまる語句を答えなさい。ただし，同じ番号の( )には同じ語句が入るものとする。

(2)　図2の酵素反応速度と基質濃度の関係のグラフを見ると，阻害物質なし・ありともに基質濃度が一定値を超えると反応速度が一定になっている。この理由について，30字以内で答えなさい。ただし，酵素濃度は一定とする。

(3)　酵素の主成分はタンパク質である。タンパク質は特定の立体構造をもつことで，その機能を発揮することができる。しかしながら，立体構造が変化すると性質や機能も変化する。これをタンパ

　　ク質の変性というが，この変性を引き起こす要因を3つ答えなさい。

　　　　　　　　　　　　　　　　　　　　　　　　　　　　(☆☆◎◎◎)

【3】光合成に関する各文章を読んで，以下の各問いに答えなさい。
　Ⅰ　植物の葉に含まれる光合成色素の種類を調べるために，シロツメ
　　クサの葉を使って，次のような準備で実験を行った。
　　【準備】
　　　シロツメクサの葉，乳鉢と乳棒，粉末シリカゲル，全長12cm・幅
　　3cmの薄層クロマトグラフィー用プラスチックシート(TLCシート)，
　　試験管，ゴム栓，ガラス毛細管，エタノール，展開液(石油エーテ
　　ル：アセトン＝7：3(体積比)の混合液)
　(1)　次の【実験手順】①～④を正しい順に並べ替えたものとして最も
　　適当なものを，以下の選択肢から選び，記号で答えなさい。
　　【実験手順】
　　①　展開液がTLCシートの上端より1.5cmに達したところでシート
　　　を取り出し，上昇した展開液の上端と分離した各色素の輪郭を鉛
　　　筆でなぞった。
　　②　つけた抽出液が十分乾いてから，5mmほどの深さに展開液を入
　　　れた試験管の中に下部が浸るように入れ，密栓をして静置した。
　　③　シロツメクサの葉を小さくちぎって乳鉢に入れて少量の粉末シ
　　　リカゲルを加えてすりつぶし，エタノールを加えて抽出液を作っ
　　　た。
　　④　TLCシートの下から2cmのところに鉛筆で水平に線を引き，抽
　　　出液をガラス毛細管でとり，線上の1点に抽出液をつけた。乾い
　　　たら再び抽出液をつけ，このような操作を5～10回ほど繰り返し
　　　た。
　　ア　③→①→④→②　　イ　③→②→①→④　　ウ　④→③→②→①
　　エ　③→④→②→①　　オ　④→①→③→②　　カ　④→②→③→①
　(2)　シロツメクサの光合成色素は図1のように分離した。表1は，この

実験で得られたシロツメクサの葉に含まれる色素のうち，一部の色素の色とRf値を示したものである。原点から4cmの位置に見られた色素について，表1の中から最も適する色素名を選び，名称を答えなさい。

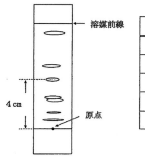

図1

色素名	色	Rf 値
クロロフィルa	青緑	0.47
クロロフィルb	黄緑	0.42
カロテン	橙	0.90
ルテイン	黄	0.39
ネオキサンチン	黄	0.17

表1

(3) 葉緑体は，光合成を行うシアノバクテリアに構造と機能の点でよく似ている。このことから，葉緑体はシアノバクテリアが別の宿主細胞に取りこまれて共生するうちに細胞小器官になったと考えられている。この考えが提唱された根拠として考えられることを簡潔に2つ答えなさい。

Ⅱ C₃植物の光合成の反応は，葉緑体のチラコイドで起こる反応と，ストロマで起こる反応に分けられる。チラコイド膜上での反応には光化学系Ⅰ，光化学系Ⅱとよばれる光エネルギーを吸収する2種類の反応系がある。

光化学系の反応中心のクロロフィルがエネルギーを受け取ると，反応中心から電子の受容体に電子が渡される。光化学系Ⅱでは，電子を失った反応中心のクロロフィルは，（ ① ）の分解によって生じた電子を受け取って，還元された状態にもどる。そのとき，酸素が発生する。

（ ① ）の分解によって生じた電子が，電子伝達系を通ると，水素イオンがストロマ側からチラコイドの内側へ輸送される。チラコイドの内側に輸送された水素イオンは，その濃度勾配が大きくなる

と，チラコイド膜にあるATP合成酵素を通ってストロマ側にもどる。このとき，ATP合成酵素によってATPが合成される。これを光リン酸化という。

光化学系Ⅰでは，電子の受容体に渡された電子は補酵素に渡り，（　②　）が生成される。電子を失った光化学系Ⅰの反応中心のクロロフィルは，光化学系Ⅱから流れてくる電子を受け取って還元された状態にもどる。

光リン酸化のしくみは，ミトコンドリアで<u>酸化的リン酸化によってATPが合成されるのと同じようなしくみであり，呼吸や光合成にはたらく電子の伝達物質やATP合成酵素も，両者でよく似ている。</u>

葉緑体のストロマの部分では，チラコイド膜でつくられたATPと（　②　）を用いて，（　③　）を還元して有機物を合成する反応が起こる。この反応はカルビン・ベンソン回路とよばれる。

(1) 文中の（　）に当てはまる語句の組み合わせとして正しいものを，次の選択肢から選び，記号で答えなさい。ただし，同じ番号の（　）には同じ語句が入るものとする。

	①	②	③
ア	O_2	NADPH	H_2O
イ	CO_2	NADH	H_2
ウ	H_2O	NADPH	CO_2
エ	O_2	NADH	H_2O
オ	CO_2	NADPH	H_2
カ	H_2O	NADH	CO_2

(2) 文中の下線部について，呼吸や光合成でよく似ている一方で，大きく異なる点もみられる。呼吸において，①電子伝達系に電子を渡して酸化される分子を2つ，②電子伝達系の終わりに電子を受け取り還元される分子を1つ，それぞれの名称を答えなさい。

Ⅲ　カルビン・ベンソン回路を調べるために，放射性同位元素を用いた次のトレーサー実験を行った。

＜実験1＞緑藻に1％$^{14}CO_2$を10分間与えて光合成をさせると，中間産

物であるPGAとRuBPに^{14}Cが含まれるようになった。ここで，$^{14}CO_2$濃度を1％から0.003％に低下させると，次図のように，最初の約60秒間，PGAが減少し，RuBPが増加した。

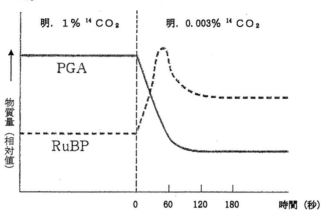

<実験2>実験1と同様に1％$^{14}CO_2$を10分間与えて光合成をさせた後，急に光を遮断した。

(1) <実験2>の結果はどのように推測されるか。【実験結果】を説明した次の文中の(　　)に当てはまる語句の組み合わせとして正しいものを，以下の選択肢から選び，記号で答えなさい。

【実験結果】
　<実験1>と同様に$^{14}CO_2$を10分間与えて光合成をさせた後，急に光を遮断すると一時的にPGAが(　①　)し，RuBPが(　②　)した。

	①	②
ア	増加	増加
イ	増加	減少
ウ	減少	増加
エ	減少	減少

(2)　熱帯原産のトウモロコシやサトウキビなどは，カルビン・ベンソン回路のほかに，CO_2を効率よく固定する反応系をもっている。トウモロコシやサトウキビなどでは，CO_2はC_3化合物と反応して，C_4化合物に変えられる。そのC_4化合物からCO_2を取り出して，カルビン・ベンソン回路で有機物に変えられる。CO_2をいったんC_4化合物とする利点について，40字以内で答えなさい。

(☆☆☆◎◎◎◎)

【4】筋肉に関する各文章を読んで，以下の各問いに答えなさい。

I　骨格筋は，筋繊維と呼ばれる細長い細胞が束状に集まったもので，腱によって骨とつながっている。筋繊維の中には，多数の細長い（　①　）が存在する。（　①　）は，細いアクチンフィラメントと太いミオシンフィラメントから構成されている。アクチンフィラメントとミオシンフィラメントは，それぞれアクチンとミオシンが連結して構成された繊維である。

　ミオシンフィラメントの上には突起が並んでいて，この部分が（　②　）を繰り返し分解しながら，アクチンフィラメントと相互作用することで，フィラメントの間の滑り運動が引き起こされ，筋収縮が起こる。

(1)　文中の(　)に当てはまる語句を答えなさい。ただし，同じ番号の(　)には同じ語句が入るものとする。

(2)　筋収縮が起こるとき，筋小胞体から放出されて，アクチンとミオシンのフィラメントの結合を可能にするイオンの名称を答えなさい。

(3)　滑り運動において，ミオシンフィラメントをつくるミオシンの頭部はアクチンフィラメント上を移動する。このような動きをするタンパク質を答えなさい。

(4)　図1は，筋節の長さと筋肉に発生する張力との関係を調べたもので，張力は2種類のフィラメントが重なり合った部分の長さに比例して増大するが，筋節の長さが，2.0～2.2 μmの範囲では2種類のフィラメントが重なり合っても張力には変化はない。筋節長が3.75 μ

mのときの張力は0であった。また，アクチンフィラメントが互いに重なり合うと張力は減少する。この図をもとにして，①ミオシンと②アクチンのフィラメントの長さをそれぞれ答えなさい。

ただし，Z膜の幅はないものとする。

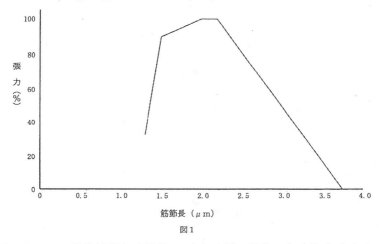

図1

Ⅱ　カエルの座骨神経とひ腹筋(ふくらはぎの部分にある筋肉)からなる神経筋標本を作った。この標本では，座骨神経もひ腹筋もたくさんの細胞の集まりである。また，ここでは，座骨神経中には中枢から末梢に向かい情報を伝える遠心性の運動ニューロンのみが含まれるものとする。

図2のように，座骨神経の2カ所(A，B)と，ひ腹筋の2カ所(C，D)にそれぞれ金属製の電極をおいた。これらの電極に，電気刺激装置をつなげば神経や筋を電気刺激でき，電位記録用の装置をつなげば神経や筋の表面の電位変化を記録できる。電気刺激と電位記録の場所を様々に変えて実験を行った。

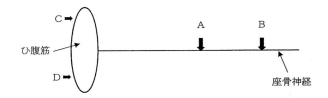

図2

(1)　座骨神経上のAの位置に電気刺激を与えて筋収縮が生じたとき，B，C，Dでは活動電位が記録されたか。活動電位が記録された場合は○を，記録されなかった場合は×をそれぞれ答えなさい。

(2)　ひ腹筋のDの位置に電気刺激を与えて筋収縮が生じたとき，A，B，Cでは活動電位が記録されたか。活動電位が記録された場合は○を，記録されなかった場合は×をそれぞれ答えなさい。

(3)　図2において，運動ニューロンの，筋肉との神経筋接合部から74mm離れたA点に電気刺激を与えたところ，筋肉は6.0ミリ秒後に収縮した。また，114mm離れたB点に電気刺激を与えたところ，筋肉は6.8ミリ秒後に収縮した。

①　この神経の興奮の伝導速度(m/秒)を答えなさい。

②　興奮が運動ニューロン末端に到着してから筋肉が収縮するまでに要する時間(ミリ秒)を答えなさい。

(4)　次の文章は，ひ腹筋のCの位置に強さの異なる電気刺激を与えたとき，刺激の強さと筋収縮の大きさの関係を説明したものである。(　)に当てはまる語句を答えなさい。

> 　筋肉は(　①　)の異なる筋繊維からなり，(　②　)の法則に従い活動電位を発生するので，刺激を強くすると徐々に収縮する筋繊維が増加し，筋収縮は大きくなり，すべての筋繊維が収縮すると筋収縮は一定になる。

(☆☆☆◎◎◎◎)

【5】生物の集団に関する各文章を読んで，以下の各問いに答えなさい。

Ⅰ 集団における遺伝子構成を調べる場合，集団内での遺伝子頻度や遺伝子型頻度の変化を扱う集団遺伝学の理論が有効である。この際の基礎となる理論がハーディー・ワインベルグの法則である。この法則は生物集団において，次の条件の下で成立する。

> ・きわめて(　①　)の同種の個体からなる。
> ・集団内に(　②　)が起こらない。
> ・他の集団との間で個体の(　③　)が起こらない。
> ・個体によって生存力や繁殖力に差がない。
> ・すべての個体が自由に交配して子孫を残す。

上記5つの条件を満たしたキイロショウジョウバエの集団において，雄については，白眼個体の割合が9％で，残りの91％は赤眼であった。この形質を支配する遺伝子はX染色体上にあり，赤眼遺伝子は白眼遺伝子に対して顕性(優性)である。

(1) 文中の(　)に当てはまる語句を答えなさい。

(2) 赤眼遺伝子の頻度をp，白眼遺伝子の頻度をqとする。白眼遺伝子の遺伝子頻度qを答えなさい。ただし，$p+q=1$とする。

(3) 雌のうち白眼個体の割合は何％か答えなさい。

(4) 雌のうち白眼遺伝子をもっている赤眼個体の割合は何％か。四捨五入して小数第一位まで答えなさい。

(5) 雌雄を含めた全個体における赤眼個体の割合は何％か。四捨五入して小数第一位まで答えなさい。

Ⅱ 交配可能な集団がもつ遺伝子全体を(　)と呼ぶが，実際には様々な要因で集団内での遺伝子頻度は変化する。対立遺伝子には，生存に対し有利なものや不利なものだけでなく，有利でも不利でもなく，自然選択に対して中立なものもある。このような遺伝子の場合，次世代に受け継がれる遺伝子は無作為に選ばれ，受け継がれる遺伝子の数も限られるため，①遺伝子頻度は偶然によって変動する。DNAの塩基配列やタンパク質のアミノ酸に変化が生じても，多くの

場合，自然選択に対して中立である。また，形質に変化が現れたとしても自然選択を受けない場合がある。②これらのような変異は，遺伝子頻度が偶然によって変動することにより集団内に広まっていく。こういった遺伝子頻度の変化の影響は集団が小さいほど大きくなる。大きな災害や移動などによって大きな集団から小さな集団が新たに形成される場合，③これらの集団の遺伝子頻度がもとの集団から大きく変化することがある。

(1)　文中の(　　)に当てはまる語句を答えなさい。

(2)　下線部①のように，集団内の遺伝子頻度が偶然に左右されて変化することを何というか，答えなさい。

(3)　下線部②のような進化を何というか，答えなさい。

(4)　下線部③のように，小集団化による遺伝子頻度の変化を何というか，答えなさい。

(☆☆☆◎◎◎◎)

解答・解説

中　学　理　科

【1】(1)　①　見方・考え方　　②　見通し　　③　理解　　④　技能

(2)　①　問題を見いだす　　②　分析して解釈する　　③　振り返る

(3)　①　持続可能な社会　　②　科学的な根拠

〈解説〉「目標」に関する内容は頻出であり，学習指導要領および同解説において，同様の語句は繰り返し使用されている。したがって，「目標」の文章はしっかりと覚えておきたい。なお，「目標」では中学校理科においてどのような資質・能力の育成を目指しているのかを示しており，目標(1)では「知識及び技能」，(2)では「思考力，判断力，表

現力等」，(3)では「学びに向かう力，人間性等」に対応している。

(2) 設問部は探究の学習過程の例であり，3年間を通して，問題を見いだす活動，問題を分析し解釈する活動，探究の過程を振り返る活動と各学年で異なった視点に重点を置くことで科学的に探究する力の育成を図っている。 (3) 学びに向かう力，人間性の一つとして，生徒一人一人には持続可能な社会の創り手となることが期待されており，そのために科学的な根拠に基づいて表現する方法，意思決定する態度を身につける必要があるとしている。

【2】中和してから多量の水で薄めながら流す

〈解説〉薬品の管理・廃棄は各関連法規に従って，安全を確認しながら行う必要がある。また，環境への影響や環境保全の点からも適切な処理を行う必要がある。酸やアルカリは，中和することでその危険性を失わせることができる。また，それでも生成した中和塩を高濃度のまま廃棄することは弊害があるため，多量の水で薄めることの必要性が述べられている。

【3】(1) ア，オ (2) 比較のために，調べようとすることがら以外の条件を同じにして行う実験 (3) $Ca(OH)_2 + CO_2 \rightarrow CaCO_3 + H_2O$
(4) イ

〈解説〉(1) 種子植物のうち，双子葉類であるアブラナとツツジが該当する。なお，イネとユリは単子葉類，イチョウは裸子植物である。
(2) 試験管AとBは光の有無，試験管BとCはタンポポの葉の有無による影響の違いを比較している。 (3) 石灰水は，水酸化カルシウムが主成分である。水酸化カルシウムと二酸化炭素が反応すると，炭酸カルシウムの白色沈殿が生じるが，これが石灰水を白く濁らせる原因である。 (4) タンポポの葉は，光の有無にかかわらず呼吸を行い，光が存在する場合のみ光合成を行う。試験管Aでは光が遮断されているため，タンポポの葉は呼吸のみを行っている。一方，試験管Bのタンポポの葉は光合成と呼吸の両方を行っている。

【４】(1)　突沸を防ぐため　　(2)　枝つきフラスコ　　(3)　イ

(4)　ウ

〈解説〉(1)　突沸とは液体試料が急激に沸騰する現象である。　(2)　丸底フラスコの首からガラス管が枝分かれしている物を枝つきフラスコという。図1では蒸留操作に必要な実験器具が示されている。

(3)　試料の温度がエタノールの沸点(78℃)よりも高くなり，グラフの傾きが変化している約6分後からエタノールの沸騰が始まったと考えられる。　(4)　エタノールの沸騰が始まったとき，水は蒸発しているので試験管Aにはエタノールだけでなく水も含まれていることになる。したがって，試験管Aに集めた液体の質量は，純粋なエタノールの質量0.79×5＝3.95〔g〕より大きく，混合物(30cm³の水＋20cm³のエタノール)の質量 $\left(1.00 \times 5 \times \dfrac{30}{50}\right) + \left(0.79 \times 5 \times \dfrac{20}{50}\right) = 4.58$ 〔g〕より小さいことになる。

【５】(1)　D　　(2)　形…同じ　　明るさ…暗い　　(3)　向き…上下左右逆向き　　大きさ…大きい　　(4)　名称…虚像　　記号…オ

〈解説〉(1)　イの位置は焦点距離の2倍の位置であり，そこに物体がある場合は像のできる位置も焦点距離の2倍の位置(Dの位置)である。また，物体と同じ大きさの像ができる。　(2)　凸レンズを通る光の量が半分になるため暗くなるが，物体のあらゆる点から出る光が凸レンズの下半分を通ってスクリーンへ像を結ぶので，像の形は凸レンズの上半分を隠す前と変わらない。　(3)　凸レンズと物体との距離が，焦点距離より大きく，焦点距離の2倍より小さいので，物体よりも大きな倒立実像ができる。　(4)　凸レンズと物体との距離が焦点距離よりも小さい場合(オの位置)，物体より大きな正立虚像ができる。

【６】(1)　①　あたためられた空気は，膨張して密度が小さくなるから。　②　温度…35.0〔℃〕　　理由…晴れた日は，地面の温度変化の方が海面の温度変化よりも大きいから。　③　温度計Bの液だめに直射日光が当たらないように，アルミニウムはくで覆う。　(2)　現象…フェ

ーン現象　　気温…約30〔℃〕

〈解説〉(1)　①　空気があたためられると膨張する(体積が増える)が，空気の質量は変わらないため密度は小さくなる。密度が小さいほど空気は上へ向かうため，上昇気流が発生する。　②　地面と海面では，地面の方があたためられやすく冷めやすい。したがって，1日の温度変化は地面の方が海面より大きくなる。よって，図2のグラフの破線が地面と考えられ，12時では35.0℃と読み取れる。　③　温度計Aの液だめは砂の中にあるため直射日光が当たらず温度を正確に測定できるが，温度計Bの液だめは水に入っており直射日光が当たってしまうので，温度計が温まると考えられる。　(2)　風上側では高度100mにつき気温が約0.5℃下がるので，2000m上昇すると約$10\left(=0.5\times\dfrac{2000}{100}\right)$〔℃〕下降する。したがって，山頂での気温は約10($=20-10$)〔℃〕となる。また，風下側では高度100mにつき気温が約1℃上昇するので，山頂と比べると約$20\left(=1\times\dfrac{2000}{100}\right)$〔℃〕上昇する。よって，風下側の山麓では気温は約30($=10+20$)〔℃〕となる。

【7】(1)　大きな電流が流れて，電流計が壊れないようにするため。

(2)　イ　　(3)　名称…整流子　　向き…a　　(4)　誘導電流

(5)　レンツの法則

〈解説〉(1)　解答参照。　(2)　フレミングの左手の法則を用いる。磁界は磁石のN極からS極の方へ向かう。　(3)　図3の回転子に電流が流れると，回転子の左側がN極，右側がS極となるので，同じ極同士が互いにしりぞけ合うため回転子の動く向きはaとなる。　(4),(5)　解答参照。

【8】(1)　色…白　　化学式…$BaSO_4$　　(2)　X線を通さない。

(3)　ア　　(4)　①　電流を流れやすくするため。　　②　青色のしみが陰極側に移動する。

〈解説〉(1)　希硫酸に水酸化バリウム水溶液を加えると，$H_2SO_4+Ba(OH)_2\rightarrow BaSO_4+2H_2O$という反応が起こり，硫酸バリウムの白色沈殿

が生じる。　　(2)　硫酸バリウムは，X線に対する高い吸収率を有し，水に不溶性で化学的に安定であるため，X線造影剤として使用されている。　　(3)　はじめは多くの水素イオンが存在したが，水酸化バリウム水溶液を加えると水酸化物イオンと反応するため減少し，15cm³以降では存在しない。　　(4)　①　電解質水溶液は溶液中のイオンによって電流が流しやすくなっている。　　②　塩化銅$CuCl_2$水溶液に電気を流すと，青色を呈する銅イオンCu^{2+}は陽イオンなので陰極側に移動し，無色の塩化物イオンCl^-は陰イオンなので陽極側に移動する。

【9】(1)　動き…年周運動　　原因…地球の公転　　(2)　方位…東　約3か月後　　(3)　D　　(4)　記号…B　　理由…オリオン座が太陽の方向にあり，昼間の空にあるため見ることができないから。
(5)　方位…北　　記号…ウ
〈解説〉(1)　地球は太陽の周りを公転しているため，地球の位置は年間を通して変化する。一方，星座の位置は変わらないため，毎月同じ日時に星座を見ていると位置が変化する。このような見かけ上の動きを年周運動という。　　(2)　同じ時刻の星座の位置は毎月30°ずつ，そして1時間に15°ずつ西に動いている。図1より，11月15日の0時には，オリオン座は東から60°南側にあることがわかる。11月14日の20時は，11月15日0時の4時間前なので，図1より60°だけ東側にあるはずなので，東の方角に見えることになる。また，別の日の同じ時間に真南で見るためには，90°西へ動く必要がある。星座は1ヶ月で30°西に動くので，約3か月後の20時に真南でオリオン座が観測できることになる。
(3)　日の出前にしし座を南の空で見るので，しし座が南にあると仮定したとき太陽が東に位置する必要があるので，これを満たすのはDの位置である。　　(4)　Bの位置から見ると，オリオン座は太陽と同じ方向にある。　　(5)　南半球では，北半球とは異なり太陽や星座は東から昇り北を通って西に沈む。(4)より，6月の地球の位置がBなので，12月15日の地球の位置はDとなる。この位置からは，北半球ではオリオン座は真夜中に南の方角に見えるが，南半球では北の方角に見えること

になる。また，星座の形も北半球と南半球では上下左右が逆向きに見える。

【10】(1)　ア，ウ，エ　　(2)　A→B→C　　(3)　酸素　　(4)　ア，エ
(5)　イ
〈解説〉(1)　一般に，水質調査は水の深さが30cm程度，流速が30〜40〔cm/s〕の場所が適しており，川の大きさは大きくても小さくてもよい。また，川底にはにぎりこぶしから頭の大きさ程度の石が多い川が適当である。　　(2)　表より，Aは水質階級ⅠとⅡ，BとCは水質階級ⅢとⅣにそれぞれ分類される指標動物が発見されている。水質階級Ⅳにおいて，CはBに比べより多くの種類の指標生物が発見されたことから，A，B，Cの3地点を水質階級Ⅰに近い順に並べると，A→B→Cとなる。(3)　活性汚泥法による水の浄化では，好気性細菌の呼吸を利用している。　　(4)　ミズヒマワリとホテイアオイは，海外から日本にわたり外来種となった生物種である。　　(5)　解答参照。

【11】(1)　①　理解　　②　生き方　　(2)　①　関連　　②　順序
(3)　①　主体的　　②　ねらい　　(4)　①　イ　　②　ア
〈解説〉(1)　道徳教育は学校の教育活動全体を通じて行う教育活動であり，「中学校学習指導要領(平成29年3月告示)」の「第1章　総則　第1　中学校教育の基本と教育課程の役割　2(2)」には，「道徳教育は，教育基本法及び学校教育法に定められた教育の根本精神に基づき，人間としての生き方を考え，主体的な判断の下に行動し，自立した人間として他者と共によりよく生きるための基盤となる道徳性を養うことを目標とする」と示されている。出題は，この目標に基づいて作成された道徳科の目標である。文中の「よりよく生きるための道徳性」，「道徳的諸価値」，「自己を見つめ」，「人間としての生き方」，「道徳的な判断力，心情，実践意欲と態度」などの文言については，学習指導要領及び同解説を相互参照しながら，その意図するところを理解しておきたい。　　(2)　「第3章　第1節　2(1)　関連的，発展的な取扱いの工夫

ア　関連性をもたせる」の項からの出題である。本項では「関連性を
もたせる」ことの重要性を提起し「内容項目を熟知した上で，各学校
の実態，特に生徒の実態に即して，生徒の人間的な成長をどのように
図り，どのように道徳性を養うかという観点から，幾つかの内容を関
連付けて指導することが考えられる」と解説している。また，語句と
しては示されていないが，幾つかの関連した内容などについて取り扱
う場合は，関連した内容の順序を十分に考慮する必要があることは言
うまでもない。本項には，「特別の教科道徳」を指導する上で重要な
内容が説明されている。十分に読みこなし，教師に求められる「授業
力」を身に付けておきたい。　(3)　本問については，「中学校学習指
導要領(平成29年3月告示)」の「第3章　特別の教科　道徳　第3　指導
計画の作成と内容の取扱い」の項を参照されたい。本項の「配慮事項」
では，「道徳性を養うことの意義について，生徒自らが考え，理解し，
主体的に学習に取り組むことができるようにすること」，「指導のねら
いに即して，問題解決的な学習，道徳的行為に関する体験的な学習を
適切に取り入れるなど，指導方法を工夫すること」と示されている。
本問で提示されている「問題解決的な指導の工夫」は，この配慮事項
を受けて作成されたものである。中学校学習指導要領では，指導の際
の配慮事項として「主体的に判断し実行」することの視点が，一層重
視されるようになっている。「多面的・多角的」という文言と併せ，
重要なキーワードとして理解しておくことが大切である。なお，「問
題解決的な学習」の指導には，教員としての「授業力」が必要とされ
る。早期からその力を付けていくことが必要である。　(4)　中学校学
習指導要領(平成29年告示)の「第3章　第3　指導計画の作成と内容の
取扱い」の項では，「道徳科における評価」について，「生徒の学習状
況や道徳性に係る成長の様子を継続的に把握し，指導に生かすよう努
める必要がある。ただし，数値などによる評価は行わないものとする」
と示されている。出題の「評価の基本的態度」は，これを受け，道徳
科の指導と評価に関して極めて重要で基本的な態度を説明したもので
ある。筆記試験だけでなく，面接試験においても問われることを想定

しながら，理解を深めておくことが大切である。

高 校 理 科

【共通問題】

【1】 (1)　0.78〔m〕　　(2)　0.2〔倍〕　　(3)　34〔個〕　　(4)　10^3〔倍〕
(5)　イ，ウ　　(6)　垂直分布　　(7)　先カンブリア時代　　(8)　プレートテクトニクス　　(9)　太陽系外縁天体

〈解説〉(1)　等加速度直線運動の式より，求める高さhは，$h=\frac{1}{2}\times9.8\times(0.40)^2 \fallingdotseq 0.78$〔m〕となる。　　(2)　コイルの巻き数の比は電圧の比に等しいので，二次コイルの巻き数は$\frac{100}{500}=0.2$〔倍〕にすればよい。
(3)　この中性原子に含まれる電子数は，$27+2=29$〔個〕となる。(電子数)＝(陽子数)，(陽子数)＋(中性子数)＝(質量数)なので，この原子1個に含まれる中性子数は，(質量数)－(電子数)＝$63-29=34$〔個〕となる。　　(4)　$pH=-\log_{10}[H^+]$より，pH＝1.0の水素イオン濃度$[H^+]_A$は$[H^+]_A=1.0\times10^{-1}$〔mol/L〕，pH＝4.0の水素イオン濃度$[H^+]_B$は$[H^+]_B=1.0\times10^{-4}$〔mol/L〕である。したがって，$\frac{[H^+]_A}{[H^+]_B}=\frac{1.0\times10^{-1}}{1.0\times10^{-4}}=10^3$〔倍〕となる。　　(5)　酵母菌(菌類)，アメーバ(原生生物)，オオカナダモ(植物)は真核生物である。　　(6)　垂直分布に対して，緯度に応じたバイオームの分布を水平分布という。　　(7)　5億4100万年前に，殻や骨などの硬組織をもつ生物の出現したカンブリア紀が始まる。それ以前は，先カンブリア時代といい，この時代の生物は硬組織をもたないため，化石が保存されておらず発掘量が少ないと考えられる。
(8)　プレートが沈み込む場所で地震や火山が多いこと，プレートの衝突する場所で大山脈が形成されることなどが説明できる。　　(9)　かつて太陽系の惑星に含まれていた冥王星は，現在では太陽系外縁天体に分類されている。

【物理】

【1】(1)　①　理解　　②　技能　　(2)　9科目　　(3)　持続可能な社会をつくること　　(4)　ア，オ，カ　　(5)　素朴な概念

〈解説〉(1)　目標(1)は育成する資質・能力のうち「知識及び技能」について示している。　　(2)　理科の科目は，「科学と人間生活」，「物理基礎」，「物理」，「化学基礎」，「化学」，「生物基礎」，「生物」，「地学基礎」，「地学」の9つである。　　(3)　生徒一人一人には持続可能な社会のつくり手となることが期待されており，そのための資質・能力を育てることは，理科に限らず各教科においても必要な配慮事項である。(4)　イ，ウ，エについては，「様々な物理現象とエネルギーの利用」の項目に含まれる。　　(5)　解答参照。

【2】(1)　①　$L\theta$　　②　$-\dfrac{mg}{L}x$　　③　復元力　　④　$\dfrac{mg}{L}$　　⑤　$2\pi\sqrt{\dfrac{L}{g}}$　　⑥　等時性　　(2)　イ　　(3)　(i)　$2\pi\sqrt{\dfrac{L}{g+a}}$　　(ii)　オ

〈解説〉(1)　弧度法より，$x=L\theta$ と表せるので，$\theta=\dfrac{x}{L}$ となる。これを $F=-mg\sin\theta \fallingdotseq -mg\theta$ に代入すると，$F=-\dfrac{mg}{L}x$ となる。この式より，力の大きさは変位に比例し，力の向きは変位と逆向きとなるので，小球は F が復元力となる単振動をしていることがわかる。一般に，単振動では K を正の定数として，$F=-Kx$ と表すことができるので，これを $F=-\dfrac{mg}{L}x$ と比較すると，$K=\dfrac{mg}{L}$ となり，単振り子の周期 T は $T=2\pi\sqrt{\dfrac{m}{K}}=2\pi\sqrt{\dfrac{m}{\dfrac{mg}{L}}}=2\pi\sqrt{\dfrac{L}{g}}$ となる。この式は，周期 T が糸の長さ L と重力加速度の大きさ g で決まることを表しており，これを振り子の等時性という。　　(2)　$T=2\pi\sqrt{\dfrac{L}{g}}$ より，周期 T は $\sqrt{L}$ に比例するので，イのグラフが該当する。　　(3)　(i)　観測者から見ると，運動方向と逆向きに慣性力が生じるので，見かけの重力を考慮すると加速

度は$g+a$となる。したがって，$T=2\pi\sqrt{\dfrac{L}{g}}$より$T_1=2\pi\sqrt{\dfrac{L}{g+a}}$となる。　(ii)　エレベーターが静止しているとき，見かけの重力における重力加速度の大きさはgである。(i)のとき$a>0$なので，$T_1<T_0$となる。一方，減速しているとき$a<0$となるので，$T_2>T_0$となる。したがって，$T_1<T_0<T_2$となる。

【3】　I　(1)　$\dfrac{V}{2L}$　　(2)　$\dfrac{3}{2}$〔倍〕　　(3)　(i)　$\dfrac{L}{6}$　　(ii)　4

　　　II　(1)　$\dfrac{2P_0V_0}{RT_0}$　　(2)　$\dfrac{6}{5}T_0$　　(3)　(i)　ア　　(ii)　T_0

〈解説〉I　(1)　振動数を上げていく条件より，振動数f_1で起こった固有振動は開管の基本振動と考えられる。管口の位置が腹になっているので，このときの管内を伝わる音波の波長λ_1は，$\dfrac{\lambda_1}{2}=L$より，$\lambda_1=2L$となる。したがって，求める振動数は$f_1=\dfrac{V}{\lambda_1}=\dfrac{V}{2L}$となる。

(2)　振動数f_2のときは開管の2倍振動，f_3のときは3倍振動となっているので，それぞれの音波の波長をλ_2，λ_3とすると，$\dfrac{\lambda_2}{2}\times2=L$より，$\lambda_2=L$，$\dfrac{\lambda_3}{2}\times3=L$より，$\lambda_3=\dfrac{2}{3}L$となる。したがって，$\lambda_2=\dfrac{1}{2}\lambda_1$，$\lambda_3=\dfrac{1}{3}\lambda_1$より，$f_2=2f_1$，$f_3=3f_1$となる。よって，$f_3=\dfrac{3}{2}f_2$となる。

(3)　(i)　最も管口に近い位置で起こる固有振動は閉管の基本振動なので，求める距離は，$\dfrac{1}{4}\lambda_3=\dfrac{1}{4}\times\dfrac{2}{3}L=\dfrac{1}{6}L$となる。　　(ii)　閉管の固有振動は，基本振動，3倍振動，5倍振動…と生じていく。3倍振動が起きるときの管口からピストンまでの距離は$\dfrac{1}{4}\lambda_3\times3=\dfrac{1}{4}\times\dfrac{2}{3}L\times3=\dfrac{1}{2}L<L$，5倍振動が起きるときの管口からピストンまでの距離は$\dfrac{1}{4}\lambda_3\times5=\dfrac{1}{4}\times\dfrac{2}{3}L\times5=\dfrac{5}{6}L<L$，7倍振動が起きるときの管口からピストンまでの距離は$\dfrac{1}{4}\lambda_3\times7=\dfrac{1}{4}\times\dfrac{2}{3}L\times7=\dfrac{7}{6}L>L$より，閉管の基本振動，3倍振動，5倍振動までが起きる。さらに，管からピストン

を完全に引き抜いた際に，(2)の開管の3倍振動が起きるので，合計4となる。　Ⅱ　(1)　A内の気体の物質量をn_Aとすると，気体の状態方程式は$2P_0V_0＝n_ART_0$より，$n_A＝\dfrac{2P_0V_0}{RT_0}$となる。　(2)　B内の気体の物質量を$n_B$とすると，気体の状態方程式は$P_0V_0＝n_BR・2T_0$より，$n_B＝\dfrac{P_0V_0}{2RT_0}＝\dfrac{1}{4}n_A$　…①となる。コックを開いてこれらの気体を混合したとき，外部と熱のやりとりがないので，AとBの内部エネルギーの和は保存する。したがって，求める絶対温度をTとすると，$\dfrac{3}{2}n_ART_0＋\dfrac{3}{2}n_BR・2T_0＝\dfrac{3}{2}(n_A＋n_B)RT$が成り立つ。①より，

$$T＝\dfrac{\dfrac{3}{2}n_ART_0＋\dfrac{3}{2}n_BR・2T_0}{\dfrac{3}{2}(n_A＋n_B)R}＝\dfrac{n_A＋2n_B}{n_A＋n_B}T_0＝\dfrac{n_A＋2・\dfrac{1}{4}n_A}{n_A＋\dfrac{1}{4}n_A}T_0＝\dfrac{6}{5}T_0と$$

なる。　(3)　(i)　気体が仕事をせず，熱の出入りもなければ，内部エネルギーは変化しない。　(ii)　気体の内部エネルギーは気体の物質量と絶対温度に比例するが，コックを開く前後で気体の物質量が変化しておらず，内部エネルギーが保存することを考えれば，コックを開いた後の絶対温度もT_0である。

【4】　Ⅰ　(1)　$\sqrt{\dfrac{2eV}{m}}$〔m/s〕　　(2)　ローレンツ力

(3)
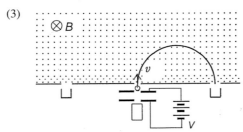

(4)　$\dfrac{mv}{eB}$〔m〕　　(5)　$\dfrac{\pi m}{eB}$〔s〕　　Ⅱ　(1)　E〔V〕　　(2)　0〔C〕

(3)　$\dfrac{E}{R}\cos\dfrac{1}{\sqrt{LC}}t$〔A〕　　(4)　0〔A〕

〈解説〉Ⅰ　(1)　エネルギー保存の法則より，$\frac{1}{2}mv^2=eV$が成り立つので，求める速さは$v=\sqrt{\frac{2eV}{m}}$となる。　(2)　運動する電子には，垂直方向の磁場からローレンツ力がはたらく。　(3)　電子が矢印の方向(上向き)に運動するとき，電流はその反対向き(下向き)に流れるので，フレミングの左手の法則より，ローレンツ力は右方向にはたらく。このとき，電子はローレンツ力を向心力とする円運動をする。　(4)　ローレンツ力evBを向心力とする円運動の運動方程式は$m\frac{v^2}{r}=evB$より，求める半径は$r=\frac{mv}{eB}$となる。　(5)　半円の円周上を速さvで動くから，求める時間は$t=\frac{\pi r}{v}=\frac{\pi m}{eB}$となる。　Ⅱ　(1)　スイッチを入れた直後，コンデンサーの両端の電位差は0なので，電池の電圧はすべて抵抗に加わる。よって，求める電圧はE〔V〕となる。　(2)　十分に時間が経過すると，コイルの両端の電位差は0より，並列に接続されているコンデンサーの両端の電位差も0である。よって，求める電気量は0〔C〕となる。　(3)　スイッチを切った瞬間にコイルに流れている電流は，抵抗に流れる電流と等しく$\frac{E}{R}$であり，これがコイルに流れる電流の最大値となる。このときの角周波数は$\frac{1}{\sqrt{LC}}$であり，コイルに流れる電流は減少していくので，求める式は$\frac{E}{R}\cos\frac{1}{\sqrt{LC}}\,t$となる。(4)　図3より，コンデンサーとコイルの並列部分が交流電源の角周波数で共振するので，コイルに流れる電流がすべてコンデンサーへ流れ，外部と電流のやりとりがされなくなる。したがって，抵抗に流れる電流は0〔A〕になる。

【5】(1)　正体…ウ　　電荷…エ　　特徴…カ　　(2)　(i)　$\frac{1}{8}$〔倍〕
(ii)　3.3×10^3〔年前〕　　(3)　ウ
〈解説〉(1)　α線の正体はヘリウム原子核であり，2個の陽子と2個の中

性子から構成されているため正の電荷をもっている。β線やγ線と比べて電離作用が強いが、透過力は最も小さい。　(2)　(i)　1.71×10^4〔年〕は5.7×10^3〔年〕の3倍に相当するので、半減期が3回過ぎたことになる。したがって、この植物の古い木片の^{14}Cの含有量は、生存する生物と比較して$\left(\dfrac{1}{2}\right)^3 = \dfrac{1}{8}$〔倍〕になっている。　(ii)　求める年数を$(5.7 \times 10^3) \times N$〔年前〕とすると、$\left(\dfrac{1}{2}\right)^{\frac{(5.7 \times 10^3)N}{5.7 \times 10^3}} = \left(\dfrac{1}{2}\right)^N = \dfrac{2}{3}$となるので、底が2の対数をとって、$-N = \log_2 \dfrac{2}{3} = 1 - \log_2 3 = 1 - \dfrac{\log_{10}3}{\log_{10}2} = 1 - \dfrac{0.477}{0.301} = -\dfrac{0.176}{0.301}$　∴　$N = \dfrac{0.176}{0.301}$　よって、求める年数は、$(5.7 \times 10^3) \times \dfrac{0.176}{0.301} \fallingdotseq 3.3 \times 10^3$〔年前〕となる。　(3)　1個のサイコロにつき1の目が出る確率は$\dfrac{1}{6}$なので、300個のサイコロを1回振った後に残ったサイコロの数は$300 \times \left(1 - \dfrac{1}{6}\right) = 250$〔個〕となる。次に、250個のサイコロを1回振った後に残ったサイコロの数は$250 \times \left(1 - \dfrac{1}{6}\right) \fallingdotseq 208$〔個〕となる。つまり、サイコロを$t$〔回〕振った後に残ったサイコロの個数$N$は、$N = 300 \times \left(1 - \dfrac{1}{6}\right)^t = 300 \times \left(\dfrac{5}{6}\right)^t$〔個〕と表せる。よって、$t$と$N$の関係をグラフにすると単調に減少する指数関数が適切なので、ウが該当する。

【化学】

【１】(1)　①　理解　　②　技能　　(2)　9科目　　(3)　持続可能な社会をつくること　　(4)　①　楽しさ　　②　指導計画　　(5)　①　見方・考え方　　②　見通し

〈解説〉(1)　「目標」からの出題は非常に多いので、しっかりと確認すること。目標(1)は育成する資質・能力のうち「知識及び技能」について示している。　(2)　理科の科目は、「科学と人間生活」、「物理基礎」、「物理」、「化学基礎」、「化学」、「生物基礎」、「生物」、「地学基礎」、「地学」の9つである。　(3)　生徒一人一人には持続可能な社会の創り手となることが期待されており、そのための資質・能力を育てること

は，理科に限らず各教科においても必要な配慮事項である。　(4)　解答参照。　(5)　各科目の目標の前文のうち，大部分は他の科目と共通な表現が使われており，一部は各科目で焦点を当てた内容について述べられている。

【2】(1)　ア　アンモニアソーダ法　　イ　$2NaCl + CaCO_3 \rightarrow Na_2CO_3 + CaCl_2$　　ウ　64〔kg〕　　エ　現象名…風解　　化学式…$Na_2CO_3 \cdot H_2O$　　オ　$HCO_3^- + H_2O \rightleftarrows H_2CO_3 + OH^-$　　(2)　ア　$SiO_2 + 6HF \rightarrow H_2SiF_6 + 2H_2O$　　イ　水ガラス　　ウ　$Na_2SiO_3 + 2HCl \rightarrow H_2SiO_3 + 2NaCl$

〈解説〉(1)　ア　ソルベー法ともいう。　イ　反応の副生成物であるCO_2やNH_3は，回収されて再利用される。また，これらは全体の化学反応式には記されない。　ウ　反応に関与する塩化ナトリウム(式量58.5)の物質量は，$\dfrac{117 \times 10^3}{58.5} \times 0.60 = 1.2 \times 10^3$〔mol〕となる。イの反応式より，生成する炭酸ナトリウム無水物(式量106)の物質量は反応に関与する塩化ナトリウムの物質量の半分なので，$\dfrac{1.2 \times 10^3}{2} = 0.60 \times 10^3$〔mol〕であり，その質量は$0.60 \times 10^3 \times 106 = 63.6 \times 10^3$〔g〕≒64〔kg〕となる。エ　空気中で結晶の水和物から全部または一部の水が失われる現象を風解という。これは，空気中の水分を吸収する潮解とは逆の現象である。水和物の一部が失われた炭酸ナトリウムの化学式を$Na_2CO_3 \cdot nH_2O$とすると，その式量は$106 + 18n$となる。炭酸ナトリウム十水和物($Na_2CO_3 \cdot 10H_2O$)の式量は$106 + 10 \times 18 = 286$なので，$14.3 : 6.2 = 286 : (106 + 18n)$が成り立ち，$n = 1$となる。よって，白色粉末の化学式は$Na_2CO_3 \cdot H_2O$となる。　オ　炭酸水素ナトリウムは，水溶液中では電離して炭酸水素イオンHCO_3^-となり，水と反応して炭酸H_2CO_3と水酸化物イオンOH^-を生じる。よって，塩基としての性質を示す。(2)　ア　この反応では，ヘキサフルオロケイ酸H_2SiF_6と水が生成する。イ，ウ　二酸化ケイ素と炭酸ナトリウムが反応すると，ケイ酸ナトリウムNa_2SiO_3と二酸化炭素が生成する。ケイ酸ナトリウムの濃厚水溶液は水ガラスである。さらに強酸である塩酸を加えると，弱酸であるケ

イ酸H_2SiO_3と塩化ナトリウムが生成する。

【3】(1) ア b, c イ NaNO₂

ウ

エ ナトリウムフェノキシド (2) ア ① 脂肪油 ② 硬化油

イ

ウ 191

〈解説〉(1) ア b 物質Bはアニリンであり，ニトロベンゼンを還元して得られる。 c 塩化鉄(Ⅲ)水溶液と反応して呈色するのは，ヒドロキシ基をもつフェノール類である。 イ アニリン塩酸塩(物質C)と亜硝酸ナトリウム$NaNO_2$を反応させると，塩化ベンゼンジアゾニウム(物質D)が生成する。 ウ 塩化ベンゼンジアゾニウムは温度が上昇すると加水分解してしまうので，反応③は低温で行わなければいけない。 エ 塩化ベンゼンジアゾニウムにナトリウムフェノキシドを加えると，カップリング反応が進行してp−ヒドロキシアゾベンゼン(物質E)が生成する。 (2) ア 解答参照。 イ 付加した水素の物質量より，Xは分子内に二重結合を1つ含むオレイン酸$C_{17}H_{33}COOH$，Yは分子内に二重結合を2つ含むリノール酸$C_{17}H_{31}COOH$とわかる。したがって，この油脂は分子内に1つのオレイン酸と2つのリノール酸を含み，不斉炭素C*を含むことから，構造式は以下のものと決定できる。

$$H_2C-O-\overset{\overset{\displaystyle O}{\|}}{C}-C_{17}H_{33}$$

$$H\overset{*}{C}-O-\overset{\overset{\displaystyle O}{\|}}{C}-C_{17}H_{31}$$

$$H_2C-O-\overset{\overset{\displaystyle O}{\|}}{C}-C_{17}H_{31}$$

ウ 一般に，油脂と水酸化カリウム(式量56)のけん化は，$C_3H_5(OCOR)_3$＋3KOH→$C_3H_5(OH)_3$＋3RCOOKと表せ，1molの油脂と3molの水酸化カリウムが反応する。この油脂の分子量Mは880なので，けん化価は$\dfrac{1}{880}×3×56×1000≒191$となる。

【4】(1) ア 硫酸ナトリウム水溶液…0.40〔mol/kg〕 塩化バリウム水溶液…0.25〔mol/kg〕 イ 番号…② 理由…塩化バリウム水溶液の溶質粒子の総物質量が硫酸ナトリウム水溶液よりも少なく，蒸気圧降下が小さくなるので，水の蒸発量が大きくなるから。 ウ 23〔g〕，増加 (2) ア 面心立方格子 イ 4〔個〕 ウ 4〔個〕エ $8.0×10^{-2}$〔g〕

〈解説〉(1) ア 硫酸ナトリウムNa_2SO_4(式量142)水溶液の質量モル濃度は，$\dfrac{5.68}{142}×\dfrac{1000}{100}=0.40$〔mol/kg〕，塩化バリウム$BaCl_2$(式量208)水溶液の質量モル濃度は，$\dfrac{5.20}{208}×\dfrac{1000}{100}=0.25$〔mol/kg〕となる。 イ 蒸気圧降下は，溶液の質量モル濃度に比例する。本問での溶質粒子とは，それぞれの電解質から生じたイオンのことである。 ウ 容器Aと容器Bの水溶液の質量モル濃度が等しくなると，容器Aと容器Bの蒸気圧降下が等しくなり平衡に達する。容器Bから容器Aへ移動する水(水蒸気)の質量をx〔g〕とすると，はじめの水の質量は100gなので，平衡状態では$\dfrac{\frac{5.68}{142}}{\frac{100+x}{1000}}=\dfrac{\frac{5.20}{208}}{\frac{100-x}{1000}}$が成り立つので，$x≒23$〔g〕となる。よって，容器Aに入っている溶液は23g増加する。 (2) ア 解答参照。イ 図2より，面心立方格子の単位格子の各頂点(8箇所)には8分割した

原子が配置し，各面(6箇所)には2分割した原子が配置している。したがって，面心立方格子の単位格子中に存在するパラジウム原子は，$8 \times \frac{1}{8} + 6 \times \frac{1}{2} = 4$〔個〕となる。　ウ　面心立方格子の単位格子中には，4個の正八面体間隙と，8個の正四面体間隙が存在する。　エ　各格子内に含まれるパラジウム原子と水素原子の数は，イ，ウより等しいので，物質量も等しいことになる。また，水素原子を収容したすき間の数は全体の71％なので，水素原子の質量は$\frac{12.0 \times 1.0}{106} \times 0.71 \times 1.0$ ≒8.0×10^{-2}〔g〕となる。

【5】(1)　ア　①　熱可塑性樹脂　　②　熱硬化性樹脂　　イ　①　(a)，(c)　　②　(b)，(d)　　ウ　0.75〔mol〕

(2)　ア

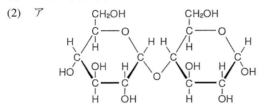

イ　A　4〔個〕　　B　3〔個〕　　C　2〔個〕　　ウ　33〔％〕

〈解説〉(1)　ア　解答参照。　イ　解答参照。　ウ　フェノール樹脂は，酸触媒のもとでフェノールC_6H_5OHにホルムアルデヒド$HCHO$を付加させて生じたノボラックを加熱・加圧することで生成する。図1より，フェノール樹脂の部分構造は4つのフェノールと6つの$-CH_2-$からなるので1molのフェノールに対してホルムアルデヒドは1.5mol必要と考えられる。したがって，フェノール0.50molに対してホルムアルデヒドは$\frac{1.5}{2} = 0.75$〔mol〕必要となる。　(2)　ア　マルトースは，2つのα－グルコースが脱水縮合したものである。　イ　アミロペクチンのヒドロキシ基($-OH$)をメチル化してメトキシ基($-OCH_3$)に変換し，希硫酸で加水分解すると，メトキシ基はそのまま残り，グリコシド結合していた部分がヒドロキシ基に戻る。加水分解生成物は，下図のようにもとのアミロペクチンのAのグルコースからは4個のメトキシ基を含

む化合物，Bからは3個のメトキシ基を含む化合物，Cからは2個のメトキシ基を含む化合物が得られる。

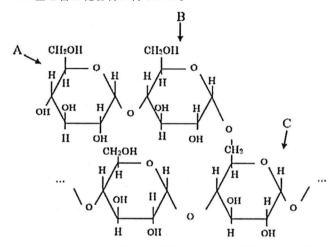

ウ　セルロースの繰り返し単位($C_6H_{10}O_5$)の式量は162であり，問題文よりセルロースの1つの構造単位には3個のヒドロキシ基があるので，全てのヒドロキシ基がエステル化されたトリニトロセルロースの繰り返し単位($C_6H_7(NO_2)_3O_5$)の式量は297となる。16.2gのセルロースの繰り返し単位の物質量は$\frac{16.2}{162}=0.10$〔mol〕より，0.10molのトリニトロセルロースの繰り返し単位の質量は$297×0.10＝29.7$〔g〕となる。したがって，このニトロセルロースのエステル化の割合は，$\frac{20.7－16.2}{29.7－16.2}×100≒33.3$〔％〕となる。

【生物】

【1】(1)　①　理解　　②　技能　　(2)　9科目　　(3)　持続可能な社会をつくること　　(4)　地域　　(5)　ア，ウ，オ，キ，ク

〈解説〉(1)　目標(1)は育成する資質・能力のうち「知識及び技能」について示している。　　(2)　理科の科目は，「科学と人間生活」，「物理基礎」，「物理」，「化学基礎」，「化学」，「生物基礎」，「生物」，「地学基礎」，「地学」の9つである。　　(3)　生徒一人一人には持続可能な社会のつく

り手となることが期待されており，そのための資質・能力を育てることは，理科に限らず各教科においても必要な配慮事項である。

(4)　この箇所では，素材としての生物が時間軸と地理的な違いで変わることを表しているものと考えられる。　(5)　イ「生物の多様性と生態系」，エ「ヒトの体の調節」，カ「生物の特徴」はそれぞれ「生物基礎」を構成する大項目である。

【２】Ⅰ　(1)　細胞分画法　　(2)　細胞小器官が浸透現象によって変形・破壊されるのを防ぐため。　　(3)　分画A…核　　分画B…葉緑体　分画C…ミトコンドリア　　分画D…リボソーム　　(4)　ピルビン酸
Ⅱ　(1)　①　競争的阻害　　②　低下　　③　低く　　④　フィードバック　　⑤　アロステリック酵素　　⑥　アロステリック部位
(2)　すべての酵素が常に基質と結合した状態になるから。(24字)
(3)　高温，強酸，強アルカリ

〈解説〉Ⅰ　(1)(2)(3)　細胞分画法は，化学反応を抑えるため低温条件で行う。遠心分離では，密度やサイズの大きい細胞小器官ほど短時間・小さな遠心力で沈殿する。分画Aには核や細胞壁が存在するが，「DNAが収められている」ので核が該当する。分画Bには葉緑体が存在する(破砕に用いた細胞は緑色植物の組織であるため)。分画Cにはミトコンドリアが存在する。分画Dには小胞体，リボソーム，細胞膜，ゴルジ体などのミクロソームが存在するが，「粒状の細胞小器官」なのでリボソームが適切であると考えられる。分画Eには細胞質基質が存在する。　(4)　分画Eの細胞質基質中には，解糖系に関わる酵素が存在する。したがって，グルコースを加えるとピルビン酸が生成する。
Ⅱ　(1)　解答参照。　(2)　酵素濃度を一定として基質濃度と反応速度の関係を調べると，すべての酵素が酵素－基質複合体を形成した場合に酵素反応速度は最大となり一定になる。　(3)　酵素には最適温度や最適pHがある。これらを大きく超えるもしくは下回るような条件下では，酵素は失活する。失活とはタンパク質の変性を起こした酵素が本来の機能を失うことである。

【3】 I (1) エ (2) クロロフィルa (3) ・独自のDNAをもつ
こと ・分裂して増えること II (1) ウ (2) ① NADH，
FADH$_2$ ② 酸素 III (1) イ (2) CO$_2$濃度を高く保ち，高
温・乾燥条件で光合成の効率が低下するのを防ぐ。(34字)

〈解説〉 I (1) 解答参照。 (2) 【準備】より，TLCシートの全長は
12cm，【実験手順】より，上端から溶媒前線までが1.5cm，下端から原
点(原線)までが2cmである。よって，原点から溶媒前線までの距離は
12－(1.5＋2)＝8.5〔cm〕であり，Rf値は$\frac{4}{8.5}$≒0.47となるので，クロロ
フィルaが該当する。 (3) その他にも，葉緑体が二重膜構造である
ことなども根拠となる。 II (1) 解答参照。 (2) NADHやFADH$_2$
は水素(電子)を受容している状態であり，電子伝達系において電子を
渡すと酸化されNAD$^+$やFADとなる。最終的にこれらの電子を受け取
るのは酸素であり，水が生成する。なお，光合成ではNADP$^+$が電子の
授受を仲立ちしている。 III (1) カルビン・ベンソン回路について，
物質の経路のみで述べると，RuBPはCO$_2$と反応しPGAとなり，PGAは
ATPのエネルギーなどを受け取りながら，GAPを経てRuBPに戻る
(RuBP→PGA→GAP→RuBP→…)。ATPは光リン酸化により生じるので，
光を遮断されると，PGA→GAPとGAP→RuBPの経路が遮断される。よ
って，PGAは反応しないので増加し，RuBPは生成されないので減少す
る。 (2) C$_3$植物では，高温・乾燥条件では気孔を閉じてしまうため
細胞内のCO$_2$濃度が低くなり，光合成の効率が低下する。一方，トウ
モロコシやサトウキビなどのC$_4$植物では，CO$_2$をリンゴ酸などのC$_4$化
合物に変えて蓄えることができる。

【4】 I (1) ① 筋原繊維 ② ATP (2) カルシウムイオン
(3) モータータンパク質 (4) ① 1.75〔μm〕 ② 1.0〔μm〕
II (1) B ○ C D ○ (2) A × B ×
C ○ (3) ① 50〔m/秒〕 ② 4.52〔ミリ秒〕 (4) ① 閾
値 ② 全か無か

〈解説〉 I (1)(2) 解答参照。 (3) 細胞骨格の種類により，異なるモ

ータータンパク質がはたらいている。微小管上にあるモータータンパク質は，ダイニンとキネシンである。　(4)　張力が0％になったときの筋節長3.75μmは，(ミオシンの長さ)＋(2本分のアクチンフィラメントの長さ)である。また，筋節長2.0μmは，2本のアクチンフィラメント間の距離0となっているときの長さである。よって，アクチンフィラメントの全長は，2.0÷2＝1.0〔μm〕，ミオシンの長さは3.75－2×1.0＝1.75〔μm〕となる。　Ⅱ　(1)　神経繊維は両方向に興奮を伝導するので，B，C，Dのいずれにも活動電位が記録される。　(2)　電気刺激はひ腹筋を伝わるが，遠心性の運動ニューロンのみからなる坐骨神経には伝達されない。よって，AとBでは活動電位が記録されない。(3)　①　AB間の距離は，114－74＝40〔mm〕であり，この間を興奮が伝導するために要する時間は6.8－6.0＝0.8〔ミリ秒〕なので，求める時間は40〔mm〕÷0.8〔ミリ秒〕＝50〔m/秒〕となる。　②　Aから運動ニューロン末端までを興奮が伝わるために要する時間は，$\dfrac{74〔mm〕}{50〔m/秒〕}=\dfrac{74〔mm〕}{50〔mm/ミリ秒〕}=1.48$〔ミリ秒〕となる。よって，求める時間は6－1.48＝4.52〔ミリ秒〕となる。　(4)　刺激の強さが閾値を境にして最大に反応するか反応しないかが決まる法則を全か無かの法則という。

【5】Ⅰ　(1)　①　多数　　②　突然変異　　③　移入や移出
(2)　0.09　　(3)　0.81〔％〕　　(4)　16.4〔％〕　　(5)　95.1〔％〕
Ⅱ　(1)　遺伝子プール　　(2)　遺伝的浮動　　(3)　中立進化
(4)　びん首効果
〈解説〉Ⅰ　(1)　解答参照。　(2)　問題文より，赤眼と白眼は伴性遺伝するので，白眼の遺伝子頻度は白眼個体の割合と一致する。よって，$q=0.09$となる。　(3)　赤眼の遺伝子をA，白眼の遺伝子をaとすると，白眼の雌個体の遺伝子型は，X^aX^aである。よって，雌の白眼個体の割合は$(0.09×0.09)×100＝0.81$〔％〕となる。　(4)　雌のうち白眼遺伝子をもっている赤眼個体の遺伝子型はX^AX^aであり，$p=1-q=0.91$なの

で，求める割合は，$(2 \times 0.91 \times 0.09) \times 100 \fallingdotseq 16.4$ 〔％〕となる。

(5)　雄と雌の個体が同数存在すると考えると，赤眼個体の割合は全体から白眼個体の割合を引けばよいので，$100 - \dfrac{0.81 + 9}{2} \fallingdotseq 95.1$ 〔％〕となる。　　Ⅱ　(1)　解答参照。　　(2)　遺伝的浮動の例として小集団化による遺伝子頻度の変化である(4)のびん首効果などが挙げられる。

(3)　突然変異のうち，生存に有利なものは起こりにくく，生存に不利な遺伝子は自然選択により排除されるため，いずれでもない中立的な遺伝子が集団に広まっていく，という考えを中立説という。　　(4)　びん首効果(ボトルネック効果)は口の小さなびんから物を取り出すとき，一度に取り出せる量が制限されることに由来している。

2021年度　実施問題

中 学 理 科

【1】次の文は「中学校学習指導要領(平成29年告示)解説　理科編　第1章　総説　2　理科改訂の趣旨　(2)　理科の具体的な改善事項」の一部である。これについて，下の各問いに答えなさい。

> 　理科においては，課題の把握(発見)，課題の探究(追究)，課題の解決という_a探究の過程を通じた学習活動を行い，それぞれの過程において，(　①　)が育成されるよう指導の改善を図ることが必要である。そして，このような探究の過程全体を生徒が(　②　)に遂行できるようにすることを目指すとともに，生徒が常に(　③　)を持って身の回りの自然の事物・現象に関わるようになることや，その中で得た気付きから(　④　)を形成し，課題として設定することができるようになることを重視すべきである。
>
> 中略
>
> 　国際調査において，日本の生徒の，理科が「役に立つ」，「楽しい」との回答が国際平均より低く，_b理科の好きな子供が少ない状況を改善する必要がある。
>
> 以下省略

(1)　文中の(　)に当てはまる語句を答えなさい。
(2)　文中の下線部aを行うに当たり，意見交換や議論など，対話的な学びを適宜取り入れていく際に，どのようなことが求められているか答えなさい。
(3)　文中の下線部bについて，改善のためにどのようなことが重要であると示されているか答えなさい。

(☆☆◎◎◎)

【2】 次の文は「中学校学習指導要領(平成29年告示)解説　理科編　第1章　総説　3　理科改訂の要点　(3)『理科の見方・考え方』」の一部である。これについて，下の各問いに答えなさい。

> 理科における「見方(様々な事象等を捉える各教科等ならではの視点)」については，理科を構成する領域ごとの特徴を見いだすことが可能であり，「エネルギー」を柱とする領域では，自然の事物・現象を主として(①)な視点で捉えることが，「粒子」を柱とする領域では，自然の事物・現象を主として(②)な視点で捉えることが，「生命」を柱とする領域では，生命に関する自然の事物・現象を主として(③)の視点で捉えることが，「地球」を柱とする領域では，地球や宇宙に関する自然の事物・現象を主として(④)な視点で捉えることが，それぞれの領域における特徴的な視点として整理することができる。

(1)　文中の(　)に当てはまる語句を答えなさい。

(2)　理科における「考え方」については，探究の過程を通した学習活動の中で，どのような方法を用いて考えることと例示されているか答えなさい。

(☆☆◎◎◎)

【3】 次の文は「中学校学習指導要領(平成29年告示)解説　理科編　第3章　指導計画の作成と内容の取扱い　1　指導計画作成上の配慮事項」の一部である。これについて，あとの各問いに答えなさい。

> (3)　学校や生徒の実態に応じ，十分な観察や実験の時間，課題解決のために探究する時間などを設けるようにすること。その際，a問題を見いだし観察，実験を計画する学習活動，b観察，実験の結果を分析し解釈する学習活動，c科学的な概念を使用して考えたり説明したりする学習活動などが充実するようにすること。

(1)　下線部aの充実を図るために，どのような学習活動が考えられると示されているか答えなさい。

(2)　下線部bの充実を図るために，どのようなことが大切であると示されているか答えなさい。

(3)　下線部cの充実を図るために，どのような学習活動が例示されているか答えなさい。

(☆☆◎◎◎)

【４】次の図1は火山の形について模式的に示したものである。これについて，下の各問いに答えなさい。

図1

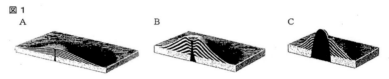

A　　　　　　　　　　B　　　　　　　　　　C

(1)　火山の形が異なるのは，マグマのどのような性質のちがいが関係しているか，答えなさい。

(2)　AとCの火山の比較について，正しく表しているものを次の選択肢から1つ選び，記号で答えなさい。

ア　Aの火山は，Cの火山より激しく爆発的な噴火になることが多く，火山噴出物の色は黒っぽい。

イ　Aの火山は，Cの火山より激しく爆発的な噴火になることが多く，火山噴出物の色は白っぽい。

ウ　Cの火山は，Aの火山より激しく爆発的な噴火になることが多く，火山噴出物の色は黒っぽい。

エ　Cの火山は，Aの火山より激しく爆発的な噴火になることが多く，火山噴出物の色は白っぽい。

(3)　岩石を観察する際，岩石薄片をつくり，ある装置を用いて観察すると，鉱物の形がはっきりしたり，ふくまれる鉱物の性質によって特有の色が見えたりする。ある装置の名前を答えなさい。

(4)　図2は，(3)の装置を使って，ある火成岩をくわしく観察し，スケ

ッチしたものである。このことについて，下の各問いに答えなさい。

図2

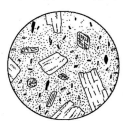

①　比較的大きな鉱物のまわりの細かな粒などでできた部分を何というか答えなさい。

②　図2のような岩石のつくりは，その特徴から何とよばれているか答えなさい。

③　②のようなつくりをもつ火成岩の中で，セキエイをふくむ割合が最も大きく，クロウンモもふくむ岩石の名前を次の選択肢から1つ選び，記号で答えなさい。

ア　斑れい岩　　イ　流紋岩　　ウ　玄武岩　　エ　花こう岩

(☆☆◎◎◎◎)

【5】硝酸カリウム，塩化ナトリウム，ミョウバンをそれぞれ60℃の水100gに限界までとかし，再び結晶としてとり出す実験を行った。図は100gの水にとける物質の質量と温度の関係を表したグラフである。あとの各問いに答えなさい。

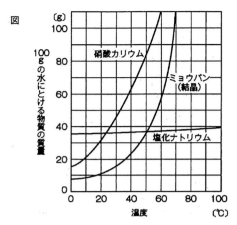

(1)　次の文章の(　　)に適する語句を答えなさい。

> 水100gに物質をとかして飽和水溶液にしたとき，とけた溶
> 質の質量〔g〕の値をその物質の(　　)という。

(2)　硝酸カリウムとミョウバンは水溶液の温度を下げる方法で，塩化
　　ナトリウムは水を蒸発させる方法でより多くの結晶をとり出した。
　　塩化ナトリウムが水溶液の温度を下げる方法に適さない理由を説明
　　しなさい。

(3)　硝酸カリウムの結晶を模式的に示したものとして適するものを次
　　の選択肢から1つ選び，記号で答えなさい。

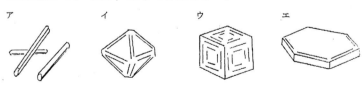

(4)　60℃の水50gにミョウバンを12.5gとかした。この水溶液の質量パ
　　ーセント濃度は何％か答えなさい。

(5)　(4)の水溶液の温度を20℃まで温度を下げたとき，とり出すことが
　　できる結晶の質量は何gか，最も近いものを次の選択肢から1つ選
　　び，記号で答えなさい。

　ア　1.5g　　イ　3.0g　　ウ　5.5g　　エ　7.0g　　オ　11.0g

(☆☆○○○)

【6】次の各問いに答えなさい。

(1)　次の文章の(a)に適する単位を記号で答えなさい。また，(b)に当てはまる数を下の選択肢から1つ選び，記号で答えなさい。

> 　大気圧の大きさは，海面と同じ高さのところでは，ほぼ1気圧とよばれる大きさである。1気圧は約1013(a)で，1cm²の面に(b)gの物体をのせたときの圧力にほぼ等しい。

　ア　10　　イ　100　　ウ　1000　　エ　10000

(2)　次の文章の(　　)に適する語句を下の選択肢からそれぞれ1つ選び，記号で答えなさい。

> 　ストローを使って水を飲むとき，ストロー内部の気圧が(a)。このとき大気圧の大きさが(b)ので，生じた気圧の差で水を吸い込んでいる。

　ア　大きくなる　　イ　小さくなる　　ウ　変わらない

(3)　図のように，ばねばかりを使って重さが同じ1.5Nで体積が異なる物体A，Bのそれぞれを水中に沈めた。下の各問いに答えなさい。

図

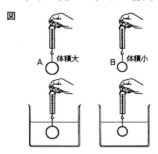

①　物体Aを水中に完全に沈めるとばねばかりは，1Nを示した。物体Bを水中に完全に沈めると，ばねばかりの示す値は，1Nより大きくなった。その理由を答えなさい。

②　物体がすべて水中にあるとき，物体が受ける浮力の大きさは水面からの深さには関係しない。その理由を答えなさい。

(☆☆☆◎◎◎)

【7】図は，ヒトの血液循環を模式的に表したものである。図中で，A〜Gは血管，①〜④は心臓の部屋，XとYは消化器官，Zは血液中の不要な物質をこしとる器官を示している。下の各問いに答えなさい。

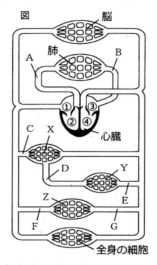

(1)　X，Y，Zの器官名を次の選択肢からそれぞれ選び，記号で答えなさい。
　ア　胃　　イ　肝臓　　ウ　腎臓　　エ　小腸

(2)　Aの血管と，その血管を流れる血液について正しく説明しているものを，次の選択肢から1つ選び，記号で答えなさい。
　ア　動脈で動脈血が流れる　　イ　静脈で静脈血が流れる
　ウ　動脈で静脈血が流れる　　エ　静脈で動脈血が流れる

(3)　消化と吸収が行われているとき，ブドウ糖などの栄養分を最も多く含む血液が流れている血管はどれか。血管を示す選択肢から1つ選び，記号で答えなさい。

(4) 消化器官Xのはたらきとして正しくないものを，次の選択肢からすべて選び，記号で答えなさい。

ア　毒性の高いアンモニアを，比較的無害な尿素へ変える。

イ　消化酵素を含む，胆汁を生成する。

ウ　血液中の血糖値を調節する。

エ　体内の産熱量の約60％を占める。

オ　血しょう中のタンパク質を合成する。

(5) 心臓の4つの部屋の中で，壁が最も厚い部屋はどれか。①〜④の中から1つ選び，記号と部屋の名称を答えなさい。

(6) 脊椎動物は，種類によって心臓のつくりに違いがある。鳥類と両生類の心臓のつくりの違いについて，簡単に説明しなさい。

(☆☆☆◎◎◎)

【8】次の表は，ある家庭における電気器具について，器具の電力表示や1週間に使用した時間についてまとめたものである。これについて，下の各問いに答えなさい。

表

	器具	電力表示	1週間に 使用した時間
a	テレビ	100V ， 120W	21時間
b	蛍光灯スタンド	100V ， 20W	14時間
c	トースター	100V ， 900W	2時間
d	ノートパソコン	100V ， 30W	35時間
e	ヘアードライヤー	100V ， 1000W	1時間
f	電気ポット	100V ， 1200W	12時間

(1) aのテレビに流れる電流は何Aか，答えなさい。

(2) bの蛍光灯スタンドの電気抵抗の大きさはいくらか，単位も答えなさい。

(3) cのトースターを，5分間使用したときの発熱量は何Jか，答えなさい。

(4) a〜fの電気器具のうち，1週間の消費電力が最も大きい器具の電力量は何kWhか答えなさい。

(5)　図のように，テーブルタップを使って1つのコンセントにたくさんの電気器具をつないで同時に使用すると危険である。なぜ危険なのか，「電流」という語句を使って，簡単に説明しなさい。

図

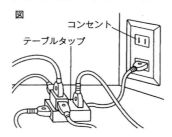

(6)　fの電気ポットに10℃の水を800mL入れ4分間使用した。発生した熱がすべて水にあたえられたとすると，電気ポットの中の水の温度は何℃になるか。小数第1位まで求めなさい。ただし，1gの水を1℃上昇させるのに必要な熱量は4.2Jとする。

(☆☆☆◎◎◎)

【9】エンドウの遺伝に関する次の文を読み，あとの各問いに答えなさい。

　　代々種子が丸いエンドウと，代々種子にしわがあるエンドウがある。エンドウの種子の形については，「丸」が優性形質，「しわ」が劣性形質である。エンドウの種子を「丸」にする遺伝子をA，「しわ」にする遺伝子をaで表すと親の遺伝子の組み合わせはAA，aaと表される。
　　図1のように代々種子が丸いエンドウに，代々種子にしわがあるエンドウをかけ合わせてできた種子を育て，その種子をさらに自家受粉させ孫の代の種子を得た。

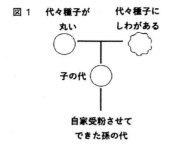

図1　代々種子が　　代々種子に
　　　丸い　　　　　しわがある

子の代

自家受粉させて
できた孫の代

(1)　エンドウの種子の形のように，ある1つの形質について同時に現れない形質が2つ存在するとき，これらの形質のことを何というか答えなさい。

(2)　文中の孫の代の種子について，次の各問いに答えなさい。
　①　孫の代の種子の遺伝子の組み合わせをすべて答えなさい。
　②　孫の代のすべての個体数が6000であったとするとき，そのうち子の代と同じ遺伝子の組み合わせの種子はおよそいくつであると考えられるか。次の選択肢から1つ選び，記号で答えなさい。
　　ア　1500　　イ　2000　　ウ　3000　　エ　4500

(3)　図2のように，形が「丸」で遺伝子の組み合わせが分からない種子がある。この種子の遺伝子の組み合わせを調べるとき，劣性ホモ接合体と交雑させてできた子の代の形質の分離比から推定する方法がある。このような交雑を何というか答えなさい。

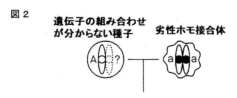

図2
遺伝子の組み合わせ
が分からない種子　　劣性ホモ接合体

A　　?　　　　　a　　a

子の代の分離比

(4)　メンデルが見出した遺伝の法則には，分離，優性，独立の3つの法則がある。このうち「分離の法則」とはどのような法則か簡単に説明しなさい。

(☆☆☆◎◎◎)

223

【10】 月や金星の見え方について，次の各問いに答えなさい。

(1)　図1は，国立天文台のホームページに掲載されている宮崎県の2019年11月30日のこよみの一部である。図2は図1の日の入りを表している。このとき月はどの位置に見えるか，最も近いものを図2の選択肢から1つ選び，記号で答えなさい。

図1

宮崎（宮崎県）

2019年11月30日（土）

日の出	6:55
日南中時	12:03
日の入り	17:10
月の出	10:10
月南中時	15:18
月の入り	20:27
正午月齢 （3.5）	 3.5

（出典：「今日のこよみ」
国立天文台ホームページより）

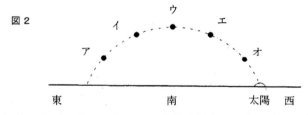

図2

(2)　午前の南西の空に，白っぽい半月が見えることがある。月がこのような見え方をする日から約一週間後の月のすがたを次の選択肢から1つ選び，記号で答えなさい。

ア　新月　　イ　三日月　　ウ　半月　　エ　満月

(3)　図3は太陽と地球，金星の位置関係を模式的に表したものである。地球から見て，金星が太陽から最も大きく離れて見えるとき（金星の最大離角のとき）の金星の位置に最もふさわしいのは図のどの位置にあるときか。図3の記号から1つ選び，記号で答えなさい。

また，そのとき金星が見える時間帯と方位について，最も適する
ものを下の選択肢から1つ選び，記号で答えなさい。

図3

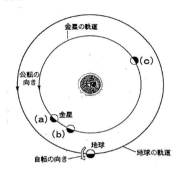

ア　明け方の西の空　　イ　明け方の東の空
ウ　夕方の東の空　　　エ　夕方の西の空

(4)　図4は，2007年の黄道付近の星座の星に対する金星の動きを連続
的に記録した図である。下の各問いに答えなさい。

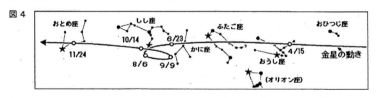

①　金星は黄道付近を移動しているように見える理由を答えなさ
い。

②　8月6日から9月9日の期間で金星が逆行している理由を答えなさ
い。

(☆☆◎◎◎)

【11】うすい硫酸に亜鉛板と銅板の2種類の金属板をひたし，図1のように
プロペラ付きモーターを回す実験を行った。あとの各問いに答えなさ
い。

図１

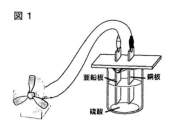

(1) 次の文章の(　　　)に適する語句を答えなさい。

> 図1のような装置は，(　①　)エネルギーから(　②　)エネルギーを取り出す電池と呼ばれる。

(2) プロペラ付きモーターをより速く回すためには，どのような方法が考えられるか。金属板の種類を変えること以外で2つ答えなさい。

(3) 図1の装置の金属板はそのままで，水溶液を硫酸銅水溶液に変えて電池をつくったところ，はじめは電流が流れたが，しばらくすると電流が流れなくなった。このとき，水溶液は無色透明ではなかった。

① 電流が流れなくなったのは，どのような現象が起きたからか，簡単に答えなさい。

② この装置にいくつかの改良を加えたものが図2のようなダニエル電池である。ダニエル電池について正しく述べているものを，下の選択肢からすべて選び記号で答えなさい。

図２

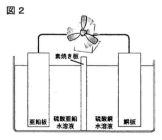

ア　硫酸銅水溶液の濃度よりも硫酸亜鉛水溶液の濃度を大きくしたほうが，長時間電流を流すことができる。

イ　硫酸亜鉛水溶液の濃度よりも硫酸銅水溶液の濃度を大きくした

ほうが長時間電流を流すことができる。

ウ　2つの水溶液の濃度は，同じにしたほうが長時間電流を流すことができる。

エ　2つの水溶液中の陽イオンはおもに正極へ移動し，陰イオンではおもに負極に移動する。

オ　2つの水溶液中の陽イオンはおもに負極へ移動し，陰イオンはおもに正極に移動する。

カ　電流を流すにしたがって，2つの水溶液中の亜鉛イオンの濃度は大きくなり，銅イオンの濃度は小さくなる。

キ　電流を流すにしたがって，2つの水溶液中の亜鉛イオンの濃度は小さくなり，銅イオンの濃度は小さくなる。

ク　電流を流し続けても，亜鉛イオンと銅イオンの濃度は同じままである。

(☆☆☆◎◎◎)

【12】「中学校学習指導要領(平成29年告示)解説　特別の教科　道徳編」について，次の各問いに答えなさい。

(1)「第2章　第2節　道徳科の目標　3 (2)」には，物事を広い視野から多面的・多角的に考えることについて，次のように述べられている。（　　）に当てはまる語句を答えなさい。

> グローバル化が進展する中で，様々な文化や価値観を背景とする人々と相互に尊重し合いながら生きることや，科学技術の発達や社会・経済の変化の中で，人間の幸福と社会の発展の（　①　）な実現を図ることが一層重要な課題となる。こうした課題に対応していくためには，人としての生き方や社会の在り方について，多様な価値観の存在を前提にして，他者と対話し（　②　）しながら，物事を広い視野から多面的・多角的に考察することが求められる。

(2)「第3章　第1節　内容の基本的性格　1 (3)」には，生徒の発達的特

質に応じた内容構成の重点化について，次のように述べられている。
（　　）に当てはまる数や語句を答えなさい。

> 道徳科の内容項目は，（　①　）項目にまとめられている。
> (中略) 中学校の道徳の内容項目は，このような中学生の発達的特質を考慮し，（　②　）行動する主体の育成を目指した効果的な指導を行う観点から，重点的に示したものである。

(3)　「第4章　第2節　道徳科の指導　1 (1)」には，道徳科の特質を理解することについて，次のように述べられている。（　　）に当てはまる語句を答えなさい。

> 道徳科は，生徒一人一人が，ねらいに含まれる道徳的価値についての理解を基に，（　①　）を見つめ，物事を広い視野から多面的・多角的に考え，人間としての生き方についての考えを深める学習を通して，内面的資質としての（　②　）を主体的に養っていく時間であることを理解する必要がある。

(4)　「第5章　第1節　道徳教育における評価の意義　1」には，道徳教育における評価の意義について，次のように述べられている。（　　）に当てはまる語句を，あとの［選択肢］からそれぞれ選び，記号で答えなさい。ただし，同じ番号には，同じ語句が入るものとする。

> 道徳教育における評価も，常に指導に生かされ，結果的に生徒の成長につながるものでなくてはならない。学習指導要領第1章総則の第3の2の(1)では，「生徒のよい点や（　①　）の状況などを積極的に評価し，学習したことの意義や価値を実感できるようにすること」と示しており，（　②　）との比較ではなく生徒一人一人のもつよい点や可能性などの多様な側面，（　①　）の様子などを把握し，年間や学期にわたって生徒がどれだけ成長したかという視点を大切にすることが重要であるとしている。

[選択肢]　ア　個性　　イ　他者　　ウ　進歩　　エ　多様性
　　　　　　オ　自己

(☆☆☆◎◎◎)

高　校　理　科

【共通問題】

【1】次の各問いに答えなさい。

(1)　質量10kgの物体が水平な床に置かれている。静止摩擦係数は0.50，重力加速度の大きさを9.8m/s²とすると，最大摩擦力の大きさは何Nか，答えなさい。

(2)　500gの水の温度を30℃から40℃に高めるときに必要な熱量は何Jか，答えなさい。ただし，水の比熱を4.2J/(g・K)とし，加えた熱はすべて水に蓄えられるものとする。

(3)　導線のある断面を，2.0mAの一定電流が1時間流れるとき，断面を通過した電気量は何Cか，答えなさい。

(4)　酸素原子には^{16}O，^{17}O，^{18}Oの3種類の同位体がある。これらの同位体の組合せによってできる酸素分子O_2は何種類あるか，答えなさい。

(5)　水溶液が酸性を示す塩を次の選択肢から1つ選び，記号で答えなさい。

ア　塩化ナトリウム　　　　イ　硫酸ナトリウム
ウ　炭酸水素ナトリウム　　エ　塩化アンモニウム

(6)　熱帯や亜熱帯の沿岸部や河口付近に広がる，ヒルギのなかまなどの常緑広葉樹から構成される植生を何というか，答えなさい。

(7)　生物が個体を形成し，生命活動を営むのに必要な一通りの遺伝情報を何というか，答えなさい。

(8)　火山岩では，マグマだまりなどで大きく成長した粗粒の結晶を，マグマの液体部分が急冷されてできた細かい結晶とガラスからなる

石基が取り囲んでいる。このような組織を何というか，答えなさい。

(9)　約27億年前の地層からストロマトライトとよばれる独特の層状構造をもつ岩石が発見されている。これは，マット状に群生した初期のある生物によってつくられたものであるが，ある生物とは何か，答えなさい。

(10)　赤道太平洋東部の広い範囲の海面水温が，数年に一度上昇する現象を何というか，答えなさい。

(☆☆◎◎◎)

【化学】

【１】次の各問いに答えなさい。

(1)　次の文は，「高等学校学習指導要領(平成30年告示)　第2章　各学科に共通する各教科　第5節　理科　第1款　目標」の一部である。文中の(　)に当てはまる語句を答えなさい。

> (3)　自然の事物・現象に(　①　)に関わり，科学的に(　②　)しようとする態度を養う。

(2)　「高等学校学習指導要領(平成30年告示)解説　理科編　理数編　第1部　理科編　第1章　総説　第4節　理科の科目編成　2　科目の編成」にある科目のうち，高等学校理科の必履修科目の科目数を2科目に設定したい。1科目に「生物基礎」を履修する場合，あと1科目は，何を履修すればよいか，答えなさい。

(3)　「高等学校学習指導要領(平成30年告示)解説　理科編　理数編　第1部　理科編　第3章　各科目にわたる指導計画の作成と内容の取扱い　2　内容の取扱いに当たっての配慮事項　(3)　コンピュータなどの活用」に，「(3)各科目の指導に当たっては，観察，実験の過程での情報の収集・検索，計測・制御，結果の集計・処理などにおいて，コンピュータや情報通信ネットワークなどを積極的かつ適切に活用すること。」とある。情報通信ネットワークを介して情報の収集・検索を行う場合，どのような指導をすることが大切か，答えな

さい。

(4) 次の文は,「高等学校学習指導要領(平成30年告示) 解説 理科編 理数編 第1部 理科編 第2章 理科の各科目 第4節 化学基礎 3 内容とその範囲,程度」の中の一部を抜粋したものである。文中の( )に当てはまる語句を答えなさい。ただし,同じ番号には同じ語句が当てはまるものとする。

⑦ 化学反応式について
　中学校では,第1分野「(4) 化学変化と原子・分子」で,簡単な化学式や化学反応式,化学反応の前後で物質の質量の総和が等しいこと,互いに反応する物質の質量比が一定であることについて学習している。
　ここでは,化学反応に関する実験などを行い,化学反応式が化学反応に関与する物質とその(①)を表すことを見いだして理解させることがねらいである。
　化学反応式の係数の比が化学反応における(②)の比を表すことを扱う。また,反応に関与する物質の質量や体積の間に成り立つ関係を(②)と関連付けて扱い,物質の変化量を化学反応式から求めることができるようにする。

(5) 次の文は,「高等学校学習指導要領解説 理科編 理数編(平成21年12月) 第1部 理科 第2章 各科目 第5節 「化学」 3 「化学」の内容とその範囲,程度」の中の一部を抜粋したものである。文中の( )に当てはまる語句を答えなさい。ただし,同じ番号には同じ語句が当てはまるものとする。

```
ア　化学反応とエネルギー
 (ア)　化学反応と熱・光
　　　化学反応における熱及び光の発生や吸収は，反応の前
　　後における物質のもつ化学エネルギーの(　①　)から生
　　じることを理解すること。
 (イ)　電気分解
　　　外部から加えた電気エネルギーによって，電極で(　②　)
　　反応が起こることを理解すること。また，その反応に関
　　与した物質の変化量と電気量との関係を理解すること。
 (ウ)　電池
　　　電池は，(　②　)反応によって電気エネルギーを取り
　　出す仕組みであることを理解すること。
```

(☆☆◎◎◎)

【２】次の各問いに答えなさい。

(1)　次の文章を読み，あとの各問いに答えなさい。

　　図Ⅰのような装置で，鉛蓄電池を用いて硫酸銅(Ⅱ)水溶液の電気
　分解を行った。鉛蓄電池の電解液には質量パーセント濃度36％の希
　硫酸1Lを用いた。また，電解槽には0.10mol/Lの硫酸銅(Ⅱ)水溶液が
　1L入っており，電極には白金を用いた。ファラデー定数は9.65×10^4C/molである。ただし，原子量はH　1.0　O　16　S　32　Cu　64
　Pb　207とする。

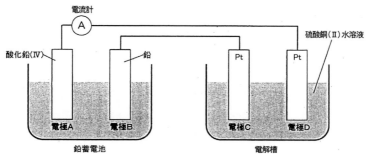

図Ⅰ

ア　鉛蓄電池の放電時の正極，負極における反応をそれぞれe^-を含むイオン反応式で答えなさい。

イ　4.0Aの一定電流を，2時間40分50秒間流した。このとき，電極Cの質量変化を増減(「増加・減少」のいずれかを答える)も含めて有効数字2桁で答えなさい。

ウ　図Ⅰの鉛蓄電池に用いた希硫酸(密度1.28g/cm³)1Lを，イのように放電させた後，希硫酸の質量パーセント濃度は何％になるか，有効数字2桁で答えなさい。

(2)　次の文章を読み，あとの各問いに答えなさい。

　　図Ⅱのように，A室，B室，仕切り板などからなる装置がある。A室，B室の温度は加熱装置でそれぞれ独立かつ均一に変えることができる。この仕切り板の左右で相互の気体の移動はなく，はじめ仕切り板はA室，B室が同体積となる中央に固定されている。また，気体封入口，点火装置の大きさは非常に小さく，A室，B室の体積に影響を与えるものではない。ただし，気体は全て理想気体として扱えるものとし，水の蒸気圧は3.6×10^3Pa(27℃)，気体定数は8.3×10^3Pa·L/mol·K)，原子量はH　1.0　C　12　O　16とする。

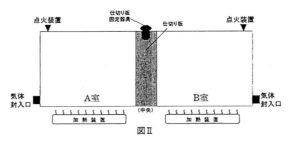

図Ⅱ

ア　27℃において，表に示した気体をA室，B室にそれぞれ封入した。仕切り板固定器具を外してしばらくすると，仕切り板はどこで停止するか。最も適するものを，下の選択肢から1つ選び，番号で答えなさい。

表

	A室		B室
C_3H_8	0.10 mol	CH_4	0.25 mol
O_2	1.0 mol	O_2	1.0 mol

①　A室側　　②　中央　　③　B室側

イ　次にA室，B室の点火装置を用い，C_3H_8ならびにCH_4をそれぞれ完全燃焼させた。その後装置全体を27℃に戻すと，A室，B室ともに液体の水が観測された。このときの仕切り板の位置はどこか。最も適するものを，次の選択肢から1つ選び，番号で答えなさい。ただし，液体の水の体積は無視できるものとする。

①　A室側　　②　中央　　③　B室側

ウ　イのとき，B室の体積は21Lであった。B室内の水のうち，液体として残っているのは何gか。有効数字2桁で答えなさい。

エ　次に装置全体を150℃まで上昇させると，A室，B室の両方から液体の水がなくなった。このとき，仕切り板の位置は中央ではなかった。ここで，A室，B室のいずれかのみの温度をさらに上昇させることで仕切り板の位置を中央に戻すには，A室，B室のどちらを，何℃まで上昇させるとよいか。有効数字2桁で答えなさい。

(☆☆☆◎◎◎)

【3】次の各問いに答えなさい。

(1) 次の文章を読み，下の各問いに答えなさい。

　　フッ素，塩素，臭素，ヨウ素などの17族の元素はハロゲンと呼ばれる。ハロゲンの原子は，価電子を7個もち，1価の陰イオンになりやすい。その単体はすべて二原子分子で，いずれも有色，有毒であり，分子全体として電荷のかたよりのない（　　）分子である。また，単体は①酸化力をもっており，いずれも電子を奪う力が強い。

　　単体の塩素は，図に示す装置を用いて，酸化マンガン(Ⅳ)に濃塩酸を加えて加熱し，発生する気体を洗気びんに通して捕集すると得られる。②塩素は水に少し溶けるが，図の装置における水が入った洗気びん中では，③塩素はほとんど水に溶けない。

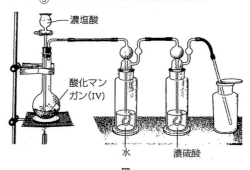

濃塩酸

酸化マン
ガン(Ⅳ)

水　　　濃硫酸

図

　　ハロゲンの水素化合物は，いずれも強い刺激臭をもち，室温で無色の気体であり，水によく溶け，酸性を示す。④フッ素以外のハロゲン化物イオンを含む水溶液に硝酸銀水溶液を加えると，難溶性塩であるハロゲン化銀が沈殿する。

ア　文中の（　　）に適する語句を答えなさい。

イ　下線部①について，ハロゲンの酸化力の違いによって水溶液中で起こる反応を次の選択肢からすべて選び，記号で答えなさい。

(a)　$2KCl + Br_2 \rightarrow 2KBr + Cl_2$　　　　(b)　$2KBr + Cl_2 \rightarrow 2KCl + Br_2$

(c)　$2KF + I_2 \rightarrow 2KI + F_2$　　　　(d)　$2KI + Cl_2 \rightarrow 2KCl + I_2$

ウ　下線部②の反応を，化学反応式で答えなさい。

エ　下線部③について，ウの化学反応式をもとに，その理由を答えなさい。

オ　下線部④について，25℃で$1.0×10^{-2}$mol/Lの塩酸100mL中に塩化銀は何mol溶解するか。有効数字2桁で答えなさい。ただし，塩化銀の溶解による体積変化は考えないものとし，塩化銀の溶解度は$1.0×10^{-2}$mol/Lより十分小さいものとする。

また，25℃における塩化銀の溶解度積K_{sp}を$1.8×10^{-10}$(mol/L)^{2}とする。

(2)　次の文章を読み，下の各問いに答えなさい。

四酸化二窒素は無色の気体であるが，解離して生成する二酸化窒素は赤褐色の気体である。常温ではこの2つの気体は，次のような平衡状態にある。

N_2O_4(気)　$\rightleftarrows$　$2NO_2$(気)

ア　四酸化二窒素と二酸化窒素の混合気体が平衡状態にあるとき，次の条件下

①　温度・体積一定

②　温度・全圧一定

でアルゴンを加えると，平衡はどちら向きに移動するか。次の選択肢から1つ選び，それぞれ記号で答えなさい。

(a)　左に移動する　　　(b)　右に移動する　　　(c)　移動しない

初めにn_1〔mol〕，体積V_1〔L〕の四酸化二窒素から反応が始まり，四酸化二窒素が解離度αで解離して平衡状態に達した。この反応中に温度と圧力は変化しなかったが，体積はV_2〔L〕になった。

イ　濃度平衡定数K_cをα，n_1，V_2を用いて求めなさい。

ウ　V_2はV_1の何倍になるか，αを用いて求めなさい。

エ　四酸化二窒素と二酸化窒素の混合気体が平衡状態にあるとき，混合気体の全圧をP〔Pa〕とすると圧平衡定数K_pをP，αを用いて答えなさい。

(☆☆☆◎◎◎)

【4】 次の各問いに答えなさい。ただし，構造式は【記入例】にしたがって答えなさい。

【記入例】
$$CH_3-CH-CH_2-O-C-CH_2-OH$$
$$\qquad\quad |\qquad\qquad\qquad ||$$
$$\qquad CH_3 \qquad\qquad\quad O$$

(1) 次の文章を読み，下の各問いに答えなさい。ただし，原子量はH 1.0　C　12　O　16とする。

　　炭素，水素および酸素からなる化合物Aを7.25mgとり，完全に燃焼させたところ，二酸化炭素11.0mgと水2.25mgが得られた。また，化合物Aの分子量は116であった。

　　ベンゼンに酸化バナジウム(V)を触媒として作用させ，空気酸化するとAの酸無水物Bが得られた。また，Bを加水分解すると再びAとなる。Aには幾何異性体Cが存在し，AとCに水を付加させるといずれからもDが生じる。Dには光学異性体が存在する。Dの炭素原子に直接結合している水素原子の1つをヒドロキシ基に置換すると，2個の不斉炭素原子をもつヒドロキシ酸Eになる。

　　また，Aに水素を付加させるとFが生成し，Fは濃硫酸を加えたエタノールと反応し，ジエチルエステルGになった。

ア　Aの分子式を答えなさい。

イ　Bの名称を答えなさい。

ウ　Cの構造式を幾何異性体の違いが分かるように答えなさい。

エ　Dの構造式を答えなさい。ただし，不斉炭素原子には*を付けて答えなさい。

オ　Eの立体異性体の数は何種類あるか，答えなさい。

カ　F，Gの構造式を答えなさい。

(2) サリチル酸，アニリン，ニトロベンゼン，フェノールを溶かしたエーテル溶液がある。この溶液に図のような操作を行ったところ，A〜Dにそれぞれ1種類ずつの芳香族化合物を分離することができた。このとき，あとの各問いに答えなさい。

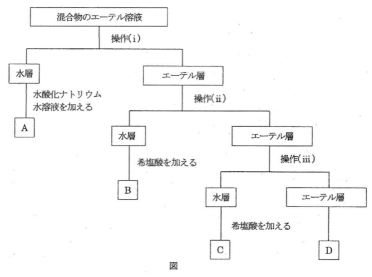

図

ア　図中の操作(i)～(iii)に適するものを次から選び，それぞれ番号
　で答えなさい。
　①　希塩酸を加えてよく振る。
　②　水酸化ナトリウム水溶液を加えてよく振る。
　③　二酸化炭素を吹き込みよく振る。
　④　炭酸水素ナトリウム水溶液を加えてよく振る。
イ　分離したB，Cの芳香族化合物の名称を答えなさい。
ウ　芳香族化合物A～Dをエタノール溶液に溶かした場合，分離操
　作を行うことができない。その理由を答えなさい。

（☆☆☆◎◎◎）

【５】次の各問いに答えなさい。
　(1)　次の文章を読み，あとの各問いに答えなさい。
　　　分子量が1万を超えるような巨大な分子を高分子といい，その化
　　合物を高分子化合物という。高分子1分子を構成する繰り返し単位
　　を重合度といい，ばらつきがあるので，平均値を用いて表す。高分

子化合物には，低分子量の化合物のように規則正しく原子が配置されている結晶部分だけでなく，乱雑に配置した無秩序な部分もあるために，一定の融点を示さず，<u>加熱をすると徐々にやわらかくなって変形するもの</u>が多い。例として，付加重合により生成されたポリエチレン，ポリプロピレンなどがある。

ア　下線部について，やわらかくなり始めるときの温度を何というか，答えなさい。

イ　下線部について，熱を加えるとやわらかくなり，冷やすと再びかたくなる性質をもつ高分子化合物のことを何というか，答えなさい。

(2) 次の文章を読み，下の各問いに答えなさい。

　α －アミノ酸の1つであるアラニン$NH_2CH(CH_3)COOH$は，分子内に酸性を示すカルボキシ基－$COOH$と，塩基性を示すアミノ基－NH_2をもち，酸と塩基の両方の性質を示す。

　アラニンの略号をAlaで表すと，水溶液中では図のように，Ala^+，$Ala^{\pm}$，Ala^-が平衡状態で存在している。また，アラニンの電離定数は$K_1=1.0\times10^{-2.3}$mol/L，$K_2=1.0\times10^{-9.7}$mol/Lである。

$$\begin{array}{ccccc}
H_3C-CH-COOH & \rightleftarrows & H_3C-CH-COO^- & \rightleftarrows & H_3C-CH-COO^- \\
\overset{|}{NH_3^+} & & \overset{|}{NH_3^+} & & \overset{|}{NH_2} \\
Ala^+ & & Ala^{\pm} & & Ala^-
\end{array}$$

図

$$Ala^+ \overset{K_1}{\rightleftarrows} Ala^{\pm} + H^+ \qquad K_1=\frac{[Ala^{\pm}][H^+]}{[Ala^+]}$$

$$Ala^{\pm} \overset{K_2}{\rightleftarrows} Ala^- + H^+ \qquad K_2=\frac{[Ala^-][H^+]}{[Ala^{\pm}]}$$

ア　pH＝2.0のとき，アラニンは，どの状態で最も多く存在するか。最も適するものを，次の選択肢から1つ選び，番号で答えなさい。

　① Ala^+　　② $Ala^{\pm}$　　③ Ala^-

イ　アラニンの等電点を，小数第1位まで求め，答えなさい。ただし，計算過程も示すこと。

(3)　次の文章を読み，下の各問いに答えなさい。

　　セルロースは，植物の細胞壁の主成分で，木綿，ろ紙などは，ほ
ぼ純粋なセルロースである。セルロースは<u>βーグルコース</u>単位どう
しが，（　A　）結合で次々と結びついた形で縮合重合し直線状に伸
びている。デンプンと異なり，らせん構造ではなく，直線状構造を
とっている。セルロースは還元性がなく，酵素である（　B　）によ
ってセロビオースに加水分解される。

　　また，セルロースに酢酸と無水酢酸及び少量の濃硫酸の混合溶液
を作用させると，トリアセチルセルロースが生成する。このトリア
セチルセルロースのエステル結合を部分的に加水分解して繊維にし
たものを（　C　）繊維という。このように天然繊維を化学的に処理
してから紡糸したものを半合成繊維といい，さまざまな用途に用い
られている。

ア　下線部について，βーグルコースの構造式を，【記入例】にし
　たがって答えなさい。

【記入例】

CH₂OH

イ　（　　　）に適する語句をそれぞれ答えなさい。

(☆☆◎◎◎)

【生物】

【１】次の各問いに答えなさい。

(1)　次の文は，「高等学校学習指導要領(平成30年告示)　第2章　各学
　科に共通する各教科　第5節　理科　第1款　目標」の一部である。
　文中の(　　　)に当てはまる語句を答えなさい。

> (3)　自然の事物・現象に(　①　)に関わり，科学的に(　②　)
> しようとする態度を養う。

(2)　「高等学校学習指導要領(平成30年告示)解説　理科編　理数編　第
1部　理科編　第1章　総説　第4節　理科の科目編成　2　科目の編
成」にある科目のうち，高等学校理科の必履修科目の科目数を2科
目に設定したい。このとき，1科目は「生物基礎」を履修する場合，
あと1科目は何を履修すればよいか，答えなさい。

(3)　「高等学校学習指導要領(平成30年告示)解説　理科編　理数編　第
1部　理科編　第3章　各科目にわたる指導計画の作成と内容の取扱
い　2　内容の取扱いに当たっての配慮事項　(3)　コンピュータな
どの活用」に，「(3)　各科目の指導に当たっては，観察，実験の過
程での情報の収集・検索，計測・制御，結果の集計・処理などにお
いて，コンピュータや情報通信ネットワークなどを積極的かつ適切
に活用すること。」とある。情報通信ネットワークを介して情報の
収集・検索を行う場合，どのような指導をすることが大切か，答え
なさい。

(4)　「高等学校学習指導要領(平成30年告示)　第2章　各学科に共通す
る各教科　第5節　理科　第2款　各科目　第6　生物基礎　2　内
容」には「生物基礎」を構成する3つの大項目が記載されている。
このうち「ヒトの体の調節」の項目に含まれる内容として適切なも
のを次の選択肢からすべて選び，記号で答えなさい。

　ア　生物の共通性と多様性　　　イ　免疫の働き
　ウ　遺伝情報とDNA　　　　　　エ　生態系と生物の多様性
　オ　生物とエネルギー　　　　　カ　植生と遷移
　キ　情報の伝達　　　　　　　　ク　体内環境の維持の仕組み

(5)　次の文は，「高等学校学習指導要領(平成30年告示)解説　理科編
理数編　第1部　理科編　第2章　理科の各科目　第7節　生物
1　性格」の一部である。文中の(　)に当てはまる語句を答えなさ
い。ただし，文中の(　)にはすべて同じ語句が入るものとする。

　　　「生物」の内容は，平成21年の改訂で近年の生命科学の急速な進歩を反映した内容を取り入れ，「生物基礎」と併せて学習内容の再構築を行ったので，今回の改訂ではその学習内容を基本的に踏襲しつつ改善を図っている。特に，（　　）の視点を重視する観点から，（　　）に関する学習内容を導入として位置付けている。

(☆☆◎◎◎)

【2】代謝に関する各文を読んで，あとの各問いに答えなさい。

Ⅰ　呼吸は，酸素が存在する条件下で行われ，グルコースなどの有機物が二酸化炭素と水に分解される過程でATPが合成される反応である。呼吸の過程は，解糖系・（　　）・電子伝達系に分けられる。

　　発芽種子の呼吸商を調べるために，図1のような装置を用いて，発芽種子AまたはBが呼吸をするときに吸収した酸素と放出した二酸化炭素の体積比を測定する実験を行った。フラスコ内に発芽種子と試験管を入れ，活栓を閉めた状態で実験を行った。フラスコ内の気体の減少量はメスピペット内の着色液の動きで測定した。フラスコ内の試験管には水酸化カリウム(KOH)水溶液または水を入れた。表は実験におけるフラスコ内の気体の減少量をまとめたものである。

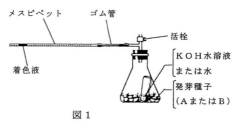

図1

条件	発芽種子Ａ	発芽種子Ｂ
ＫＯＨ水溶液	982mm³	1124mm³
水	20mm³	326mm³

表

(1) 文中の(   )に当てはまる語句を答えなさい。

(2) 電子伝達系においてNADHなどが酸化される過程でATPがつくられる反応を何というか，答えなさい。

(3) 実験で使用したKOH水溶液の役割を簡潔に答えなさい。

(4) 実験で発芽種子Aが放出した二酸化炭素量を答えなさい。

(5) フラスコ内の気体の減少量より，発芽種子Bの呼吸商及び発芽種子Bが用いた主な呼吸基質を答えなさい。ただし，呼吸商は小数第3位を四捨五入して小数第2位まで求めなさい。

Ⅱ 微生物が酸素を用いずに有機物を分解し，その過程でATPを合成するはたらきを_a発酵という。

アルコール発酵のはたらきについて，嫌気条件下でアルコール発酵の反応速度が温度によってどのように変化するかを調べるために，次の実験を行った。

【実験】

① 10％グルコース水溶液50mLを用意し，_b煮沸して室温まで冷ました後，乾燥酵母2gを加え，これを発酵液とした。

② 注射器を準備し，一定量の発酵液を吸い取り，図2のような発酵管を6本つくった。

③ ②の発酵管のそれぞれを20℃，30℃，40℃，50℃，60℃，70℃に保った温水中に1本ずつ入れ，約5分間置いたのち，10分間で発酵管内にたまる気体の体積を測定し，図3のようにグラフにまとめた。

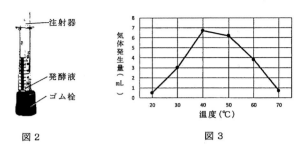

図２　　　　　　　　　　　　　　図３

(1)　文中の下線部aに関して，乳酸発酵において電子はどのように受け渡されるか。次の【　　】の語句をすべて用いて説明しなさい。

【　乳酸　　　NAD⁺　　　グルコース　】

(2)　文中の下線部bに関して，発酵液をつくるとき，グルコース水溶液を煮沸した理由を説明しなさい。

(3)　図3のグラフの結果より，アルコール発酵の反応速度が温度によって変化する理由を説明しなさい。

(4)　グルコースを用いてアルコール発酵が行われた場合の化学反応式を答えなさい。ただし，その際，生じるATPも含めて答えなさい。

(☆☆☆◎◎◎◎)

【３】DNAや遺伝子に関する各文を読んで，下の各問いに答えなさい。

Ⅰ　あるDNAの一方の鎖をH鎖とし，対をなす鎖をI鎖とする。H鎖の全塩基数のうちアデニンが25％，チミンが23％，シトシンが24％であった。

(1)　I鎖の全塩基数のうち，シトシンは何％を占めるか。

(2)　DNA全体では，全塩基数のうちグアニンは何％を占めるか。

Ⅱ　ある生物の染色体に含まれるDNAを調べたところ，4.5×10⁹個の塩基対からできており，DNAの塩基対10個分の長さが3.4nmであった。

(1)　1個のアミノ酸の平均分子量を110，この生物のDNAに含まれる1遺伝子が平均1500塩基対であり，このDNAの遺伝情報はすべてタンパク質を構成するアミノ酸を指定しているとすると，タンパク質の

平均分子量はいくらになるか，答えなさい。

(2) このDNAの全長は何mか。小数第2位を四捨五入して小数第1位まで求めなさい。

(3) 文中の下線部に関して，染色体およびDNAについて述べた文として正しいものを次の選択肢から1つ選び，記号で答えなさい。

ア ある染色体上に連鎖する3つの遺伝子A，B，Cについて，A−B間の組換え価が10％，A−C間の組換え価が20％であった。この場合，一般には遺伝子Aからみて遺伝子Cよりも遺伝子Bの方が染色体上の離れた位置にあると考えられる。

イ ヒトの体細胞は46本の染色体をもち，生殖細胞である卵や精子は23本の染色体をもつので，染色体の乗換えが起こらないとすると，生殖細胞に含まれる染色体の組み合わせは23^2通りである。

ウ 性染色体による性決定の様式に関して，ヒトはXY型で，ニワトリはZW型である。

エ すべての生物のDNAはヒストンに巻き付いた状態になっている。

Ⅲ バイオテクノロジーとは，生物がもつ機能を活用する技術である。バイオテクノロジーは，遺伝子を利用した技術を中心に発達し，遺伝子を増やす a PCR法や b 塩基配列や遺伝子発現の解析をする技術，c 遺伝子を生物に導入する技術などが考えられ，現在では医療や農業などの分野でも応用されている。

(1) 下線部aに関して，PCR法では温度を変化させながらDNAを増幅している。次の文はその温度変化の中で，約60℃に変化させるときの現象について述べたものである。文中の（　）に当てはまる語句を答えなさい。ただし，同じ番号の（　）には同じ語句が入るものとする。

約60℃にすることで，1本鎖DNAの複製する領域の（　①　）末端に，相補的な（　②　）が結合する。（　②　）は，新生鎖が伸長を開始する起点となる。

---

(2)　下線部bに関して，誤っているものを次の選択肢からすべて選び，記号で答えなさい。

　ア　電気泳動法では，DNAは陽極から陰極の方向に向かって移動する。

　イ　電気泳動法では，塩基対数の違いによってDNA断片を分離することができる。

　ウ　DNAの特定の塩基配列を識別してその部分を切断する酵素はDNAリガーゼであり，切断されたDNAは，DNAベクターによって連結される。

　エ　DNAの塩基配列を解読する技術には，DNAを複製させる際に，デオキシリボースよりO(酸素)が1つ少ないジデオキシリボースをもつヌクレオシド三リン酸を材料として少量混ぜて反応させる方法があり，サンガー法(ジデオキシ法)とよばれている。

　オ　1つの生物の全遺伝子を対象にした網羅的な解析を行うための技術に，転写されたmRNAの量から遺伝子の発現パターンを解析するDNAマイクロアレイ解析がある。

(3)　下線部cに関して，外来の遺伝子が導入され，その組換え遺伝子が体内で発現するようになった生物を何というか，答えなさい。

(4)　あるタンパク質がどの組織や細胞でどのように発現しているかを調べたい場合，GFP(緑色蛍光タンパク質)が利用されることがある。GFPが，ある遺伝子の発現の有無を調べるときの目印として広く用いられる理由を，次の【　　】の語句をすべて用いて説明しなさい。

　【　紫外線　　末端　】

(☆☆☆◎◎◎)

【4】生態系に関する各文を読んで，あとの各問いに答えなさい。

Ⅰ　生産者は光を利用して光合成を行い，有機物を生産している。生産者における有機物の生産過程や，その結果としての有機物の量を物質生産という。次の表は，世界各地のさまざまな生態系における生産者の現存量と純生産量を推定値で比較したものである。

生態系	面積 ($\times 10^6$km^2)	現存量		純生産量 ($\times 10^{12}$kg/年)
		平均値 (kg/m^2)	世界全体 ($\times 10^{12}$kg)	
森林	41.6	28.6	1191.1	72.4
草原	45.4	5.0	226.7	48.7
荒原	33.3	0.8	26.7	8.9
農耕地	13.5	0.7	8.9	9.1
陸地合計	149.3	9.7	1453.4	139.1
海洋合計	360.7	0.01	2.2	100.0

※　表中の陸地合計の面積は，表中に示した生態系以外の面積も含む

表

(1)　文中の下線部に関して，誤っているものを次の選択肢から1つ選び，記号で答えなさい。

ア　森林では一般に，高齢林になると総生産量はほぼ一定になるが，純生産量は減少していくため，成長量は少なくなる。

イ　アカザやダイズの集団は生産構造図において広葉型に分類される。

ウ　消費者においては，同化量から呼吸量・被食量・死滅量・不消化排出量を引いた残りが，成長量となる。

エ　生態系内を流れるエネルギーは，最終的には熱エネルギーとなって大気中に放出されるため，循環することはない。

(2)　表に関して述べた文として正しいものを次の選択肢から1つ選び，記号で答えなさい。

ア　単位面積当たりで比較した場合，農耕地が森林・草原・荒原よりも純生産量が多い。

イ　草原は，陸地全体の純生産量のうち，約15％を占めている。

ウ　森林は地球全体の純生産量のうち，約30％を占めている。

エ　生体量1kg当たりの年間の純生産量を森林と農耕地で比較した場合，森林の方が値が大きい。

(3)　単位面積当たりの現存量を純生産量で割った値は，その生態系における生産者のおよその平均寿命を表すといわれる。これに関して，表の値より，陸地と海洋の平均寿命の比較を述べたうえで，その平

247

均寿命の差になる理由を説明しなさい。

II　ある一定地域で生活する同種の個体の集まりを_a個体群とよぶ。個体群は，適当な生活空間と食物などがあれば個体数を増やし，個体群密度は高くなる。この個体群密度の変化に伴って，個体群を構成する個体の発育・生理などが変化することを_b密度効果という。

　　また，ある一定の場所に生活するすべての個体群の集まりを_c生物群集といい，この中で個体群は，同種間や異種間の競争など互いにさまざまな関係をもちながら生活している。

　　例えば，ガラパゴス諸島に生息しているフィンチは同じ種であっても島によってはくちばしの高さに違いがみられた。これは，複数種のフィンチにより食物をめぐる種間競争が起こった結果，形質に違いが生じたと考えられ，このような現象を(　　)といい，これは共進化の一例である。

　　生態系は生物群集とそれを取り巻く非生物的環境で構成されている。私たち人間の活動は，湖沼や河川，干潟や海，森林などの生態系をかく乱している。そのかく乱が一定の範囲をこえると，_d生態系のバランスはくずれ，生物の多様性が損なわれることがある。

(1)　文中の下線部aに関して，次の各問いに答えなさい。

(i)　ある池でフナを33匹採集し，すべてに標識をつけて池に戻した。数日後，フナを40匹採集すると，標識をつけたものが11匹いた。この池にはフナが何匹いると推定されるか。

(ii)　(i)のような標識再捕法を行う際には，注意すべき点がいくつかある。注意点のうち1つは，調査期間中に調査地での個体の移出・移入や死亡などによる個体数の大きな変動がないことがあげられる。これ以外の注意点を2つ説明しなさい。

(2)　文中の下線部bに関して，正しいものを次の選択肢から1つ選び，記号で答えなさい。

ア　個体群の成長を示す成長曲線は，ふつう，等比級数的に増加し続ける。

イ　植物でも密度効果はみられる。

ウ　トノサマバッタは，個体群密度が高くなると長いはねや長い後あし，少数の大きい卵を産むなどの群生相の形質をもつようになる。

エ　相変異は，トノサマバッタでのみ，みられる。

(3)　文中の下線部cに関して，誤っているものを次の選択肢から1つ選び，記号で答えなさい。

ア　岩礁のヒトデのように食物網の上位の捕食者が，その生態系のバランスを保つのに重要な役割を果たしている場合があり，このような生物種をキーストーン種という。

イ　マメ科植物と根粒菌，カクレウオとナマコの関係はそれぞれ相利共生の例である。

ウ　個体群間で生態的地位の重なりが大きい場合ほど，種間競争ははげしくなる。

エ　食物連鎖には，生きた生物からはじまるものと生物の遺骸や排出物，およびそれらの分解物からはじまるものがある。

(4)　文中の(　　)に当てはまる語句を答えなさい。

(5)　下線部dに関して，次の図1・2はある河川において汚水が流入したときにみられる水中に含まれる物質の濃度の変化と，生物相の変化を示したものである。図1の①〜④はアンモニア，硝酸塩，溶存酸素およびBOD(生物学的酸素要求量)のいずれかの濃度を表し，図2の⑤〜⑦は細菌類，原生動物，藻類のいずれかの個体数を表している。これらの図に関して述べた文として正しいものをあとの選択肢からすべて選び，記号で答えなさい。

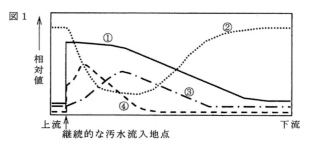

図1

相対値

上流　継続的な汚水流入地点　下流

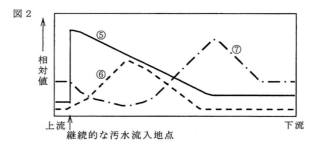

図2

ア　①はBOD，②は溶存酸素を示している。

イ　③はアンモニア，④は硝酸塩を示し，硝化細菌のはたらきが推測される。

ウ　⑥は細菌類，⑦は原生動物を示し，被食者－捕食者の関係が成り立っている。

エ　①の値が下流に行くほど下がったのは，全体の生物量が増加して，呼吸による酸素使用量が増加したためである。

オ　⑤は細菌類を示し，この細菌類などの微生物が流入した有機物を分解するため酸素が消費され，溶存酸素が減少する。

カ　下流に行くほど汚水流入前の状態にもどるのは，自然浄化がはたらいたからであり，この作用は生物によるものだけで行われている。

(☆☆☆☆◎◎◎)

【5】次の文章を読んで，あとの各問いに答えなさい。

　植物はさまざまな受容体によって，環境の変化を感知することができる。ただ，受容体によって環境の変化を感知する細胞と，その環境の変化に対して応答する細胞が，必ずしも同じ細胞であるとは限らない。そのような場合，環境が変化したという情報を，感知した細胞から反応する細胞へ伝えるしくみが必要である。植物において，このような情報の伝達にはたらく物質を総称して_a植物ホルモンという。

　例えば，植物が土壌の乾燥を感知すると，アブシシン酸が根の細胞で合成され，茎を通って葉に運ばれて葉の_b気孔を閉鎖させる。

運動は植物の環境に対する反応の1つである。この反応のうち，刺激の方向に対して一定の角度をもって屈曲する反応を_c屈性といい，植物の器官が刺激の方向とは無関係に，ある一定の方向に屈曲する反応を(　　　)という。

マカラスムギの幼葉鞘の先端部より下部を切り取り，次図①～④のように_dオーキシンを含む寒天片と，オーキシンを含まない寒天片ではさんでしばらく置き，オーキシンの移動を調べる実験を行った。なお，重力の方向は図に示すようになっており，図④では雲母片を幼葉鞘と寒天片の間にはさんでいる。

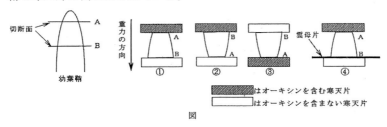

切断面　A　B　幼葉鞘

重力の方向

雲母片

は オーキシンを含む寒天片
は オーキシンを含まない寒天片

図

(1)　文中の(　　　)に当てはまる語句を答えなさい。

(2)　下線部aに関して，植物ホルモンのはたらきとして正しいものを次の選択肢からすべて選び，記号で答えなさい。

ア　アブシシン酸は，発芽の促進に作用する。

イ　ジベレリンは，種なしブドウをつくる際に利用される。

ウ　サイトカイニンは，頂芽優勢により側芽の成長を抑制する。

エ　エチレンは，果実の成熟促進や離層形成の促進に作用する。

オ　ブラシノステロイドは，縦方向に成長しやすいように細胞壁の構造を変える。

(3)　下線部bに関して，気孔が開くときのしくみを次の【　　】の語句をすべて用いて説明しなさい。

【　浸透圧　　膨圧　　細胞壁　】

(4)　文中の下線部cに関して，その例として正しいものを次の選択肢から1つ選び，記号で答えなさい。

ア　チューリップの花の開閉

251

　　イ　タンポポの花の開閉

　　ウ　オジギソウが接触刺激により葉を閉じる

　　エ　キュウリの巻きひげが支柱にまきつく

(5)　文中の下線部dに関して，次の各問いに答えなさい。

　(i)　植物が合成する天然のオーキシンは何と呼ばれるか，答えなさい。

　(ii)　茎や根におけるオーキシンに関連した内容として，誤っているものを次の選択肢から1つ選び，記号で答えなさい。

　　ア　トウモロコシの根を水平におくと，根冠の細胞の中のアミロプラストという細胞小器官が，細胞内で重力方向へ移動し，オーキシン排出輸送体も重力方向へ移動する。

　　イ　成長促進に関してオーキシンの感受性は根と茎で違いがあり，根は茎に比べて少量のオーキシンで成長が促進され，茎が成長促進される濃度では逆に成長が抑制される。

　　ウ　光屈性にはクリプトクロムという光受容体が関わっており，クリプトクロムが青色光を受容すると，オーキシン排出輸送体の細胞膜上での分布が変化し，オーキシンが光の当たる側から陰側へ輸送される。

　　エ　細胞が伸長するためには細胞壁の構造をゆるめる必要があり，このはたらきにオーキシンが関与している。

(6)　実験の結果，オーキシンを含まない寒天片にオーキシンが移動するものを図中からすべて選び，番号で答えなさい。

(7)　(6)に関連して，植物体内のオーキシンの移動には方向性がある。この実験に見られるような方向性をもった物質の移動を何というか，答えなさい。

　　　　　　　　　　　　　　　　　　　　　　　　(☆☆☆☆◎◎◎)

解答・解説

中 学 理 科

【1】(1) ① 資質・能力 ② 主体的 ③ 知的好奇心
④ 疑問 (2) あらかじめ自己の考えを形成したうえで行うように
すること。 (3) 生徒自身が観察，実験を中心とした探究の過程を
通じて課題を解決したり，新たな課題を発見したりする経験を可能な
限り増加させていくこと。

〈解説〉(1)(2) 「中学校学習指導要領(平成29年告示)解説 理科編 第1章
総説 2 理科改訂の要旨 (2) 理科の具体的な改善事項」には，「教
育課程の示し方の改善」「教育内容の改善・充実」「学習・指導の改善
充実や教育環境の充実等」の3つが示されている。(1)(2)は，「教育課程
の示し方の改善」のうち「資質・能力を育成する学びの過程について
の考え方」に関する内容である。 (3) これは，「教育内容の改善・
充実」のうち「教育内容の見直し」に関する内容である。

【2】(1) ① 量的・関係的 ② 質的・実体的 ③ 共通性・多
様性 ④ 時間的・空間的 (2) 比較したり，関係付けたりする
など科学的に探究する方法を用いて考えること。

〈解説〉(1)(2) 理科の学習においては，この「理科の見方・考え方」を
働かせながら知識や技能を習得したり，思考，判断，表現したりして
いくと同時に，学習を通して，「理科の見方・考え方」が豊かで確か
なものとなっていくと考えられている。なお，ここでいう「考え方」
とは，物事をどのように考えていくのかということであり，資質・能
力としての思考力や態度とは異なる。

【3】(1) 観察，実験を計画する場面で，考えを発表する機会を与えた
り，検証方法を討論したりしながら考えを深め合うなどの学習活動。

(2)　データを図，表，グラフなどの多様な形式で表したり，結果につ
いて考察したりする時間を十分に確保すること。　　(3)　レポートの
作成，発表，討論など知識及び技能を活用する学習活動。
〈解説〉これは，「十分な観察，実験の時間や探究する時間の設定」に関
する配慮事項である。(1)　「問題を見いだし観察，実験を計画する学
習活動」は，生徒が自然の事物や現象に進んで関わっていくために重
要と述べられている。　　(2)　「観察，実験の結果を分析し解釈する学
習活動」は，生徒の思考力，判断力，表現力等を育成するために重要
と述べられている。　　(3)　「科学的な概念を使用して考えたり説明し
たりする学習活動」も，(2)と同様に生徒の思考力，判断力，表現力等
の育成を図る観点から大切であると述べられている。

【４】(1)　ねばりけ　　　(2)　エ　　　(3)　偏光装置　　　(4)　①　石基
②　斑状組織　　　③　イ
〈解説〉(1)　火山の形が異なる要因としてマグマのねばりけが関係して
いる。ねばりけが小さいほどマグマは流れやすいためA(盾状火山)のよ
うな形となり，ねばりけが大きくなるにつれてB(成層火山)，C(溶岩ド
ーム)のような形となる。　　(2)　マグマのねばりけが小さい場合，マ
グマにふくまれるガス成分の圧力が少し高まるだけで爆発するため比
較的穏やかな噴火になりやすい。また，マグマのねばりけが小さい火
山の噴出物は黒や暗灰色のものが多い。したがって，Cの火山はAの火
山よりも激しく爆発的な噴火となり，火山噴出物の色は白っぽい。
(3)　偏光装置(偏光顕微鏡)とは，自然光を偏光に変えるものである。
岩石がもつ偏光特性を利用することで，形，大きさ，組織(集合状態)，
色などが観察できる。　　(4)　①　比較的大きな鉱物のまわりにある細
かな粒は，鉱物が成長できなかった粒やガラス質であり，この部分を
石基という。　　②　マグマが地表や地表付近で急激に冷却されたため
鉱物が大きく成長できなかった石基の間に，地下深部で晶出した比較
的大きな鉱物の結晶の斑晶がちらばっている組織を斑状組織という。
③　②のような岩石は火山岩に多く見られる特徴である。このことか

ら，深成岩であるアとエは誤りである。また，火山岩のうちセキエイをふくむ割合が最も大きいのは流紋岩である。流紋岩にはクロウンモもふくまれている。

【5】(1) 溶解度　(2) 塩化ナトリウムの溶解度は，温度による変化がほとんどなく，冷やしても出てくる塩化ナトリウムがほとんどないから。　(3) ア　(4) 20〔％〕　(5) エ

〈解説〉(1) 溶解度とは，ある温度の溶媒100gに溶解することができる溶質の質量〔g〕のことである。　(2) 一般に，固体の溶解度は温度が上昇するにつれて大きくなるが，水に対する塩化ナトリウムの溶解度は温度の影響をほとんど受けない。　(3) 硝酸カリウムの結晶は針状なので，アが正答である。なお，塩化ナトリウムの結晶は立方体状なのでウが該当し，ミョウバンの結晶は正八面体状なのでイが該当する。　(4) 溶質の質量が12.5g，溶液全体の質量が12.5＋50〔g〕なので，質量パーセント濃度＝$\frac{12.5}{12.5+50}×100≒20$〔％〕である。

(5) 図より，ミョウバンは20℃の水100gに対して約11g溶解することがわかるので，水50gには約5.5g溶解すると考えられる。したがって，(4)の水溶液の温度を20℃まで下げたときに結晶として析出するミョウバンの質量は，12.5－5.5＝7.0〔g〕である。

【6】(1) a hPa　b ウ　(2) a イ　b アもしくはウ

(3) ① 物体Aより体積が小さく，物体Bにかかる浮力は物体Aにかかる浮力よりも小さくなったため。　② 浮力の大きさは，水圧によって生じる上面にはたらく力と，下面にはたらく力の差で，水面からの深さには関係しないから。

〈解説〉(1) 1気圧は約1013〔hPa〕＝$1.013×10^5$〔Pa〕である。また，100gの物体にはたらく重力は約1Nなので，1〔Pa〕＝1〔N/m²〕＝$1.0×10^{-4}$〔N/cm²〕≒$1.0×10^{-2}$〔g/cm²〕であり，1気圧は$1.013×10^5$〔Pa〕≒$1.0×10^{-2}×1.013×10^5$〔g/cm²〕≒1013〔g/cm²〕となる。

(2) ストロー内部の空気が吸われるとストロー内部の気圧が小さくな

る。大気圧との差が生じるため，水は気圧が小さいストロー内部を上がっていく。　　(3)　①　アルキメデスの原理より，物体にはたらく浮力の大きさは物体の流体中にある部分の体積と同体積の流体の重さに等しい。よって，物体Aよりも体積が小さい物体Bにはたらく浮力の方が小さい。　　②　浮力は物体の鉛直上向きにはたらく力であり，流体の密度をρ〔kg/m³〕，重力加速度の大きさをg〔m/s²〕，物体の流体中にある部分の体積をV〔m³〕とすると，浮力の大きさF〔N〕は，$F=\rho Vg$と表せる。

【7】(1)　X　イ　　Y　エ　　Z　ウ　　(2)　ウ　　(3)　D　　(4)　イ，エ　　(5)　記号…④　名称…左心室　　(6)　鳥類は2心房2心室であるが，両生類は2心房1心室である。

〈解説〉(1)　器官Xは心臓と動脈でつながっており，かつ器官Yと血管D(肝門脈)でつながっている。肝門脈は小腸から吸収した栄養分を肝臓へ伝える血管なので，器官Xは肝臓，器官Yは小腸が該当する。器官Zは血液中の不要な物質をこしとるはたらきをもつことから，腎臓が該当する。　　(2)　血管Aは，心臓から肺へ血液を送り出しているので肺動脈である。肺動脈には，酸素濃度の低い静脈血が流れている。(3)　小腸では消化された栄養分の吸収が行われており，小腸を通過した血液に栄養分が多く含まれていると考えられる。　　(4)　胆汁には消化酵素は含まれない。また，肝臓の産熱量は全体の約20％である。(5)　左心室は全身へ血液を送り出す場所であり，血圧を高めるために壁の筋肉層は最も厚い。　　(6)　解答参照。

【8】(1)　1.2〔A〕　　(2)　500〔Ω〕　　(3)　270000〔J〕　　(4)　14.4〔kWh〕　　(5)　テーブルタップにつないだ電気器具のそれぞれに流れる電流の和が，コンセントにつながる導線に流れ，発熱によって火災につながることがあるから。　　(6)　95.7〔℃〕

〈解説〉(1)　電力〔W〕＝電流〔A〕×電圧〔V〕より，テレビに流れる

電流は$\frac{120}{100}$＝1.2〔A〕となる。　(2)　蛍光灯スタンドに流れる電流は$\frac{20}{100}$＝0.20〔A〕であり，オームの法則より電圧〔V〕＝電流〔A〕×抵抗〔Ω〕であるので，蛍光灯スタンドの電気抵抗の大きさは$\frac{100}{0.20}$＝500〔Ω〕となる。　(3)　ジュールの法則より，発熱量〔J〕＝電圧〔V〕×電流〔A〕×時間〔s〕という関係が成り立つ。トースターに流れる電流は$\frac{900}{100}$＝9.0〔A〕であり，5分は300秒なので，発熱量は100×9.0×300＝270000〔J〕となる。　(4)　1週間の消費電力の電力量〔kWh〕＝電力〔W〕×使用時間〔h〕×10^{-3}という関係式を用い，それぞれの電気器具の電力量を求めると，電気ポットが最も大きな値となる。電気ポットの1週間の消費電力の電気量は1200×12×10^{-3}＝14.4〔kWh〕となる。　(5)　解答参照。　(6)　電気ポットが発生させた熱量は1200×4×60＝288000〔J〕となる。また，800mLの水の質量は約800gであり，1gの水を1℃上昇させるために必要な熱量は4.2Jなので，電気ポットが発生させた熱量で上昇させることができる水の温度は$\frac{288000}{4.2×800}$≒85.7〔℃〕である。はじめの水温は10℃なので，最終的な水温は10＋85.7＝95.7℃である。

【9】(1)　対立形質　　(2)　①　AA，Aa，aa　　②　ウ　　(3)　検定交雑　　(4)　対になっている遺伝子が，減数分裂で分かれて別々の生殖細胞に入ること。

〈解説〉(1)　本問について，「丸」と「しわ」は対立形質である。

(2)　①　子の代の遺伝子の組み合わせはすべてAaである。これを自家受精してできた孫の代の遺伝子型は，AA：Aa：aa＝1：2：1の比率で現れる。よって，孫の代の種子の遺伝子の組み合わせは，AA，Aa，aaの3種類となる。　②　孫の代の遺伝子型の比率はAA：Aa：aa＝1：2：1なので，子の代と同じ遺伝子の組み合わせAaの種子は全体の$\frac{2}{4}$である。したがって，子の代と同じ遺伝子の組み合わせの種子は

$6000 \times \dfrac{2}{4} = 3000$ と考えられる。　　(3)　劣性ホモ接合体とは，劣性遺伝子を2つもつ個体のことである。　　(4)　解答参照。

【10】(1)　エ　　(2)　ア　　(3)　位置…(a)　　時間帯と方位…エ
(4)　①　金星が，地球の公転面とほぼ同じ平面上で公転しているため。
②　金星のほうが地球よりも公転周期が短く，金星が地球を追い抜いていくため。

〈解説〉(1)　図1より，日の入りの時刻17：10の月の位置を求める。月が真南に来る時刻である月南中時は15：18であり，このとき図2のウの位置に月が見える。月は1時間に15°東から西へ移動するので，約2時間後にはウの位置から西へ30°移動したことになるため，エの位置に見えると考えられる。　　(2)　月の見え方は新月→三日月→上弦の月(半月)→満月→下弦の月(半月)→新月と変化する。月の見え方と見える時間帯は決まっており，南中時は新月で正午，上弦の月は日の入り，満月は真夜中，下弦の月は日の出の時刻である。毎日同じ時刻に観察すると，月は形を変えながら西から東に動いているように見える。問題文より，午前の南西の空に見えた半月は日の出の時刻に南中した下弦の月と考えられる。ここで，月の満ち欠けの周期は約29.5日なので，下弦の月は一週間後には新月に見えていることになる。　　(3)　金星が太陽から最も離れて見えるのは，地球と太陽を結んだ直線と，地球と金星を結んだ直線のなす角が最も大きいときであり，これを金星の最大離角という。図3より，それぞれを結んだ直線のなす角度が最も大きいのは，金星が(a)の位置にあるときとなる。自転の向きから(a)の位置の金星は，夕方の西の空に見える。　　(4)　①　地球からの太陽の見え方には地球の公転軌道が影響しており，金星はこの公転面と同じ平面上を移動するため，金星が黄道付近を移動しているように見える。
②　地球と金星の公転周期を比べると，地球が約1年であるのに対して金星は約0.62年である。金星が地球よりも速く公転しているため，金星が地球を追い抜くと金星の動きが逆向きになっているように見える。

【11】(1) ① 化学 ② 電気 (2) ・金属板を大きくする。
・硫酸の濃度を大きくする。 (3) ① 亜鉛板付近で，水溶液中の
銅イオンが還元され単体の銅として析出し表面を覆ってしまうため。
② イ，エ，カ

〈解説〉(1) 電池(化学電池)とは，化学変化により化学エネルギーを電気
エネルギーに変換する装置である。図1はボルタ電池である。

(2) プロペラ付きモーターをより速く回すためには，より多くの電流
を流す必要がある。電極の種類を変えずにより多くの電流を流すため
には，電極板と電解質溶液との接触面積を大きくすることや，電解質
溶液の濃度を大きくして負極の金属板(亜鉛板)からのイオンの生成を
促進させることなどが挙げられる。 (3) ① 銅は亜鉛よりもイオン
になりにくい性質をもつため，水溶液中の銅イオンが亜鉛板から放出
された電子を受け取り単体の銅が析出したと考えられる。 ② ダニ
エル電池は，亜鉛板を硫酸亜鉛水溶液中にひたし，銅板を硫酸銅(Ⅱ)
水溶液中にひたし，硫酸亜鉛水溶液と硫酸銅水溶液を素焼き板で分離
したものである。負極(亜鉛板)では亜鉛板が溶解して電子を放出する
ことで亜鉛イオン濃度が大きくなり，正極(銅板)では銅イオンが電子
を受け取り銅の単体が析出するため銅イオン濃度が小さくなるため，
カは正しい。負極の亜鉛イオン濃度が小さいほど亜鉛板がイオン化し
て電子を放出しやすくなり，正極では銅イオンの濃度が大きいほど銅
の析出量が増えることで電流が流れる時間は長くなるので，イは正し
い。負極で増加した陽イオン(亜鉛イオン)や正極で増加した陰イオン
(硫酸イオン)は，素焼き板を通過してそれぞれ反対側に移動すること
で電荷のバランスが維持されるため，エは正しい。

【12】(1) ① 調和的 ② 協働 (2) ① 22 ② 自ら考え
(3) ① 自己 ② 道徳性 (4) ① ウ ② イ

〈解説〉(1) 生徒一人一人の道徳的価値に係る諸事象を，小・中学校の
段階を含めたこれまでの道徳科を要とする各教科等における学習の成
果や，「主として自分自身に関すること」，「主として人との関わりに

関すること」，「主として集団や社会との関わりに関すること」，「主として生命や自然，崇高なものとの関わりに関すること」の4つの視点を踏まえ，多面的・多角的に考察することを目指している。諸事象の背景にある道徳的諸価値の多面性に着目させ，それを手掛かりにして考察させて，様々な角度から総合的に考察することの大切さや，いかに生きるかについて主体的に考えることの大切さに気付かせることが重要としている。　(2)　文中の「中学生の発達的特質」とは，「中学校の段階は小学校の段階よりも心身両面にわたる発達が著しく，他者との連帯を求めると同時に自我の確立を求め，自己の生き方についての関心が高まる時期であり，やがて人生観や世界観ないし価値観を模索し確立する基礎を培う高等学校生活等につながっていくこと」を示している。なお，一人一人の生徒は必ずしも同一の発達をしているわけではないため，生徒一人一人への指導は，画一的な方法ではなく，多面的に深く理解するように配慮する必要があるとしている。

(3)　道徳科においては，各教科，総合的な学習の時間及び特別活動における道徳教育と密接な関連を図りながら，年間指導計画に基づき，生徒や学級の実態に即し，道徳科の特質に基づく適切な指導を展開する必要がある。出題の「道徳科の特質を理解する」においては，このことを踏まえて提示された6つの基本方針の1つである。なお，その他の5つの基本方針は，「信頼関係や温かい人間関係を基盤に置く」，「生徒の内面的な自覚を促す指導方法を工夫する」，「生徒の発達や個に応じた指導方法を工夫する」，「問題解決的な学習，体験的な活動など多様な指導方法の工夫をする」，「道徳教育推進教師を中心とした指導体制を充実する」である。それぞれ内容を確認されたい。　(4)　学習における評価とは，生徒にとっては，自らの成長を実感し意欲の向上につなげていくものであり，教師にとっては，指導の目標や計画，指導方法の改善・充実に取り組むための資料となるものである。教育において指導の効果を上げるためには，指導計画の下に，目標に基づいて教育実践を行い，指導のねらいや内容に照らして生徒の学習状況を把握するとともに，その結果を踏まえて，学校としての取組や教師自ら

の指導について改善を行うという流れが重要である。学校の教育活動全体を通じて行う道徳教育における評価については，教師が生徒一人一人の人間的な成長を見守り，生徒自身の自己のよりよい生き方を求めていく努力を評価し，それを勇気付ける働きをもつようにすることが求められる。

高 校 理 科

【共通問題】

【1】 (1) 49〔N〕 (2) 2.1×10^4〔J〕 (3) 7.2〔C〕 (4) 6種類
(5) エ (6) マングローブ (7) ゲノム (8) 斑状組織
(9) シアノバクテリア (10) エルニーニョ現象

〈解説〉(1) 静止摩擦係数μ，垂直抗力Nとすると，最大摩擦力Fは$F = \mu N$と表せる。ここで，質量m，重力加速度の大きさgとすると，$N = mg$と表せるので，最大摩擦力の大きさは$F = \mu mg = 0.50 \times 10 \times 9.8 = 49$〔N〕となる。 (2) 水の比熱が4.2〔J/(g・K)〕なので，1gの水の温度を1℃上昇させるために4.2Jの熱量が必要となる。したがって，500gの水の温度を10℃上昇させるのに必要な熱量は，$4.2 \times 500 \times 10 = 2.1 \times 10^4$〔J〕となる。 (3) ある断面を時間$t$〔s〕の間に$q$〔C〕の電気量が通過したとき，電流の大きさ$I$〔A〕は$I = \dfrac{q}{t}$と表せる。したがって，導線のある断面を2.0mAの一定電流が1時間流れるとき，断面を通過した電気量は$q = It = 2.0 \times 10^{-3} \times 60 \times 60 = 7.2$〔C〕となる。

(4) 酸素分子O_2は酸素原子が2つ結合したものである。2つの酸素原子の組合せは^{16}Oと^{16}O，^{16}Oと^{17}O，^{16}Oと^{18}O，^{17}Oと^{17}O，^{17}Oと^{18}O，^{18}Oと^{18}Oの6通りである。 (5) 塩化アンモニウムは強酸である塩酸と弱塩基であるアンモニアからなる塩なので，その水溶液は酸性を示す。

(6) マングローブ林はオヒルギやメヒルギなどの常緑広葉樹から構成されている。 (7) 遺伝子やDNAは誤り。ほとんどの生物の体細胞には，ゲノムが2セット含まれている。 (8) 地表や地表付近でマグマ

261

が急速に冷却されると，鉱物の結晶は大きくなれず，粒径が小さく，斑晶と細粒の石基からなる斑状組織をもつ火山岩となる。　(9)　ストロマトライトをつくったシアノバクテリア(ラン藻類)は，約27億年前には出現していた生物である。　(10)　数年に一度，赤道太平洋で貿易風が弱まることで東部の海面水温が平年より数℃高い状態が半年以上続く状態をエルニーニョ現象という。反対に，貿易風が強まることで海面水温が低い状態が続く状態をラニーニャ現象という。また，この一連の現象と連動して起こるインドネシア付近での気圧の変動(南方振動)と併せてエルニーニョ・南方振動(ENSO)ともいう。

【化学】

【１】(1)　①　主体的　　②　探究　　(2)　科学と人間生活　　(3)　情報通信ネットワークを介して得られた情報は適切なものばかりではないことに留意した指導を行う。　　(4)　①　量的関係　　②　物質量　(5)　①　差　　②　酸化還元

〈解説〉(1)　本問では，育成を目指す資質・能力のうち，学びに向かう力や人間性等に関する目標について書かれている。学びに向かう力や人間性等を育成するに当たっては，生徒の学習意欲を喚起し，生徒が自然の事物・現象に進んで関わり，主体的に探究しようとする態度を育てることが重要である。これらの態度を養うことが変化の激しい社会の中で生涯にわたって主体的，創造的に生きていくために大切であり，「生きる力」の育成につながると述べられている。　　(2)　高等学校理科の必履修科目の科目数を2科目に設定するためには，「科学と人間生活」，「物理基礎」，「化学基礎」，「生物基礎」，「地学基礎」のうち「科学と人間生活」を含む2科目とすればよい。　　(3)　コンピュータや情報通信ネットワークなどを積極的かつ適切に活用することで，自然の事物・現象を科学的に探究するために必要な資質・能力を効果的に育成することができる。具体的には，研究機関が公開している最新のデータや専門的なデータを収集・検索することなどが挙げられる。(4)(5)　各科目の「内容とその範囲，程度」に関する空欄補充問題は出

題頻度が高いので，よく整理しておくこと。

【2】(1)　ア　正極…$PbO_2 + 4H^+ + SO_4^{2-} + 2e^- \rightarrow PbSO_4 + 2H_2O$
負極…$Pb + SO_4^{2-} \rightarrow PbSO_4 + 2e^-$　　イ　13〔g〕増加　　ウ　34〔%〕
(2)　ア　①　　イ　③　　ウ　8.5〔g〕　　エ　A室を1.7×10^2℃まで
上昇させる。

〈解説〉(1)　ア　鉛蓄電池は，放電時には負極で鉛が酸化され，正極で
は酸化鉛(Ⅳ)が還元される。　イ　4.0Aの電流を2時間40分50秒(9650
秒)間流したときの電気量は，$4.0 \times 9650 = 3.86 \times 10^4$〔C〕である。また，
ファラデー定数とは電子1molのもつ電気量の大きさなので，この
とき流れた電子の物質量は$\dfrac{3.86 \times 10^4}{9.65 \times 10^4} = 0.4$〔mol〕である。ここで，電
極Cでは，$Cu^{2+} + 2e^- \rightarrow Cu$という反応が生じることで白金電極の表面に
銅が析出する。反応式より，2molの電子が流れると1molの銅が析出す
るため，0.4molの電子が流れたときに析出する銅の物質量は0.2molで
ある。したがって，析出する銅の質量は$0.2 \times 64 = 12.8$〔g〕である。
ウ　質量パーセント濃度36%の希硫酸1L中に含まれる硫酸の質量は，
$1.28 \times 1000 \times \dfrac{36}{100} = 460.8$〔g〕である。イより，流れた電子の物質量は
0.4molなので，負極で鉛と硫酸イオンが反応したことで減少した硫酸
の物質量は0.2molであり，その質量は$0.2 \times 98 = 19.6$〔g〕である。した
がって，未反応の硫酸の質量は$460.8 - 19.6 = 441.2$〔g〕であり，この
ときの希硫酸の質量パーセント濃度は，体積の変化を無視すると
$\dfrac{441.2}{1.28 \times 1000} \times 100 \fallingdotseq 34$〔%〕となる。　(2)　ア　室内の圧力は，室内
に存在する気体の物質量に比例する。A室の気体の物質量は$0.10 +$
$1.0 = 1.10$〔mol〕，B室の気体の物質量は$0.25 + 1.0 = 1.25$〔mol〕であり，
A室の圧力＜B室の圧力である。したがって，仕切り板はA室側に移動
する。　イ　A室のプロパン(C_3H_8)を完全燃焼させたとき，それぞれの
成分の物質量について次の量的関係が成り立つ。

	C_3H_8	$+$	$5O_2$	$\rightarrow$	$3CO_2$	$+$	$4H_2O$
反応前	0.1		1.0		0		0
変化量	-0.1		-0.5		0.3		0.4

	反応後	0	0.5	0.3	0.4

また，B室のメタン(CH_4)を完全燃焼させたとき，それぞれの成分の物質量について次の量的関係が成り立つ。

	CH_4	+	$2O_2$	→	CO_2	+	$2H_2O$
反応前	0.25		1.0		0		0
変化量	−0.25		−0.5		0.25		0.5
反応後	0		0.5		0.25		0.5

ここで，反応後に装置全体を27℃に戻したことで発生した水の一部が液体となっているが，A室，B室ともに27℃における水の蒸気圧は等しいため，水以外の気体の圧力を比較すればよいことになる。A室に含まれる水以外の気体の物質量は0.5＋0.3＝0.8〔mol〕，B室に含まれる水以外の気体の物質量は0.5＋0.25＝0.75〔mol〕なので，A室の圧力＞B室の圧力となるため仕切り板はB室側に移動する。　ウ　完全燃焼後にB室に含まれる水の物質量は0.50molであり，全て水蒸気と考えるとその圧力は$\dfrac{0.50\times8.3\times10^3\times(273+27)}{21}≒59.3\times10^3$〔Pa〕である。しかし，実際に水蒸気となったのは$3.6\times10^3$〔Pa〕分だけなので，液体として残っている水は$59.3\times10^3－3.6\times10^3＝55.7\times10^3$〔Pa〕分であり，これを質量に換算すると$18\times0.50\times\dfrac{55.7\times10^3}{59.3\times10^3}≒8.5$〔g〕となる。

エ　仕切り板を中央に戻すためには，A室とB室の圧力と体積を等しくする必要がある。A室の圧力P_A，体積V_A，物質量n_A，絶対温度T_A，気体定数Rとすると$P_AV_A＝n_ART_A$となり，B室の圧力P_B，体積V_B，物質量n_B，絶対温度T_Bとすると$P_BV_B＝n_BRT_B$となる。ここで，$P_A＝P_B$，$V_A＝V_B$より，$n_AT_A＝n_BT_B$となる。イより，$n_A＝1.20$〔mol〕，$n_B＝1.25$〔mol〕であり，$T_B＝273＋150＝423$〔K〕なので，これらを代入すると$T_A＝\dfrac{1.25\times423}{1.20}≒441$〔K〕となる。したがって，仕切り板を中央に戻すためには，A室の温度を441−273＝168($≒1.7\times10^2$)〔℃〕まで上昇させる必要がある。

【3】(1) ア　無極性　　イ　(b), (d)　　ウ　$Cl_2 + H_2O \rightleftarrows HCl + HClO$
エ　フラスコ部分の加熱により発生した塩化水素が，洗気びんの水に溶け，ウの反応式の平衡が左にかたよっているから。　　オ　1.8×10^{-9}〔mol〕　　(2) ア　①　(c)　　②　(b)　　イ　$K_c = \dfrac{4n_1\alpha^2}{(1-\alpha)V_2}$
ウ　$1 + \alpha$〔倍〕　　エ　$K_p = \dfrac{4\alpha^2}{(1+\alpha)(1-\alpha)}P$

〈解説〉(1)　ア　ハロゲン分子は，原子間の結合に極性をもたないので無極性分子である。　　イ　ハロゲン分子の酸化力は，$F_2 > Cl_2 > Br_2 > I_2$という順に強い。(b)の反応では，Brの酸化数が-1から0に変化し(酸化され)，Clの酸化数が0から-1に変化した(還元された)が，これはCl_2が酸化剤として作用しているからである。同様に，(d)の反応では酸化力の強いCl_2が酸化剤としてはたらいている。　　ウ　塩素を水に溶かすと次亜塩素酸(HClO)が生成する。　　エ　解答参照。　　オ　溶解している塩化銀の濃度をx〔mol/L〕とすると，1.0×10^{-2}〔mol/L〕の塩酸中の塩素イオン濃度は$[Cl^-] = (1.0 \times 10^{-2} + x)$〔mol/L〕，銀イオン濃度は$[Ag^+] = x$〔mol/L〕である。ここで，塩化銀の溶解度積$K_{sp} < [Ag^+][Cl^-]$となる場合，過剰分の塩化銀が溶解せず沈殿が生じる。よって，溶解できる塩化銀を考える場合は$K_{sp} = [Ag^+][Cl^-] = x \times (1.0 \times 10^{-2} + x) = 1.8 \times 10^{-10}$〔$(mol/L)^2$〕となる場合を考え，これを$x$について解くと$x \fallingdotseq 1.8 \times 10^{-8}$〔mol/L〕となる(ただし，$x^2$は非常に小さくなるため$x^2 = 0$とした)。したがって，100mLの塩酸中に溶解する塩化銀の物質量は$1.8 \times 10^{-8} \times \dfrac{100}{1000} = 1.8 \times 10^{-9}$〔mol〕である。
(2)　ア　①　体積が一定で反応に関与しないアルゴンを加えても，それぞれの気体の分圧は変化しないため平衡状態に影響を与えない。
②　アルゴンを加えたことで体積が増加した場合，それぞれの気体の分圧が減少するため，全体の圧力が増加する方向へ平衡は移動する。したがって，平衡は右に移動する。　　イ　問題文より，それぞれの気体の物質量について次の量的関係が成り立つ。

	N_2O_4	$\rightleftarrows$	$2NO_2$
反応前	n_1		0

変化量　　　$-\alpha n_1$　　　　　　　　$2\alpha n_1$

反応後　　　$(1-\alpha)n_1$　　　　　　$2\alpha n_1$

したがって，濃度平衡定数は$K_c=\dfrac{[\mathrm{NO_2}]^2}{[\mathrm{N_2O_4}]}=\dfrac{\left(\dfrac{2n_1\alpha}{V_2}\right)^2}{\dfrac{(1-\alpha)n_1}{V_2}}=\dfrac{4n_1\alpha^2}{(1-\alpha)V_2}$と

表せる。　ウ　圧力と温度が一定なので，気体の体積は物質量に比例する。反応前の気体の物質量はn_1であり，反応後の気体の物質量は$(1-\alpha)n_1+2\alpha n_1=(1+\alpha)n_1$なので，反応後の気体の物質量は反応前の物質量の$1+\alpha$〔倍〕である。したがって，反応後の気体の体積$V_2$は，反応前の気体の体積$V_1$の$1+\alpha$〔倍〕である。　エ　分圧＝全圧×モル分率と表せるので，平衡状態での四酸化二窒素と二酸化窒素の分圧をそれぞれ$P_{\mathrm{N_2O_4}}$，$P_{\mathrm{NO_2}}$とすると，$P_{\mathrm{N_2O_4}}=\dfrac{(1-\alpha)n_1}{(1+\alpha)n_1}P=\dfrac{1-\alpha}{1+\alpha}P$，

$P_{\mathrm{NO_2}}=\dfrac{2\alpha n_1}{(1+\alpha)n_1}P=\dfrac{2\alpha}{1+\alpha}P$と表せる。したがって，圧平衡定数は

$K_p=\dfrac{P_{\mathrm{NO_2}}{}^2}{P_{\mathrm{N_2O_4}}}=\dfrac{\left(\dfrac{2\alpha}{1+\alpha}P\right)^2}{\dfrac{1-\alpha}{1+\alpha}P}=\dfrac{4\alpha^2}{(1+\alpha)(1-\alpha)}P$となる。

【4】(1)　ア　$C_4H_4O_4$　　イ　無水マレイン酸

ウ　　　　　　　　　　エ　　　　　　　オ　3種類

カ　F　　　　　　　　G

(2)　ア　(i)　①　　(ii)　④　　(iii)　②　　イ　B　サリチル酸
C　フェノール　　ウ　エタノールは水によく溶けるため，水層とエタノール層に分離しないから。

〈解説〉(1) ア　$11.0mg$のCO_2に含まれるCの質量は$11.0 \times \dfrac{12}{44} = 3.00$〔mg〕であり，$2.25mg$の$H_2O$に含まれるHの質量は$2.25 \times \dfrac{2}{18} = 0.25$〔mg〕，化合物Aに含まれるOの質量は$7.25 - (3.00 + 0.25) = 4.00$〔mg〕である。よって，化合物Aに含まれるそれぞれの原子の数はC：H：O$= \dfrac{3.00}{12} : \dfrac{0.25}{1} : \dfrac{4.00}{16} = 0.25 : 0.25 : 0.25 = 1 : 1 : 1$なので，化合物Aの組成式はCHOとなる。さらに，分子量が116なので化合物Aの分子式は$C_4H_4O_4$である。　イ　酸化バナジウム(V)を触媒としてベンゼンを空気酸化すると，最終的に無水マレイン酸が生じる。　ウ　化合物Bは化合物Aの無水物なので，化合物Aはマレイン酸ということがわかる。マレイン酸は2つのカルボキシ基がシス型に配置したものであり，その幾何異性体であるフマル酸(化合物C)は2つのカルボキシ基がトランス型に配置したものである。　エ　マレイン酸とフマル酸はいずれも二重結合をもち，二重結合に水が付加することでリンゴ酸(化合物D)となる。リンゴ酸は，結合する4つの原子や原子団が全て異なる炭素原子(不斉炭素原子)をもつ。　オ　化合物Dの炭素原子に直接結合している水素原子の1つをヒドロキシ基に置換することで得られる不斉炭素原子を2つもつ化合物Eは，酒石酸である。酒石酸は2つの不斉炭素をもつため4種類の立体異性体が考えられるが，それらのうち2つは同一化合物でありメソ体と呼ばれ，実際には3種類の立体異性体しか存在しない。　カ　マレイン酸に水素を付加すると，コハク酸(化合物F)となる。エステル化は，カルボキシ基がもつヒドロキシ基とアルコールがもつ水素から水が生成する脱水縮合反応である。

(2)　ア　(i)　アニリンは塩基性であり，塩酸と反応してアニリン塩酸塩となり水に溶ける。その後，アニリン塩酸塩を水酸化ナトリウムで中和しアニリンに戻す。したがって，操作(i)には①が該当する。

(ii)　サリチル酸とフェノールは酸性であり，酸の強さはサリチル酸＞炭酸水＞フェノールである。よって，炭酸よりも強い酸であるサリチル酸は炭酸水素ナトリウムと反応すると塩を生じるため水に溶ける。一方，フェノールは塩を生じないためエーテル層に残る。したがって，

操作(ii)には④が該当する。　(iii)　フェノールは水酸化ナトリウムと反応するとナトリウムフェノキシドを生じて水に溶けるが，ニトロベンゼンは中性であり塩基と反応せずエーテル層に残る。したがって，操作(iii)には②が該当する。　イ　アより，Bはサリチル酸，Cはフェノールが該当する。　ウ　有機化合物はエーテルなどの有機溶媒に溶けやすいが，酸や塩基と反応し塩になると水に溶けやすくなるためエーテル層から水層に移動する。このような有機化合物の溶解性の違いを利用することで，混合物の分離操作を行っている。

【5】(1)　ア　軟化点　　イ　熱可塑性樹脂　　(2)　ア　①

イ　$[Ala^+] = \dfrac{[Ala^\pm][H^+]}{K_1}$　$[Ala^-] = K_2 \times \dfrac{[Ala^\pm]}{[H^+]}$ となり，

$[Ala^+] = [Ala^-]$ より　$\dfrac{[Ala^\pm][H^+]}{K_1} = K_2 \times \dfrac{[Ala^\pm]}{[H^+]}$

したがって，$[H^+]^2 = K_1K_2$ となり，

$[H^+]^2 = 10^{-2.3} \cdot 10^{-9.7} = 10^{-12.0}$　∴　$[H^+] = 10^{-6.0}$　　　　等電点　6.0

(3)　ア

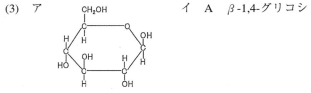

イ　A　β-1,4-グリコシド

B　セルラーゼ　　C　アセテート

〈解説〉(1)　ア　固体の高分子化合物の温度が上昇し，粘性の大きな液体になるときの温度を軟化点という。多くの高分子化合物は明確な融点を示さない。　イ　いったん硬化すると熱を加えても柔らかくならないものを，熱硬化性樹脂という。　(2)　ア　アミノ酸の水溶液の陽イオン，陰イオン，双性イオンの電荷の総和が全体として0となるpHのことを等電点という。アラニンの等電点は6.0なので，それよりも酸性側のpHの溶液中では①の陽イオンのアラニンが増加し，塩基性側のpHの溶液中では②の陰イオンのアラニンが増加する。　イ　等電点では，アラニンの陽イオン濃度と陰イオン濃度は等しくなる。

(3)　ア　β-グルコースの1位の炭素に結合するヒドロキシ基と4位の炭素に結合するヒドロキシ基は，反対の向きである。　イ　A　セルロースは，多くのβ-グルコースがβ-1,4-グリコシド結合を介して縮合した多糖類である。　B　セルロースのグリコシド結合を加水分解する酵素をセルラーゼという。　C　アセテート繊維のように，天然高分子がもつヒドロキシ基を化学変化させてつくられる繊維のことを半合成繊維という。

【生物】

【1】(1)　①　主体的　　②　探求　　(2)　科学と人間生活　　(3)　情報源や情報の信頼度について検討を加え，引用の際には引用部分を明確にすること　　(4)　イ・キ・ク　　(5)　進化

〈解説〉(1)　本問では，育成を目指す資質・能力のうち，学びに向かう力や人間性等に関する目標について書かれている。学びに向かう力や人間性等を育成するに当たっては，物質とその変化に対して主体的に関わり，それらに対する気付きから課題を設定し解決しようとする態度など，科学的に探究しようとする態度を養うことが重要と述べられている。　(2)　高等学校理科の必履修科目の科目数を2科目に設定するためには，「科学と人間生活」，「物理基礎」，「化学基礎」，「生物基礎」，「地学基礎」のうち「科学と人間生活」を含む2科目とすればよい。　(3)　情報通信ネットワークを介して情報の収集・検索を行う場合の指導では，「情報通信ネットワークを介して得られた情報は適切なものばかりでないことに留意すること」，および「情報の収集・検索を行う場合には，情報源や情報の信頼度について検討を加え，引用の際には引用部分を明確にすること」が大切であると述べられている。(4)　「ヒトの体の調節」の項目には，「情報の伝達」，「体内環境の維持の仕組み」，「免疫の働き」の3つの内容が含まれている。　(5)　「生物」の内容は，特に「進化」の視点を重視したものに改訂された。これにより，「生物」の内容は，①「生物の進化」，②「生命現象と物質」，③「遺伝情報の発現と発生」，④「生物の環境応答」，⑤「生態と環境」

の5つの大項目から構成されることになった。

【２】Ⅰ　(1)　クエン酸回路　　(2)　酸化的リン酸化　　(3)　二酸化炭
素を吸収する　　(4)　962〔mm³〕　　(5)　呼吸商…0.71　　呼吸基質
…脂肪　　Ⅱ　(1)　グルコースがピルビン酸に分解される過程で生じ
た電子をNAD⁺が受け取ってNADHがつくられる。その後，ピルビン
酸はNADHから電子を受け取り還元され，乳酸を生じる。

(2)　水溶液に含まれる気体を取り除くため　　(3)　アルコール発酵は
酵素反応であり，発酵に関与する酵素の活性が温度によって影響を受
けるため　　(4)　$C_6H_{12}O_6 \rightarrow 2CO_2 + 2C_2H_5OH + 2ATP$

〈解説〉Ⅰ　(1)　呼吸(好気呼吸)の過程は，解糖系→クエン酸回路→電子
伝達系の3つから構成される。　　(2)　呼吸において，電子伝達系では
酸化的リン酸化が行われる。なお，解糖系で行われるグルコースの分
解によるATP合成のことを，基質レベルのリン酸化という。　　(3)　解
答参照。　　(4)　発芽種子が呼吸をすると，酸素が吸収されて二酸化炭
素が放出される。フラスコ内の試験管にKOH水溶液を入れた場合，二
酸化炭素はKOH水溶液に吸収されるため，このときの気体の減少量は
酸素の吸収量を表している。一方，フラスコ内の試験管に水を入れた
場合，水は二酸化炭素を吸収しないので，このときの気体の減少量は
酸素の吸収量から二酸化炭素の放出量を引いた量を表している。した
がって，発芽種子Aの二酸化炭素の放出量は982－20＝962〔mm³〕と
なる。　　(5)　呼吸商＝$\dfrac{\text{放出した二酸化炭素の体積}}{\text{吸収した酸素の体積}}$と表せることから，
$\dfrac{1124-326}{1124} \fallingdotseq 0.71$となる。呼吸基質(呼吸により分解された物質)によっ
て呼吸商の値は決まり，呼吸基質が脂肪の場合の呼吸商の値は約0.7で
ある。　　Ⅱ　(1)　解答参照。　　(2)　発酵は嫌気条件下で行われるため，
あらかじめ10％グルコース水溶液中の溶存酸素を取り除いておく必要
がある。　　(3)　図3より，40℃で気体発生量が最大となっていること
から，この酵素の最適温度は40℃付近であることがわかる。なお，酵
素はタンパク質なので最適温度を著しく超えると変性し，酵素活性は

低下する。　(4)　アルコール発酵では，グルコースを分解することで二酸化炭素とエタノールが生成する。このとき，1分子のグルコースからは2分子のATPが生じる。

【3】 Ⅰ　(1)　28〔%〕　　(2)　26〔%〕　　Ⅱ　(1)　55000　　(2)　1.5〔m〕　　(3)　ウ　　Ⅲ　(1)　①　3′　　②　プライマー　　(2)　ア・ウ　　(3)　トランスジェニック生物　　(4)　発現を調べたいタンパク質について，その遺伝子の末端にGFPの遺伝子を組みこむと，そのタンパク質の遺伝子が転写されるときにGFPの遺伝子も転写され，GFPのついたタンパク質ができる。このタンパク質が紫外線を当てると蛍光として示されるから。

〈解説〉Ⅰ　(1)　H鎖とI鎖の塩基数をそれぞれ100とすると，H鎖のアデニンの数は25，チミンの数は23，シトシンの数は24となり，グアニンの数は100−(25+23+24)=28である。H鎖のアデニン，チミン，シトシン，グアニンはそれぞれI鎖のチミン，アデニン，グアニン，シトシンと対になるため，I鎖のシトシンの数はH鎖のグアニンの数と等しく28である。したがって，I鎖の全塩基数のうちシトシンの割合は28%である。　(2)　(1)より，H鎖のグアニンの数は28，I鎖のグアニンの数は24となるため，DNA全体ではグアニンの割合は$\frac{28+24}{200}×100=26$〔%〕である。　Ⅱ　(1)　アミノ酸は3塩基につき1個指定されるため，このタンパク質は1500÷3=500〔個〕のアミノ酸から構成されている。1個のアミノ酸の平均分子量は110なので，このタンパク質の平均分子量は110×500=55000である。　(2)　このDNAは4.5×10^{9}個の塩基対からできており，塩基対10個分の長さが3.4nmなので，このDNAの全長は$4.5×10^9×\frac{3.4}{10}=15.3×10^8$〔nm〕≒1.5〔m〕である。　(3)　ア　組換え価が大きいほど染色体上での遺伝子の位置が離れているため，遺伝子Aからみて遺伝子Cの方が遺伝子Bよりも離れている。イ　ヒトの生殖細胞は，23本の染色体をそれぞれ父由来または母由来のいずれかから受け継ぐため，染色体の組合せは2^{23}通りである。
エ　原核生物の染色体DNAは，ヒストンに似たタンパク質に結合して

核様体をつくっている。　Ⅲ　(1)　DNAは約95℃に加熱すると1本鎖となり，次に50〜60℃まで温度を下げると1本鎖DNAの複製領域の3′末端にプライマーという短い1本鎖DNAが結合する。　(2)　ア　電気泳動法では，DNAは陰極から陽極の方向に向かって移動する。これは，DNAのリン酸が水溶液中では負の電荷をもっているからである。

ウ　特定の塩基配列を切断する酵素のことを制限酵素という。

(3)　トランスジェニック生物の例として，ヒトの成長ホルモン遺伝子を組み込むことで多量の成長ホルモンを分泌し通常よりも体が大きくなるマウス(スーパーマウス)などが挙げられる。　(4)　解答参照。

【4】Ⅰ　(1)　ウ　　(2)　ウ　　(3)　平均寿命の値が海洋に比べて陸地で大きくなっている。これは海洋での主な生産者は植物プランクトンで，陸地は樹木などが主な生産者であることに起因しているからである。　Ⅱ　(1)　(i)　120〔匹〕　　(ii)　・標識は簡単に消えないもので，標識をつけられた個体の行動が，標識のない個体と変わらないこと　・最初の捕獲と再捕獲は，同じ方法，時間，場所で行うこと

(2)　イ　(3)　イ　(4)　形質置換　(5)　ア・オ

〈解説〉Ⅰ　(1)　消費者の成長量は，同化量から呼吸量，被食量，死滅量を引いたものであり，不消化排出量は引かない。　(2)　表より，森林の純生産量が地球全体に占める割合は$\frac{72.4}{139.1+100.0}\times100≒30$〔％〕なので，ウが正しい。　(3)　現存量とは，ある時点での一定面積内に存在する生物体の量を重量(質量)やエネルギー量で表したものである。陸地の主な生産者である植物は大型なものが多いが，海洋の主な生産者である植物プランクトンは微小な生物である。　Ⅱ　(1)　(i)　行動範囲の広い動物の個体数を調査する場合は，標識再捕法を用いる。標識再捕法では，全体の個体数＝最初に捕獲して標識した個体数×$\frac{2度目に捕獲した個体数}{再捕獲された標識個体数}$という関係が成り立つため，池にいるフナの個体数＝$33\times\frac{40}{11}=120$〔匹〕となる。　(ii)　解答参照。

(2)　ア　密度効果が生じると個体数の増加が収束する。　ウ　群生相

の形質をもつようになったトノサマバッタの後あしは短い。　エ　ト
ノサマバッタ以外にも，ヨトウガなどで相変異がみられる。　(3)　カ
クレウオとナマコの関係は片利共生である。カクレウオはナマコの体
内で身を隠すことができるが，ナマコはカクレウオから利益も不利益
も受けない。　(4)　形質置換とは，種間競争が生じた結果，共進化が
起こり生物個体の形質が変化することである。　(5)　汚水が流入する
と水質汚濁の指標であるBODが増加するが，汚水に含まれる有機物を
細菌類が分解することで溶存酸素が消費されるため，①はBOD，②は
溶存酸素が該当する。有機物が分解されるとアンモニウムイオンが増
加し，さらに硝化菌のはたらきにより硝酸イオンが増加するため，③
は硝酸塩，④はアンモニアが該当する。また，汚水が流入すると，有
機物を分解する細菌類が増え，その後，細菌類を捕食する原生動物が
増える。また，無機塩類が増えることで藻類が増加するので，⑤は細
菌類，⑥は原生動物，⑦は藻類が該当する。自然浄化には，上記の生
物による作用ばかりでなく，汚濁物質が沈殿・希釈される作用も含ま
れている。

【5】(1)　傾性　　(2)　イ・エ・オ　　(3)　孔辺細胞内の浸透圧が上昇
し，細胞内に水が流入して，細胞内の膨圧が上昇する。孔辺細胞は細
胞の外側が内側に比べて細胞壁が薄くなっており，膨圧で外側が伸び
て湾曲することで気孔が開く。　　(4)　エ　　(5)　(i)　インドール酢
酸　　(ii)　ウ　　(6)　①・③　　(7)　極性移動
〈解説〉(1)　インゲンマメの茎は光の方向に向かって屈曲するが，これ
を屈性という。一方，タンポポの花弁は光とは無関係にあらかじめ決
まった方向に曲がり，これを傾性という。　(2)　ア　アブシシン酸の
はたらきは気孔を閉ざすことや発芽を抑制することである。　ウ　サ
イトカイニンは，側芽の成長を促進するはたらきをもつ。　(3)　浸透
圧上昇にはカリウムイオン濃度の上昇が関与する。　(4)　アは温度に
対する傾性，イは光に対する傾性，ウは接触に対する傾性の例である。
(5)　(i)　オーキシンとは，植物細胞の成長を促進させるはたらきをも

つ化学物質の総称である。インドール酢酸の他にもフェニル酢酸など
が挙げられる。　　(ii)　光屈性には，フォトトロピンという光受容体が
関与している。　　(6)　オーキシンは植物体の先端部で合成され，茎の
中を基部方向に移動する。②はA側にオーキシンが存在しないため，
オーキシンを含まない寒天片へ移動しない。④は黒雲母がオーキシン
の移動を妨げるため，オーキシンを含まない寒天片へ移動しない。

(7)　オーキシンが極性移動するのは，細胞膜に存在する2種類のタン
パク質のはたらきが関わっている。

2020年度　実施問題

中　学　理　科

【1】「中学校学習指導要領(平成29年告示)解説　特別の教科　道徳編」について，次の各問いに答えなさい。

(1) 次の文は，「第2章　第2節　道徳科の目標」である。(　　)に当てはまる語句を答えなさい。

> 　第1章総則の第1の2の(2)に示す道徳教育の目標に基づき，よりよく生きるための基盤となる道徳性を養うため，道徳的諸価値についての理解を基に，自己を見つめ，物事を広い視野から多面的・多角的に考え，人間としての生き方についての考えを深める学習を通して，道徳的な(　①　)，心情，(　②　)と態度を育てる。

(2) 「第3章　第1節　内容の基本的性格　1 (1)」には，道徳科において扱う内容項目を指導する上での留意事項が述べられている。(　　)に当てはまる語句を答えなさい。

> 　内容項目は，生徒自らが道徳性を養うための(　①　)となるものである。なお，その指導に当たっては，内容を端的に表す言葉そのものを教え込んだり，(　②　)な理解にのみとどまる指導になったりすることがないよう十分留意する必要がある。

(3) 「第4章　第2節　道徳科の指導　1」には，指導にあたる際に必要な基本方針として6つ述べられている。(　　)に当てはまる語句を答えなさい。

> ①　道徳科の特質を理解する
> ②　信頼関係や温かい人間関係を基盤に置く

③　生徒の（　ア　）な自覚を促す指導方法を工夫する

④　生徒の発達や個に応じた指導方法を工夫する

⑤　問題解決的な学習、（　イ　）な活動など多様な指導方法の
　工夫をする

⑥　道徳教育推進教師を中心とした指導体制を充実する

(4)　「第5章　第2節　道徳科における生徒の学習状況及び成長の様子
についての評価　2 (1)」には，道徳科に関する評価の基本的な考え
方が述べられている。（　）に当てはまる語句を下の選択肢から選
び，記号で答えなさい。

> 　評価に当たっては，(中略)，一面的な見方から多面的・多角
> 的な見方へと発展しているか，（　①　）の理解を（　②　）との
> 関わりの中で深めているかといった点を重視することが重要
> である。

〔選択肢〕　ア　道徳的価値　　イ　内容項目　　ウ　他者
　　　　　　エ　自分自身

(☆☆☆◎◎◎)

【２】　次の文は「中学校学習指導要領(平成29年告示)解説　理科編　第2
章　第1節　教科の目標」である。これについて，後の各問いに答え
なさい。

> 　自然の事物・現象に関わり，理科の（　①　）を働かせ，見通し
> をもって観察，実験を行うことなどを通して，自然の事物・現
> 象を科学的に（　②　）するために必要な資質・能力を次のとおり
> 育成することを目指す。
> (1)　自然の事物・現象についての（　③　）を深め，科学的に
> 　（　②　）するために必要な観察，実験などに関する基本的な
> 　（　④　）を身に付けるようにする。
> (2)　観察，実験などを行い，科学的に（　②　）する力を養う。

(3)　自然の事物・現象に(　⑤　)関わり，科学的に(　②　)しようとする態度を養う。

(1)　文中の(　　)に当てはまる語句を答えなさい。ただし，同じ番号には同じ語句が入る。

(2)　文中の下線部「見通しをもって観察，実験を行う」ためには，どのようなことを考えさせることが大切か答えなさい。

(3)　次の文は，文中の(3)の解説の一部である。(　　)に当てはまる語句を答えなさい。

> また，自然環境の保全や科学技術の利用に関する問題などでは，人間が自然と調和しながら(　　)をつくっていくため，身の回りの事象から地球規模の環境までを視野に入れて，科学的な根拠に基づいて賢明な意思決定ができるような態度を身に付ける必要がある。

(☆☆☆◎◎◎)

【3】次の文は「中学校学習指導要領(平成29年告示)解説　理科編　第3章　1　指導計画作成上の配慮事項」の一部である。これについて，下の各問いに答えなさい。

> (4)　日常生活や他教科等との関連を図ること。

> (5)　障害のある生徒などについては，学習活動を行う場合に生じる困難さに応じた指導内容や指導方法の工夫を計画的，組織的に行うこと。

(1)　理科の内容の中には，日常生活や社会に密接な関わりをもっているものが多いことから，「中学校学習指導要領(平成29年告示)解説　理科編」では，学習を進めるに当たり，どのようなことが大切であると示されているか答えなさい。

(2)　障害のある生徒などを指導する際，生徒の学習負担や心理面にも

配慮する必要があるが，「中学校学習指導要領(平成29年告示)解説
理科編」では，理科における配慮として，どのようなものが例示さ
れているか答えなさい。

(☆☆☆○○○)

【４】Aさんは，図のような，ある純物質でできた底面積が6.0cm²の円柱
状の物体が何でできているかを調べるために，下の【実験】を行い，
密度を求めることにした。これについて，下の各問いに答えなさい。
ただし，糸の質量及び体積は考えないものとする。

図

糸

円柱状
の物体

【実験】

① 図のように，円柱状の物体に糸をつける。
② (　　　)を使って，円柱状の物体の質量を測定すると32.5gで
あった。
③ 水平な台の上に置いた100cm³のメスシリンダーに水を
40.0cm³入れ，この中に図の物体を完全に沈め，目盛りを読み
取ったところ，52.0cm³となった。
④ ②と③の測定結果をもとに，密度を求める。

(1) 【実験】の②で，(　　　)に入る実験器具名を答えなさい。

(2) 【実験】の③で，メスシリンダーの目盛りを読み取るときの留意
点を「メニスカス」「水平」「10分の1」の3つの語句を用いて答えな
さい。

(3) 【実験】の④で求めた密度はいくらか，小数第1位まで求め，単位
も答えなさい。また，この物質は何か，次の選択肢から1つ選び，

記号で答えなさい。

　ア　アルミニウム　　イ　鉄　　ウ　銅　　エ　金

(4)　この物体が水に沈んだ理由を説明しなさい。

(☆☆◎◎◎)

【5】次の図の4本の試験管には，それぞれ別の気体が入っている。試験管に入っている気体を調べるために実験を行い，結果を【表】にまとめた。これについて，下の各問いに答えなさい。ただし，4種類の気体は酸素，二酸化炭素，アンモニア，水素のいずれかである。

図

試験管Ａ　　　試験管Ｂ　　　試験管Ｃ　　　試験管Ｄ

【表】

試験管	におい	空気と比べた重さ	水への溶けやすさ	緑色のＢＴＢ溶液の色の変化	石灰水の変化
A	なし	少し重い	溶けにくい	変化なし	変化なし
B	なし	非常に軽い	溶けにくい	変化なし	変化なし
C	なし	重い	少し溶ける	黄色に変化	白くにごる
D	刺激臭あり	軽い	非常によく溶ける	青色に変化	

(1)　試験管Aに入っている気体を捕集するのに最も適したものを，次の選択肢から1つ選び，記号で答えなさい。また，その捕集方法の名称を答えなさい。

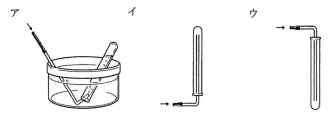

ア　　　　　　　イ　　　　　　ウ

(2)　試験管Cに入っている気体は，炭酸カルシウムと塩酸を反応させることで発生させることができる。このときに起こる化学変化を化学反応式で表しなさい。

(3)　試験管Dに入っている気体のように，刺激臭のある気体を，次の選択肢から全て選び，記号で答えなさい。

　　ア　窒素　　イ　塩化水素　　ウ　塩素　　エ　メタン

(4)　4種類の気体のうち，有毒な気体を化学式で表しなさい。

(5)　有毒な気体を扱った実験を行うに当たり留意すべきことを簡潔に答えなさい。

(☆☆◎◎◎)

【6】3種類の植物A〜Cについて，花のつくりをルーペで観察し，それぞれの花の特徴を【表】のようにまとめた。【表】の図1〜3は，観察した植物A〜Cの花のつくりのスケッチである。これについて，下の各問いに答えなさい。

【表】

	植物A	植物B	植物C
スケッチ	図1	図2	図3
特徴	・花弁が4枚あり，1枚ずつ離れていた。 ・おしべは，長いものと短いものを合わせて6本あった。 ・めしべは1本で，根元の部分が膨らんでおり，ここをカッターナイフで切ると，中に<u>小さい粒</u>が入っていた。	・花全体を見ると花弁がたくさんあるように見えるが，1枚の花弁に見えたものが1つの花であった。 ・5枚の花弁が1つにくっついていた。 ・めしべのまわりをおしべが取り囲んでいた。	・花弁やがくはなかったが，殻のようなものがあった。 ・殻のようなものの内側には，6本のおしべと1本のめしべがあった。 ・めしべの先端は2つに分かれており，細い毛が付いていた。

(1)　植物Aについて，下線部のものを何というか，答えなさい。

(2) 植物Bのように，花弁が1つにくっついている植物のなかまを次の選択肢から全て選び，記号で答えなさい。

ア　ツツジ　　イ　エンドウ　　ウ　アブラナ　　エ　サクラ
オ　アサガオ

(3) 植物Cの花のつくりを詳しく調べるために，図4の双眼実体顕微鏡を使うことにした。この顕微鏡の操作の正しい手順になるよう下の文を並べ替え，記号で答えなさい。

図4

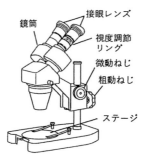

ア　左右の鏡筒を動かし，接眼レンズの幅を目の幅に合わせる。
イ　左目でのぞきながら視度調節リングを回し，ピントを合わせる。
ウ　観察するものをステージにのせ，粗動ねじをゆるめて鏡筒を上下に動かし，およそのピントを合わせ，粗動ねじをしめる。
エ　右目でのぞきながら微動ねじを回し，ピントを合わせる。

(4) 3種類の植物A～Cをある視点でなかま分けすると，植物Aと植物Bは同じなかまに分類でき，根を見ると主根と側根からなることが共通していた。植物Aと植物Bの葉を見たとき，共通していることは何か答えなさい。

(5) 植物の分類の段階は，次のように，右ほど下位の段階であり，この順で，次第に小さな群で分けられている。(　　)に当てはまる語句を答えなさい。

門－綱－目－(　①　)－(　②　)－種

(☆☆☆◎◎◎◎)

281

【7】鉄と硫黄は結びついて別の物質になることを調べるために，次の
　【実験】を行い，結果を【表】にまとめた。これについて，下の各問
　いに答えなさい。

　【実験】

> ①　図1のように，鉄粉を9.8g，硫黄5.6gはかりとり，乳鉢でよ
> 　く混ぜ合わせる。これを4本の試験管A，B，C，Dにおよそ均
> 　等になるよう分けて入れる。
> ②　図2のように，試験管Aに入れた混合物の上部を加熱する。
> 　<u>赤く色が変わり始めたら，加熱をやめて</u>変化のようすを観察
> 　する。変化が終わったら，試験管を十分冷ます。試験管Cにつ
> 　いても加熱し，変化が終わったら十分に冷ます。
> ③　図3のように，試験管Aにフェライト磁石を近づけ，つき方
> 　を調べる。試験管Bについても同様に調べる。
> ④　図4のように，試験管C，Dそれぞれに5%塩酸を2，3滴入れ
> 　る。
> ⑤　④で発生した気体のにおいを確認する。

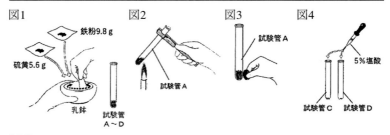

図1　　　　　　　図2　　　　　　図3　　　　　　図4

　【表】

	磁石を近づける	うすい塩酸を入れる
加熱した試験管	（試験管A） 磁石に引きつけられなかった。	（試験管C） 卵の腐ったようなにおいの ある気体が発生した。
加熱していない 試験管	（試験管B） 磁石に引きつけられた。	（試験管D） 無臭の気体が発生した。

(1)　【実験】の②について，下線部のように加熱をやめる理由を説明

しなさい。

(2) 【実験】の⑤について，発生する気体のにおいを確認した後，直ちににおいのある試験管に水を入れて反応を止めなければならない。この理由について，発生する気体名を明らかにして，その気体の性質に触れて説明しなさい。

(3) この実験では，過不足なく鉄と硫黄が結びつく。しかし，ある班が誤って鉄を10.8g，硫黄を6.4g準備していた。この班の実験において，鉄と硫黄を過不足なく反応させるため，いずれか一方の物質を追加したい。①何を②何g追加すればよいか，答えなさい。ただし，質量は小数第1位まで求めること。

(4) 次の文は，実験結果をもとに書いた【考察】である。ただし，この【考察】には適切でない内容がある。適切でない内容に下線を引き，そのように判断した理由を答えなさい。

【考察】

> 磁石を近づけたときのようすと，うすい塩酸を加えたときに発生した気体から，鉄と硫黄は，加熱することで別の物質になったと考えられる。このことから，鉄と硫黄以外の物質についても，加熱すれば結びついて別の物質になることが分かった。

(☆☆☆◎◎◎)

【8】気象要素や天気に関する次の各問いに答えなさい。

(1) ある日に校庭で気象観測を行った。空を見渡すと，空全体を10としたとき雲量は7であり，雨や雪は降っていなかった。図1の風向計で風向を調べたところ，図2のようになった。また，風力を風力計で調べると，風力は4であった。このときの校庭で観測した天気，風向，風力を表す天気図記号を図3に書き入れなさい。

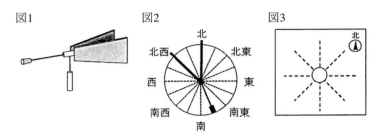

図1　図2　図3

(2)　ある部屋に氷水の入ったコップを置いていたところ，コップの表面に水滴が付いていることが観察できた。図4は，このとき，部屋に設置していた乾湿計の示度を表したものであり，表1は湿度表の一部である。

①　このときの湿度は何％か，答えなさい。

図4　　　表1

乾球温度計　湿球温度計
〔℃〕　　〔℃〕

乾球の示	乾球と湿球の示度の差（℃）					
度〔℃〕	0.0	0.5	1.0	1.5	2.0	2.5
15	100	94	89	84	78	73
14	100	94	89	83	78	72
13	100	94	88	83	77	71
12	100	94	88	82	76	70
11	100	94	87	81	75	69
10	100	93	87	81	74	68

②　表2は，温度と飽和水蒸気量の関係を表したものである。この表から，①のときの空気1m³中に含まれる水蒸気量は何gか，小数第1位まで求めなさい。

表2

温度〔℃〕	飽和水蒸気量〔g/m³〕	温度〔℃〕	飽和水蒸気量〔g/m³〕	温度〔℃〕	飽和水蒸気量〔g/m³〕
7	7.8	11	10.0	15	12.8
8	8.3	12	10.7	16	13.6
9	8.8	13	11.3	17	14.5
10	9.4	14	12.1	18	15.4

③　コップの表面に水滴が付いた理由を，次の2つの条件を満たすように説明しなさい。

条件1：「露点」の語を用いる。

　　　条件2：水滴が付きはじめたときの，コップの表面にふれている
　　　　　　空気の温度を表2から求め，説明に用いる。
(3)　次のA～Dは，同じ時刻に4日間続けて記録された天気図である。

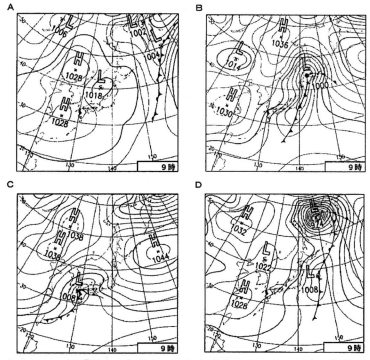

(出典：2019年「過去の気象データ」気象庁ホームページを一部改変)
　①　AとBを比較したとき，宮崎市において風が強いのはどちらか，
　　記号で答えなさい。また，そのように判断した理由を簡潔に答え
　　なさい。
　②　A～Dを観測した順序になるよう，記号を並べ替えなさい。ま
　　た，そのように判断した理由を簡潔に答えなさい。

　　　　　　　　　　　　　　　　　　　　　　　　(☆☆☆◎◎◎)

【9】 地震に関する次の各問いに答えなさい。

(1) 図は，ある地震のP波，S波がA市，B市に届くまでの時間と震源
からの距離の関係を示している。また，C市で，この地震によるP波，
S波が届いた時刻の差を計ったところ20秒間であった。

図

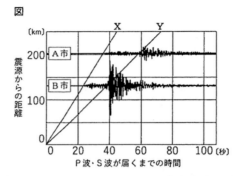

① P波を表しているグラフは，X，Yのうちどちらか，記号で答え
なさい。

② P波が届いてからS波が届くまでの時間を何というか答えなさい。

③ A，B，Cの3つの市を震源から近い順に並べるとどのような順
序になるか，記号で答えなさい。

(2) 次の文は，気象庁の地震情報(震源に関する情報)の一部である。
これについて後の各問いに答えなさい。

震源に関する情報

令和　元年　5月10日08時51分　気象庁発表

きょう10日08時48分ころ，地震がありました。

震源地は，日向灘(北緯31.8度，東経132.1度)で，震源の深さは
約20km，地震の規模(マグニチュード)は6.3と推定されます。

この地震により，日本の沿岸では若干の海面変動があるかも
しれませんが，被害の心配はありません。

(出典：2019年「地震情報」気象庁ホームページより)

① この地震において，宮崎県のある地点では，歩いている人のほとんどがゆれを感じ，電線は大きくゆれていた。この地点の震度を次の選択肢から選び，記号で答えなさい。

ア　震度3　　イ　震度4　　ウ　震度5弱　　エ　震度5強

② 南海トラフで発生が予想される巨大地震では，宮崎県も津波による大きな被害が想定されている。この巨大地震に深く関係するプレートを次の選択肢から2つ選び，記号で答えなさい。

ア　北アメリカプレート　　　イ　太平洋プレート

ウ　ユーラシアプレート　　　エ　フィリピン海プレート

オ　南アメリカプレート　　　カ　インド・オーストラリアプレート

(☆☆☆◎◎◎)

【10】次のア〜エの方法で，12kgの荷物を2mの高さまで持ち上げる仕事を行った。これについて下の各問いに答えなさい。ただし，100gの物体にはたらく重力の大きさを1Nとし，滑車やひもの質量，摩擦などは考えないものとする。また，( )には仕事をするのに要した時間を示している。

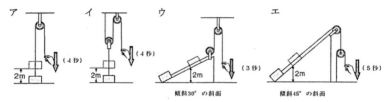

(1) ひもを引く力が最も小さかった方法はどれか。当てはまるものを記号で答えなさい。

(2) 仕事率が最も大きかった方法はどれか。当てはまるものを記号で答えなさい。

(3) (2)のときの仕事率を求め，単位も答えなさい。

(4) 仕事の原理を説明しなさい。

(☆☆☆◎◎◎)

【11】唾液のはたらきを調べるために，次の【実験】を行い，結果を【表】にまとめた。これについて，後の各問いに答えなさい。

【実験】

> ①　図1のように，試験管Aにデンプンのりと唾液，試験管Bにデンプンのりと水を入れ，よく振って混ぜる。
> ②　図2のように，A，Bの試験管を約40℃の湯の中に約10分間入れる。
> ③　試験管A，Bの液を別の試験管(A′，B′)に半分ずつ分ける。その後，図3のように，A，Bの試験管にそれぞれヨウ素溶液を2，3滴加え，色の変化を見る。
> ④　図4のように，A′，B′の試験管にそれぞれベネジクト溶液を少量加えた後，沸騰石を入れ，軽く振りながら加熱，色の変化を見る。

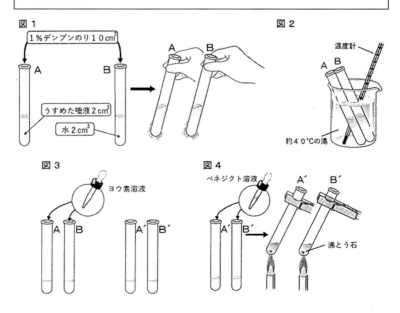

【表】

	ヨウ素溶液に対する反応	ベネジクト溶液に対する反応
デンプンのり＋唾液	A　　変化がなかった。	A´　赤褐色の沈殿が生じた。
デンプンのり＋水	B　青紫色に変化した。	B´　変化がなかった。

(1)　試験管AとBのように，調べようとすることがら以外の条件を同じにして行う実験を何というか，答えなさい。

(2)　図4のとき，試験管を加熱する際に注意することは何か，答えなさい。

(3)　この実験について，ヨウ素溶液とベネジクト溶液に対する反応の結果から，次の文のようにまとめた。(　　)に当てはまる語句を答えなさい。

　　(　①　)は(　②　)を分解する。

(4)　この実験では，ベネジクト溶液が手や服につかないように指導するが，誤って皮膚についた場合は，どのように対処すればよいか答えなさい。

(☆☆☆○○○)

高 校 理 科

【共通問題】

【1】次の各問いに答えなさい。

(1)　図Ⅰの回路において，1.0Ωの抵抗が消費する電力は何Wか，答えなさい。

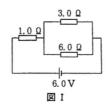

図Ⅰ

(2)　音速が340m/sのとき，振動数が500Hzの音の波長は何mか，答えなさい。

(3)　図Ⅱのように，質量0.50kgの物体を糸でつるして上向きに0.15m/sの等速度で上昇させた。このときの糸の張力の大きさは何Nか，答えなさい。ただし，重力加速度の大きさは9.8m/s²とする。

図Ⅱ

(4)　水性のインク1滴を水に落とすと水中にインクの色が自然に広がっていく。このように，物質が自然に広がっていく現象を何というか，答えなさい。

(5)　標準状態で5.6Lのアンモニアを水に溶かして500mLの水溶液とした。この水溶液の10mLを中和するのに必要な0.10mol/Lの塩酸は何mLか，答えなさい。ただし，アンモニアは理想気体として扱えるものとする。

(6)　光学顕微鏡で観察をする際，まず，倍率10倍の接眼レンズと，倍率10倍の対物レンズで観察を行った。その後，レボルバーをまわして対物レンズの倍率を40倍に変更して観察を行った。このときに接眼レンズをのぞいて視野の中に見える面積は，変更前の何倍になるか，答えなさい。

(7)　生態系内で食物網の上位にあってほかの生物の生活に大きな影響を与える生物種を何というか，答えなさい。

(8)　化石として産出する過去の生物の中で，現在の生物との比較によって生息当時の環境を推定するのに有効な化石を何というか，答えなさい。

(9)　太陽をはじめとする一般の恒星の大部分を構成する元素は何か，元素名を答えなさい。

(10)　海岸から水深130〜140mまでの間に広がっている傾斜の緩い海底は何とよばれているか，答えなさい。

(☆☆◎◎)

【化学】

【1】次の各問いに答えなさい。

(1)　次の文は，「高等学校学習指導要領(平成30年告示)　第2章　各学科に共通する各教科　第5節　理科　第1款　目標」である。文中の(　　)に当てはまる語句を答えなさい。

> 　自然の事物・現象に関わり，理科の見方・考え方を働かせ，(　①　)をもって観察，実験を行うことなどを通して，自然の事物・現象を科学的に探究するために必要な(　②　)・(　③　)を次のとおり育成することを目指す。
> (1)　自然の事物・現象についての理解を深め，科学的に探究するために必要な観察，実験などに関する技能を身に付けるようにする。
> (2)　観察，実験などを行い，科学的に探究する力を養う。
> (3)　自然の事物・現象に主体的に関わり，科学的に探究しようとする態度を養う。

(2)　次の文は，「高等学校学習指導要領(平成30年告示)解説　理科編　理数編　第1部　理科編　第1章　総説　第4節　理科の科目編成　1　科目の編成の考え方」の一部である。文中の(　　)に当てはまる語句を答えなさい。

> 　新たに共通教科として「理数」を位置付け，「理数探究基礎」及び「理数探究」の科目を設けたことから，「(　　)」については廃止することとした。

(3)　「高等学校学習指導要領(平成30年告示)解説　理科編　理数編　第1部　理科編　第3章　各科目にわたる指導計画の作成と内容の取扱い　2　内容の取扱いに当たっての配慮事項」に，「各科目の指導に

291

当たっては，大学や研究機関，博物館や科学学習センターなどと積極的に連携，協力を図るようにすること。」とあるが，これらの活用については，どのようなことが考えられるか，答えなさい。

(4) 次の文は，「高等学校学習指導要領(平成30年告示)解説　理科編　理数編　第1部　理科編　第2章　理科の各科目　第5節　化学　2目標」の一部である。文中の(　　)に当てはまる語句を下の選択肢から1つ選び，記号で答えなさい。

> 　「化学的な事物・現象に関わり」とあるのは，化学的な事物・現象への関心を高め，自ら課題を設定しようとする動機付けとすることを示している。
> 　「理科の見方・考え方を働かせ」とあるのは，「自然の事物・現象を，(　①　)な関係や時間的・空間的な関係などの科学的な視点で捉え，(　②　)したり，関係付けたりするなどの科学的に探究する方法を用いて考える」という「理科の見方・考え方」を働かせることを示している。

a　検証　　b　比較　　c　考察　　d　統計的　　e　質的・量的
f　数的

(5) 次の文は，「高等学校学習指導要領解説　理科編　理数編(平成21年12月)　第1部　理科　第2章　各科目　第4節　「化学基礎」　4　「化学基礎」の内容の構成とその取扱い」の一部である。文中の(　　)に当てはまる語句をあとの選択肢から1つ選び，記号で答えなさい。

> 　ア　中学校理科との関連を考慮しながら，化学の基本的な(　①　)の形成を図るとともに，化学的に探究する方法の習得を通して，科学的な思考力，判断力及び表現力を育成すること。
> 　イ　「探究活動」においては，各項目の学習活動と関連させながら観察，実験を行い，報告書を作成させたり発表を行う

機会を設けたりすること。また，その特質に応じて，情報の収集，（　②　）の設定，実験の計画，実験による検証，実験データの分析・解釈などの探究の方法を習得させるようにすること。その際，コンピュータや情報通信ネットワークなどの適切な活用を図ること。

a　概念　　b　知識　　c　原理　　d　目標　　e　条件
f　仮説

(☆☆☆◎◎◎)

【2】次の各問いに答えなさい。

(1)　シュウ酸標準溶液を用いた中和滴定によって，水酸化ナトリウム水溶液の正確な濃度を求め，その水酸化ナトリウム水溶液を用いて，食酢中の酢酸の濃度を求める実験を次の操作で行った。このことについて，後の各問いに答えなさい。ただし，原子量はH1.0　C12　O16とする。

【操作1】　固体の水酸化ナトリウムを0.40gはかり取り，ビーカーで純水に溶かした。この水溶液を100mLのメスフラスコに移して純水を標線まで加えて，水酸化ナトリウム水溶液を調製した。

【操作2】　シュウ酸二水和物(COOH)$_2$・2H$_2$Oの結晶を0.63gはかり取り，ビーカーで純水に溶かした。この水溶液を100mLのメスフラスコに移して純水を標線まで加えて，シュウ酸標準溶液を調製した。

【操作3】　【操作2】で調製したシュウ酸標準溶液10.0mLを（　A　）ではかり取り，①コニカルビーカーに移し，フェノールフタレイン溶液を1〜2滴加えた。

【操作4】　【操作1】で調製した水酸化ナトリウム水溶液を（　B　）に入れて滴下したところ，コニカルビーカーの溶液の色がうすい赤色に変わり終点に達した。②この操作を3回行い，

293

　　　　　　終点までに要した水酸化ナトリウム水溶液の体積を決定した。

【操作5】　市販の食酢10.0mLを（　Ａ　）ではかり取り，100mLのメスフラスコに移し，純水を標線まで加えて，100mLとした。この水溶液10.0mLをコニカルビーカーに移し，フェノールフタレイン溶液を1～2滴加えた。【操作1】で調製した水酸化ナトリウム水溶液を（　Ｂ　）に入れて滴下したところ，7.52mLを滴下したところで終点に達した。

ア　文中の（　）に適する実験器具の名称を答えなさい。ただし，同じ記号には同じ名称が入るものとする。

イ　【操作1】で水酸化ナトリウムをはかり取ったにもかかわらず，シュウ酸標準溶液を用いて水酸化ナトリウム水溶液の濃度を決定しなければならない理由を答えなさい。

ウ　【操作2】で調製したシュウ酸標準溶液のモル濃度は何mol/Lか，有効数字2桁で答えなさい。

エ　下線部①の実験器具は，純水でぬれたまま使用してもよい。その理由を答えなさい。

オ　下線部②について，次の表は，3回の操作の実験データである。水酸化ナトリウム水溶液のモル濃度は何mol/Lか，有効数字2桁で答えなさい。

表

	1回目	2回目	3回目
滴下前の器具（B）の目盛（mL）	0.52	10.71	20.94
滴下後の器具（B）の目盛（mL）	10.71	20.94	31.12

カ　【操作5】の結果から，市販の食酢の質量パーセント濃度は何％か，有効数字2桁で答えなさい。ただし，食酢の密度を1.0g/cm³とする。

(2)　次の図は，ジエチルエーテル，エタノール，水の蒸気圧曲線である。後の各問いに答えなさい。

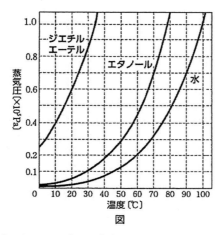

図

ア　外圧(大気圧)0.8×10⁵Paのもとで，エタノールの沸点は何℃になるか，答えなさい。

イ　次の文は，外圧(大気圧)と沸点の関係を表したものである。文中の(　　)に適する語句を答えなさい。

> 　一般に沸騰は，液体の(　　)が外圧(大気圧)と等しくなったときに起こる。したがって，同じ物質でも外圧が低くなれば，沸点は低くなり，外圧が高くなれば，沸点は高くなる。

ウ　体積10Lの容器に水とジエチルエーテルを0.20molずつ入れて密閉した後，温度を70℃に保った。このとき，次の各問いに答えなさい。なお，ジエチルエーテルの水への溶解，および液体の水の体積は無視できるものとし，気体定数は$R=8.3×10^3$Pa・L/(mol・K)とする。

①　ジエチルエーテルは，固体，液体，気体のいずれの状態で存在しているか，答えなさい。

②　容器内の圧力は何Paか，有効数字2桁で答えなさい。

(☆☆☆◎◎◎)

【3】次の各問いに答えなさい。

(1) 酢酸水溶液の濃度をc〔mol/L〕，電離度をαとすると，電離平衡に達したときの水溶液中の各成分の濃度は，次のようになる。文中の（　）に当てはまる式を答えなさい。

$$CH_3COOH \rightleftharpoons CH_3COO^- + H^+ \cdots ①$$

電離前	c	——	——
変化量	$-c\alpha$	$+c\alpha$	$+c\alpha$
平衡時	$c-c\alpha$	$c\alpha$	$c\alpha$

①式の電離平衡における電離定数K_aを，cとαで表すと，

$K_a=$（　A　）となる。

ここで，αは非常に小さいので，$1-\alpha \fallingdotseq 1$とみなして

$K_a=$（　B　）となる。

$\alpha>0$よりαを，cとK_aで表すと，

$\alpha=$（　C　）となる。

また，水素イオン濃度$[H^+]$を，cとK_aで表すと，

$[H^+]=$（　D　）

となる。

(2) 次の文章を読み，後の各問いに答えなさい。

0.10〔mol/L〕の酢酸水溶液10mLに，同濃度の水酸化ナトリウム水溶液を滴下して混合液のpHを測定したところ，図のような滴定曲線が得られた。図の①付近では中和で生じた塩と未反応の酢酸があるためにpHの変化がわずかである。これは酢酸と反応によって生じた塩との（　）作用のためである。

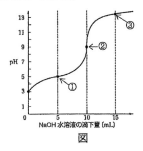

図

ア　文中の(　)に適する語句を答えなさい。

イ　図の②(中和点)では，生じた塩が加水分解し弱塩基性を示す。この塩の加水分解の反応を表すイオン反応式を答えなさい。

ウ　図の③のときのpHの値を，小数第1位まで答えなさい。ただし，$\log_{10}2＝0.30$，$\log_{10}3＝0.48$とする。

(3)　次の文章を読み，下の各問いに答えなさい。

　　工業的に硝酸をつくるには，まず①触媒を用いて②アンモニアを空気中の酸素と約800℃で反応させて一酸化窒素をつくる。次に，この一酸化窒素を空気中の酸素で酸化して，二酸化窒素とする。さらに，この二酸化窒素を温水に吸収させて，硝酸とする。

ア　硝酸の工業的製法の名称を答えなさい。

イ　下線部①の触媒に使う物質を化学式で答えなさい。

ウ　下線部②の反応を化学反応式で答えなさい。

エ　硝酸について，実験室における保存方法を答えなさい。

(4)　製鉄用溶鉱炉で，次の①～③の反応が完全に進行しているものとするとき，原料に純度80％の鉄鉱石(主成分Fe_2O_3) 400tを用いると，反応後にできる銑鉄に含まれる鉄の質量は何tか，有効数字2桁で答えなさい。ただし，原子量はO16　Fe56とする。

$$3Fe_2O_3 ＋ CO → 2Fe_3O_4 ＋ CO_2 \quad ···①$$
$$Fe_3O_4 ＋ CO → 3FeO ＋ CO_2 \quad ···②$$
$$FeO ＋ CO → Fe ＋ CO_2 \quad ···③$$

(☆☆☆◎◎◎)

【4】下の各問いに答えなさい。ただし，構造式は【記入例】にしたがって答えなさい。

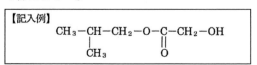

(1)　次の文章を読み，後の各問いに答えなさい。

　　分子式$C_4H_8O_2$の化合物A～Cがある。化合物AとBは，いずれも芳

香のある液体で，水に溶けにくい。Cは直鎖状の分子で，炭酸水素ナトリウム水溶液に溶けて気体を発生する。AとBにそれぞれ水酸化ナトリウム水溶液を加えて加熱し，反応溶液を酸性にすると，AからはDとEが，BからはDとFが得られた。Dは酸性の化合物で，銀鏡反応を示した。E，Fはいずれも中性の化合物で，<u>Eにヨウ素と水酸化ナトリウム水溶液を反応させると，特有の臭気をもつヨードホルムの黄色沈殿が生じる反応(ヨードホルム反応)</u>を示したが，Fは示さなかった。

ア　A，Bの構造式を答えなさい。

イ　C，Eの名称を答えなさい。

ウ　下線部の反応における生成物は4種類である。それら生成物のうち3種類は，ヨードホルム，ヨウ化ナトリウム，水である。残り1つの生成物の構造式を答えなさい。

(2)　図のような装置で，エタノール2mL，酢酸2mL，濃硫酸0.5mLを試験管にとり，沸騰石を入れて約70℃の温水に浸した。下の各問いに答えなさい。

図

ア　このときの反応を示性式を用いた化学反応式で答えなさい。

イ　この反応では，試験管に長いガラス管をつけ，沸騰石を入れて，おだやかに加熱し，十分に反応させる必要がある。図の長いガラス管の役割を簡潔に答えなさい。

(3)　分子式$C_4H_6O_2$の化合物を加水分解すると，酢酸と化合物Xが生成

する。化合物Xは単体のナトリウムと反応しないが，銀鏡反応を示
した。このとき，化合物Xの構造式を答えなさい。

（☆☆☆◎◎◎）

【5】次の各問いに答えなさい。

(1) 次の文章を読み，後の各問いに答えなさい。

　　タンパク質はポリペプチド構造をもつ高分子化合物で，生命活動
を支える重要な物質である。タンパク質を構成するアミノ酸の配列
順序をタンパク質の一次構造という。タンパク質のポリペプチド鎖
は，比較的狭い範囲で規則的に繰り返される立体構造をとる。これ
が二次構造であり，右巻きのらせん構造をとることが多い。この構
造を(A)といい，1本のポリペプチド鎖のペプチド結合の，－
NH－基と別のペプチド結合の－CO－基が分子内で水素結合するこ
とにより，安定に保たれている。その他，構成アミノ酸の側鎖中の
官能基による結合や，①－S－S－，側鎖中の電荷をもった基と基の
間に働くクーロン力などにより，分子全体が複雑な立体構造をとる。
このようなポリペプチド鎖1本からなる三次元的な構造をタンパク
質の三次構造という。

　　タンパク質水溶液に水酸化ナトリウム水溶液を加えて塩基性にし
た後，②薄い硫酸銅(Ⅱ)水溶液を少量加えると赤紫色になった。

　　酵素は，100～1000個程度のアミノ酸がつながってできたタンパ
ク質を主体とした高分子化合物で，生体内の化学反応の触媒として
働く。酵素が触媒として作用する物質を基質といい，酵素には基質
と立体的に結合する(B)がある。また，酵素はある特定の基質
にしか働かない基質特異性をもつ。酵素は，基質と結合して酵素－
基質複合体となり，やがて生成物を生じる。

　　生物の細胞には核酸という高分子化合物が存在する。核酸は生物
の遺伝に深くかかわる物質である。核酸において，単量体に相当す
る構造をヌクレオチドという。③ヌクレオチドは，窒素を含む有機
塩基と糖が結合したヌクレオシドに，さらにリン酸が結合した構造

299

をもつ。

ア　文中の(　　)に適する語句を答えなさい。

イ　下線部①について，この結合を何というか，答えなさい。

ウ　下線部②について，この反応は，どのような構造をもつときに見られる反応か，答えなさい。

エ　下線部③について，次のリボースとアデニンの構造式を参考に，アデニンが有機塩基として結合したヌクレオチド(アデノシン一リン酸)の構造式を答えなさい。

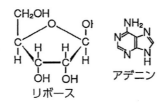

(2)　次の文章を読み，後の各問いに答えなさい。ただし，原子量はH1.0　C12　N14　O16とする。

　合成高分子化合物は，主に石油から得られる比較的簡単な低分子量の化合物を重合することで合成され，合成繊維・合成樹脂・合成ゴムなどの材料に利用される。

　アミド結合で縮合した合成繊維をポリアミド系合成繊維といい，特に，脂肪族のポリアミド系合成繊維を一般にナイロンという。アジピン酸とヘキサメチレンジアミンの混合物を加熱すると①ナイロン66が生じる。ナイロン66は，絹に近い感触があり，吸湿性に乏しいが，摩耗や薬品に強く，丈夫で軽く弾力がある。

　合成樹脂の一つの②フェノール樹脂は，フェノールと(　A　)との(　B　)によってつくられる。酸を触媒とした場合，(　C　)という中間生成物が得られ，これに硬化剤を加えて加圧し，加熱・成形することで得られる。熱硬化性樹脂は(　B　)によって合成されたものが多く，合成過程の熱処理で重合反応が進み，三次元網目構造が発達して硬くなる。③ポリ乳酸やポリグリコール酸は自然界に廃棄されても最終的には水と二酸化炭素になる。④ポリアクリル酸ナト

リウムは立体網目構造となり，水を吸収・保持することができる。このような高分子化合物を吸水性高分子という。

　⑤合成ゴムは，イソプレンやそれに似た分子構造の低分子量の化合物に触媒を用いて付加重合させると得られる。用途に応じて，天然ゴムより耐油性や耐久性，耐摩耗性，耐熱性などに優れたものをつくることができる。

ア　文中の(　　)に適する語句を答えなさい。ただし，同じ記号には同じ語句が入るものとする。

イ　下線部①について，あるナイロン66の分子量を測定したところ3.39×10^4であった。このナイロン66には何個のアミド結合が含まれるか。有効数字2桁で答えなさい。

ウ　下線部②について，フェノール樹脂の用途として適しているものを次の選択肢から1つ選び記号で答えなさい。

　a　ワックス　　b　プリント基板　　c　食器　　d　透明ポリ袋

エ　下線部③について，ポリ乳酸の構造式は図のとおりである。

　　ポリ乳酸7.2gが微生物によって完全に分解された場合，発生する二酸化炭素の体積は標準状態で何Lか，有効数字2桁で答えなさい。

　　ただし，二酸化炭素は理想気体として扱えるものとする。

図

オ　下線部④について，ポリアクリル酸ナトリウムは，吸水により網目の空間が広がり隙間の多い構造になる。隙間が大きくなる理由を簡潔に答えなさい。

カ　下線部⑤について，アクリロニトリルとブタジエンを2：1で共重合させてアクリロニトリル－ブタジエンゴムをつくった。このゴム中の炭素原子と窒素原子の物質量の比を，最も簡単な整数比で答えなさい。

(☆☆☆◎◎◎)

【生物】

【１】次の各問いに答えなさい。

(1) 次の文は，「高等学校学習指導要領(平成30年告示)　第2章　各学科に共通する各教科　第5節　理科　第1款　目標」である。文中の(　　)に当てはまる語句を答えなさい。

> 　　自然の事物・現象に関わり，理科の見方・考え方を働かせ，(　①　)をもって観察，実験を行うことなどを通して，自然の事物・現象を科学的に探究するために必要な(　②　)・(　③　)を次のとおり育成することを目指す。
> (1)　自然の事物・現象についての理解を深め，科学的に探究するために必要な観察，実験などに関する技能を身に付けるようにする。
> (2)　観察，実験などを行い，科学的に探究する力を養う。
> (3)　自然の事物・現象に主体的に関わり，科学的に探究しようとする態度を養う。

(2) 次の文は，「高等学校学習指導要領(平成30年告示)解説　理科編　理数編　第1部　理科編　第1章　総説　第4節　理科の科目編成　1　科目の編成の考え方」の一部である。文中の(　　)に当てはまる語句を答えなさい。

> 　　新たに共通教科として「理数」を位置付け，「理数探究基礎」及び「理数探究」の科目を設けたことから，「(　　)」については廃止することとした。

(3) 「高等学校学習指導要領(平成30年告示)解説　理科編　理数編　第1部　理科編　第3章　各科目にわたる指導計画の作成と内容の取扱い　2　内容の取扱いに当たっての配慮事項」に，「各科目の指導に当たっては，大学や研究機関，博物館や科学学習センターなどと積極的に連携，協力を図るようにすること。」とあるが，これらの活用については，どのようなことが考えられるか，答えなさい。

(4)　「高等学校学習指導要領(平成30年告示)　第2章　各学科に共通する各教科　第5節　理科　第2款　各科目　第6　生物基礎　2　内容」にある「生物基礎」の大項目を次の選択肢から3つ選び，記号で答えなさい。

　　ア　生物の環境応答　　イ　生物の特徴

　　ウ　生命現象と物質　　エ　遺伝情報の発現と発生

　　オ　生態と環境　　　　カ　ヒトの体の調節

　　キ　生物の進化　　　　ク　生物の多様性と生態系

(5)　次の文は，「高等学校学習指導要領(平成30年告示)解説　理科編　理数編　第1部　理科編　第2章　理科の各科目　第7節　生物　2　目標」の一部である。文中の(　　)に適する内容を答えなさい。

　　思考力，判断力，表現力等を育成するに当たっては，生物や生物現象を対象に，探究の過程を通して，問題を見いだすための観察，情報の収集，(　　　)，実験の計画，実験による検証，調査，データの分析・解釈，推論などの探究の方法を習得させると，ともに，報告書を作成させたり発表させたりして，科学的に探究する力を育てることが重要である。

(☆☆☆○○○)

【2】次の文を読んで，後の各問いに答えなさい。

　　生体膜は，厚さ(　①　)程度で，リン脂質の二重層からできており，その中にさまざまなタンパク質が配置されている。リン脂質は流動性をもつので，タンパク質は膜の上を比較的自由に動くことができる。

　　生体膜のうち細胞膜は，細胞質の最外層として細胞の内部を外部から隔てる役割を果たしている。細胞膜を貫通するタンパク質には，a輸送タンパク質として物質の出入りを調節する(　②　)，受容体タンパク質としてホルモンなどの情報伝達物質を受け取る(　③　)などがある。

　　リン脂質の二重層や輸送タンパク質を通過できないような大きさの

303

物質も，細胞内外を出入りしている。このような物質が細胞を出入りする場合には，b細胞膜自体がそれらの物質を包みこんだ小胞を形成し，細胞内に取りこんだり，細胞外に放出したりする。

　小胞による輸送は，物質を移動させるだけでなく，膜自体を新しくしたり，必要なタンパク質などを細胞膜の必要な場所に配置することにも利用されている。例えば，腎臓の集合管の上皮細胞内には，アクアポリンを含む小胞が準備されている。脳下垂体後葉から分泌される，cバソプレシンが集合管上皮細胞に受容されると，この小胞が一斉に細胞膜と融合し，細胞膜上のアクアポリンの数が増加する。

(1)　文中の(　①　)に当てはまる数値として最も適するものを次の選択肢から1つ選び，記号で答えなさい。

　　ア　0.5～1nm　　イ　5～10nm　　ウ　50～60nm　　エ　1～5μm

　　オ　10～20μm

(2)　文中の(　②　)，(　③　)に当てはまる膜タンパク質の組合せとして，最も適するものを次の選択肢から1つ選び，記号で答えなさい。

	②	③
ア	カドヘリン	チャネル
イ	カドヘリン	レセプター
ウ	チャネル	カドヘリン
エ	チャネル	レセプター
オ	レセプター	カドヘリン
カ	レセプター	チャネル

(3)　下線部aに関して，輸送タンパク質を介した物質の出入りである受動輸送について，簡潔に説明しなさい。

(4)　下線部bに関して，細胞内に物質を取りこむはたらきを何というか，答えなさい。

(5)　下線部cに関して，バソプレシンのはたらきとして最も適するものを次の選択肢から1つ選び，記号で答えなさい。

　　ア　細尿管でのナトリウムイオンの再吸収とカリウムイオンの排出を促進させる

　　イ　血液中のカルシウムイオン濃度を増加させる

　ウ　タンパク質からの糖の合成を促進し，血糖濃度を増加させる

　エ　血圧上昇を促進し，腎臓での水分の再吸収を促進させる

　オ　グリコーゲンの合成と，組織での糖の呼吸消費を促進し，血糖
　　　濃度を減少させる

　カ　タンパク質の合成を促進し，からだ一般の成長を促進させる

(☆☆☆◎◎◎◎◎)

【3】DNAの複製やタンパク質合成に関して，次の各問いに答えなさい。

　(1)　次の文は，DNAの複製のしくみを証明したメセルソンとスタール
　　　による実験の概要を説明したものであり，図Ⅰは実験の結果を模式
　　　的に示したものである。後の各問いに答えなさい。

　　窒素には，¹⁴Nより質量の大きい同位体の¹⁵Nが存在する。実
　験では，まず，¹⁵Nのみを窒素源として含む培地(¹⁵N培地)で何
　世代も培養した大腸菌を，¹⁴Nのみを窒素源として含む培地
　(¹⁴N培地)に移して増殖させた。分裂のたびに大腸菌からDNA
　を抽出し，塩化セシウム溶液を用いた密度勾配遠心法でその
　比重を調べた。その結果，¹⁴N培地で1回目の分裂を終えた大
　腸菌のDNAは，¹⁵N培地で何世代も培養した大腸菌の重いDNA
　と，¹⁴N培地で何世代も培養した大腸菌の軽いDNAの中間の重
　さを示した。さらに，2回目の分裂を終えた大腸菌では，中間
　の重さのものと軽いものとが同量ずつであった。このことか
　ら，DNAの複製では，DNAの2本鎖のそれぞれが鋳型となり，
　新しいヌクレオチド鎖がつくられることがわかった。

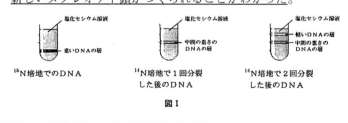

図Ⅰ

(i)　文中の下線部に関して，このような複製のしくみは何と呼ばれるか，答えなさい。

(ii)　文中の条件で大腸菌がn回分裂したと仮定する。軽いDNA：中間の重さのDNA：重いDNAの比を，nを用いて答えなさい。

(2)　次の文は，真核生物の細胞内におけるDNAの複製の流れについて述べたものであるが，内容に誤りを含んでいる下線部が1つある。誤りを含んでいる下線部を記号で答えなさい。

> 　DNAの複製では，まず，特定部分の_ア_塩基間の水素結合が切れて開裂し，部分的に1本ずつのヌクレオチド鎖になる。このような_イ_複製の開裂起点となる領域は，レプリケーターと呼ばれる。次に，それぞれのヌクレオチド鎖の塩基を鋳型として，相補的な塩基をもつヌクレオチドがこれに結合していく。その後，_ウ_DNAポリメラーゼがこれらのヌクレオチドどうしを連結し，新たなヌクレオチド鎖が形成される。DNAポリメラーゼは，_エ_DNAのヌクレオチドの3′と次のヌクレオチドのリン酸との間の結合を触媒する。このため，DNAのヌクレオチド鎖は，5′側から3′側の方向へのみ合成される。
>
> 　DNAポリメラーゼは，_オ_ある程度の長さをもつヌクレオチド鎖にのみ作用し，鎖を伸長させる。このため，DNAの複製では，まず，別の酵素によって鋳型の塩基配列に相補的な配列をもつ短いヌクレオチド鎖が合成される。このような複製の開始点となるヌクレオチド鎖はプライマーと呼ばれ，_カ_細胞内におけるプライマーは，DNAからなる。

(3)　DNAの複製が行われる時，図Ⅱのように，連続的に合成されるヌクレオチド鎖をリーディング鎖，不連続に合成されるヌクレオチド鎖をラギング鎖という。ラギング鎖では，複数の短いヌクレオチド鎖が断続的に複製され，次々に連結される。この短いヌクレオチド鎖のことを何というか，答えなさい。

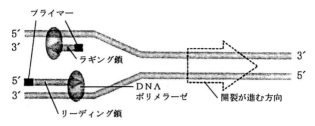

図Ⅱ

(4) DNAを構成する塩基は4種類，タンパク質を構成するアミノ酸は20種類あり，塩基3つの並びで1つのアミノ酸を指定することがわかっている。1つのアミノ酸を指定するのに，なぜ，塩基3つの並びが必要なのか，その理由を説明しなさい。

(5) 遺伝暗号の解読を行うためにコラーナ(コラナ)らが行った研究に関して，表Ⅰには，特定の塩基配列をもつ人工mRNAと，その人工mRNAから合成されたペプチド鎖を示している。この結果から分かるmRNAのコドンと，そのコドンが指定するアミノ酸の組み合わせを2つ答えなさい。ただし，「AUG→メチオニン」のように表記して答えなさい。

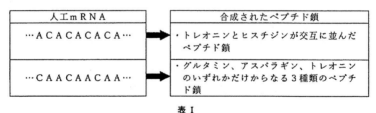

表Ⅰ

(6) 生物がタンパク質を合成するときには転写が行われるが，真核細胞の転写と原核細胞の転写の異なる点を簡潔に説明しなさい。

(7) 多くのタンパク質は凝集しやすい性質があり，細胞内で凝集すると細胞死を引き起こすことがある。そのために，細胞内には，変性したタンパク質を認識して正しい立体構造を形成させるためにはたらくタンパク質があるが，このタンパク質を何というか，答えなさい。

(☆☆☆☆◎◎◎◎)

【4】次の各問いに答えなさい。

Ⅰ　被子植物の配偶子形成と受精に関して，次の各問いに答えなさい。

(1)　花粉母細胞から精細胞ができるまでに核の分裂は通常何回起こるか，答えなさい。

(2)　ある植物で，花粉母細胞が25個，胚のう母細胞が200個あったと仮定して，それぞれの配偶子形成と受精が確実に行われたとき，種子は理論上最大いくつ形成されるか，答えなさい。

Ⅱ　動物細胞の発生過程と分化に関して，次の各問いに答えなさい。

(1)　多くの遺伝子群のはたらきによって，ショウジョウバエの体節構造が形成されていくことが分かっている。次の遺伝子群を，はたらく順番に並べ替えて，記号で答えなさい。

ア　ペア・ルール遺伝子群

イ　ギャップ遺伝子群

ウ　ホメオティック遺伝子群

エ　セグメント・ポラリティ遺伝子群

(2)　ショウジョウバエのホメオティック遺伝子群と相同な遺伝子群は，すべての動物に存在することがわかっている。ショウジョウバエのものと同じように，ボディプランに関する調節遺伝子群の総称を何というか，答えなさい。

(3)　胚発生の初期に，ある胚の領域(胚域)の分化の方向が，その領域に接した他の領域からの影響によって決定されることが分かっている。この作用をもつ胚域のことを何というか，答えなさい。

(4)　ニューコープがメキシコサンショウウオの胞胚を用いて行った実験に関する次の文を読んで，後の各問いに答えなさい。

> 　胞胚中期の動物極周辺の予定外胚葉域と植物極にある予定内胚葉域を取り出して別々に培養したところ，各部分はそれぞれ外胚葉性，内胚葉性の組織に分化した。しかし，予定外胚葉域と予定内胚葉域の部分を接触させて培養すると，中胚葉性と考えられる組織が形成された。

(i)　中胚葉性と考えられる組織はどこに形成されたか，説明しなさい。

(ii)　この実験で明らかになった現象を何というか，答えなさい。

(iii)　この実験で明らかになった現象は，アフリカツメガエルを材料とした同様の実験の結果から，ある物質の濃度勾配が関与していることがわかった。ある物質とは何か，答えなさい。

(5)　イモリの眼で形成される角膜，水晶体，網膜を，表皮由来のものと神経管由来のものに分けなさい。ただし，表皮由来であれば①，神経管由来であれば②とし，それぞれ番号で答えなさい。

(☆☆☆☆◎◎◎◎◎)

【5】次の文を読んで，下の各問いに答えなさい。

　現在の地球上には多種多様な生物が生活している。これらの生物の間には，いろいろな面において多様性が見られるが，一方で，共通性も見られる。こうした共通性にもとづいて多様な生物をグループ分けすることを_a_分類という。近年では，DNAの塩基配列やタンパク質のアミノ酸配列などの_b_分子データを比較して系統樹を作成する方法が盛んに用いられるようになってきた。

(1)　下線部aに関して，次の各問いに答えなさい。

(i)　次の文は，生物を分類する基本単位である種について書かれたものである。文中の(　　)に適する内容を答えなさい。

> 　種は共通した形態的・生理的な特徴をもつ個体の集まりで，同種内では自然状態での交配が可能であり，(　　　)ことができる。

(ii)　種の名前は国際命名規約にもとづく学名によって表記される。現在用いられている学名の表記方法を答えなさい。

(iii)　次に示した分類階級の(　A　)，(　B　)に適する語句を答えなさい。

　種＜属＜(　A　)＜目＜綱＜門＜界＜(　B　)

(2)　下線部bに関して，共通の祖先のタンパク質から，どのアミノ酸も一定の時間で変異すると仮定すると，種間で異なるアミノ酸の数から進化の時間的関係を推定することができる。あるタンパク質のアミノ酸配列を5種類の生物種(ヒト，ウシ，カモノハシ，ウサギ，イモリ)で比べたところ，表Ⅰのような結果を得た。アミノ酸の違いから推定される分子系統樹は図Ⅰのようなパターンになった。下の各問いに答えなさい。

	ヒト	ウシ	カモノハシ	ウサギ	イモリ
ヒト					
ウシ	17				
カモノハシ	37	43			
ウサギ	25	25	49		
イモリ	62	64	71	69	

表Ⅰ　生物種間で異なるアミノ酸の数

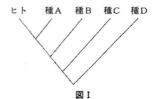

図Ⅰ

(i)　種A，種B，種C，種Dに当てはまる生物種を表Ⅰ中から選んで，それぞれ答えなさい。

(ii)　ヒトとウシが8500万年前に共通の祖先から分岐したとする。このことと表Ⅰの数値より，1つのアミノ酸が別のアミノ酸に変異するのにおよそ何万年かかると考えられるか，答えなさい。

(3)　近年では，1日に100種以上の動植物が絶滅しているとも言われている。このことに関して，次の各問いに答えなさい。

(i)　野生生物のうち，個体数が少なく，近い将来絶滅のおそれのある生物を何というか，答えなさい。

(ii)　上記の生物を一覧にまとめたリストを何というか，答えなさい。

(☆☆☆○○○○○)

解答・解説

中　学　理　科

【1】(1)　①　判断力　　②　実践意欲　　(2)　①　手掛かり
②　知的　　(3)　ア　内面的　　イ　体験的　　(4)　①　ア
②　エ

〈解説〉(1)　道徳的な判断力とは，人間として生きるために道徳的価値
が大切なことを理解し，様々な状況下において人間としてどのように
対処することが望まれるかを判断する力である。道徳的実践意欲と態
度は，道徳的判断力や道徳的心情によって価値があるとされた行動を
とろうとする傾向性を意味する。　(2)　「A　主として自分自身に関す
ること」，「B　主として人との関わりに関すること」，「C　主として集
団や社会との関わりに関すること」，「D　主として生命や自然，崇高
なものとの関わりに関すること」の項目について扱うことが学習指導
要領の第3章　特別の教科　道徳の第2　内容に示されている。各項目
の詳細について参照しておくこと。　(3)　道徳科での指導の基本方針
は，各教科，総合的な学習の時間及び特別活動における道徳教育と密
接な関連を図りながら，年間指導計画に基づき，生徒や学級の実態に
即し，道徳科の特質に基づく適切な指導を展開することである。具体
的には，本問の①～⑥に示されたもので，③では，生徒が道徳的価値
を内面的に自覚できるよう指導方法の工夫に努めなければならないこ
と，⑤では，職場体験活動やボランティア活動，自然体験活動などの
体験活動を生かし，体験を通して感じたことや考えたことを基に対話
を深めるなど，心に響く多様な指導の工夫に努めなければならないこ
と，が述べられている。　(4)　道徳科の評価は，目標に明記された学
習活動に着目して行われる。道徳科の学習では，生徒自身が真正面か
ら自分のこととして道徳的価値に広い視野から多面的・多角的に向き
合うことが重要であり，こうした学習における一人一人の生徒の姿を

把握していくことが生徒の学習活動に着目した評価を行うことになるのである。

【2】(1) ① 見方・考え方　② 探究　③ 理解　④ 技能
⑤ 進んで　(2) 観察，実験を行う際，生徒に何のために行うか，どのような結果が予想されるかを考えさせること。　(3) 持続可能な社会

〈解説〉(1) 教科の目標は，中学校理科においてどのような資質・能力の育成を目指しているのかを簡潔に示したものである。初めに，どのような学習の過程を通してねらいを達成するかを示し，(1)では育成を目指す資質・能力のうち「知識及び技能」を，(2)では「思考力，判断力，表現力等」を，(3)では「学びに向かう力，人間性等」をそれぞれ示し，三つの柱に沿って明確化している。　(2) 見通しをもって観察，実験を行うことについて，学習指導要領解説には「観察，実験を行う際，生徒に観察，実験を何のために行うか，観察，実験ではどのような結果が予想されるかを考えさせることなどであり，観察，実験を進める上で大切である。さらに，広く理科の学習全般においても，生徒が見通しをもって学習を進め，学習の結果，何が獲得され，何が分かるようになったかをはっきりさせ，一連の学習を自分のものとすることができるようにすることが重要である。このようなことから，『見通しをもって』いうことを強調している。従前の『目的意識をもって』に比べ，より幅広く様々な場面で活用することを想定した表現となっている。」とある。　(3) 解答参照

【3】(1) 理科で学習する規則性や原理などが日常生活や社会で活用されていることにも触れ，私たちの生活において極めて重要な役割を果たしていることに気付かせるようにする。　(2) 見通しがもてるよう実験の操作手順を具体的に明示したり，扱いやすい実験器具を用いたりする。

〈解説〉(1) なお，他教科等との関連については学習指導要領解説には，

「数学や保健体育，技術・家庭をはじめ他の教科の内容と関連するところがある。各教科と関連する内容や学習時期を把握し，教科等の『見方・考え方』や育成を目指す資質・能力などについて，教職員間で相互に連携しながら，学習の内容や系統性に留意し，学習活動を進めることが大切である。このことにより，学習の定着を図り，内容の理解を深めることが大切である。」とある。　(2)　学習指導要領解説には「例えば，理科における配慮として，次のようなものが考えられる。実験を行う活動において，実験の手順や方法を理解することが困難である場合は，見通しがもてるよう実験の操作手順を具体的に明示したり，扱いやすい実験器具を用いたりするなどの配慮をする。また，燃焼実験のように危険を伴う学習活動においては，教師が確実に様子を把握できる場所で活動させるなどの配慮をする。」とある。

【4】(1)　上皿天秤(電子天秤)　　(2)　メニスカスを，(真横から)水平に見て，最小目盛りの10分の1まで読み取る。　　(3)　密度…2.7g/cm³　記号…ア　　(4)　この物体の密度が水の密度に比べて大きいため。

〈解説〉(1)　質量を測るには，上皿天秤あるいは電子天秤などを用いる。

(2)　容器内の液面は平らではなく曲面になっており，メニスカスとよばれる。水の場合は下側に膨らむ曲面となっている。メスシリンダーで目盛を読むときは，容器のふちでなく中央部(水の場合は下の面)を横から水平に読み取る。また，最小目盛の10分の1まで読み取る。

(3)　実験②より物体の質量は32.5g，③より物体の体積は52.0−40.0＝12.0〔cm³〕である。したがって，物体の密度は$\frac{32.5}{12.0}$=2.7〔g/cm³〕となる。これは，選択肢の中で最も軽いアルミニウムに相当する。なお，各金属の密度〔g/cm³〕は，ア(2.70)，イ(7.87)，ウ(8.96)，エ(19.32)である。　　(4)　アルキメデスの原理から，物体を液体中に入れるとその物体が押しのけた体積の量の液体の重さと等しい浮力を物体に与える。そのため，物体の密度＞液体の密度であれば，物体は沈む。

【5】(1)　記号…ア　　名称…水上置換(法)　　(2)　$CaCO_3＋2HCl→$
$CaCl_2＋H_2O＋CO_2$　　(3)　イ，ウ　　(4)　NH_3　　(5)　窓を開けたり
換気扇をまわしたりするなど，換気を確実に行う。

〈解説〉(1)　気体Aは水に溶けにくいので，水上置換で捕集する。なお，
表の諸性質より，Aは酸素，Bは水素，Cは二酸化炭素，Dはアンモニ
アである。　　(2)　二酸化炭素を発生させる実験として一般的である。
(3)　塩化水素と塩素は刺激臭があるが，窒素とメタンは無臭である。
(4)　アンモニアNH_3は，刺激臭があり粘膜を激しくおかすので危険で
ある。　　(5)　発生する有毒な気体の量や濃度を少なくする，換気に注
意してドラフト内で反応を行う，誤って有毒気体を大量に吸引したと
きは実験責任者に指示を受ける，などが留意点である。

【6】(1)　①　胚珠　　(2)　ア，オ　　(3)　ア→ウ→エ→イ
(4)　網状脈　　(5)　①　科　　②　属

〈解説〉(1)　受精後に胚珠は種子となり，まわりをおおう子房は果実と
なる。これは被子植物の特徴である。　　(2)　植物Bはタンポポで，一
見すると離弁花類だが，正しく1つの花を観察すると合弁花類である。
選択肢では，ア，オは合弁花類であり，イ，ウ，エは離弁花類である。
(3)　双眼の顕微鏡では，ヒトの左右の視力の差を調節する操作が必要
である。およそのピントを合わせたあとは，視度調節リングのない右
目でピントを完全に合わせ，最後に視度調節リングを使って左目での
見え方の調節をする。　　(4)　根の特徴から，Aのアブラナとaのタン
ポポは双子葉類である。葉脈が網状脈であり，また，子葉が2枚ある。
なお，Cのイネは単子葉類である。　　(5)　例えば，Bはキク目キク科
タンポポ属セイヨウタンポポである。

【7】(1)　発生した熱によって化学反応が進むため。　　(2)　硫化水素は
有毒な気体であるため。　　(3)　①　鉄　　②　0.4g　　(4)　磁石を
近づけたときのようすと，うすい塩酸を加えたときに発生した気体か
ら，鉄と硫黄は，加熱することで別の物質になったと考えられる。こ

のことから，鉄と硫黄以外の物質についても，加熱すれば結びついて別の物質になることが分かった。　理由…この実験では，鉄と硫黄の加熱による変化についてのみ調べているので，鉄と硫黄以外の物質については，この実験結果から分からないから。

〈解説〉(1)　鉄と硫黄の反応は発熱反応であり，反応が始まれば加熱しなくとも反応が進む。　(2)　試験管Cでは，鉄と硫黄の反応Fe＋S→FeSにより硫化鉄(Ⅱ)が生成する。さらに，硫化鉄(Ⅱ)と塩酸の反応FeS＋2HCl→FeCl$_2$＋H$_2$Sにより硫化水素が発生する。硫化水素は無色で腐卵臭を持つ有毒の気体で水に少し溶ける。　(3)　この実験では，鉄と硫黄が9.8：5.6＝7：4の質量比で過不足なく反応する。硫黄6.4gをすべて反応させるには，7：4＝x：6.4より，鉄がx＝11.2〔g〕必要である。よって，鉄を11.2－10.8＝0.4〔g〕追加すればよい。

(4)　鉄と硫黄は化学反応を起こして新たな物質を生成するが，すべての物質の組み合わせが加熱により化学反応を起こすわけではない。

【8】(1)

(2)　①　78%　②　9.4g　③　コップのまわりの空気が露点である10℃より低く冷やされたため，その空気に含まれる水蒸気の一部が水滴となってコップの表面に付いたから。　(3)　①　記号…B　理由…Bの方が宮崎市付近の等圧線の間隔が狭いため。　②　記号…C→B→D→A　理由…偏西風の影響で，日本付近の低気圧や移動性高気圧は西から東へ移動するものが多いから。

〈解説〉(1)　雲量とは，空全体を10としたときの雲で覆われた部分の割合を整数で示したもので，0～1は快晴，2～8は晴れ，9～10は曇りである。設問では，降水がなく雲量が7なので，晴れである。図2により風向つまり風が吹いてくる向きは南南東である。風向は羽根の向き，風力を矢羽根の数で表す。　(2)　①　乾球の示度は14℃，湿球の示度

は12℃なので，乾球と湿球の示度の差は2℃である。表1より湿度は
78％と読み取れる。　②　気温14℃のときの飽和水蒸気量は，表2よ
り12.1g/m³であるから，湿度78％のときの空気の水蒸気量は12.1×
0.78＝9.4〔g/m³〕である。　③　問題の空気中に含まれる水蒸気量は
②の9.4g/m³であり，表2よりこれが飽和水蒸気量と等しくなる10℃が
露点である。気温が露点まで下がると水滴ができはじめる。
(3)　①　等圧線の幅が狭い方が，気圧傾度力が大きく，風速が大きい。
②　日本のような中緯度上空には偏西風が吹いており，温帯低気圧や
移動性高気圧は西から東へ移動することが多い。

【9】(1)　①　X　　②　初期微動継続時間　　③　B→C→A
　　(2)　①　イ　　②　ウ，エ
〈解説〉(1)　①　図の縦軸は震源距離，横軸は地震波が届くまでの時間
だから，グラフの傾きは地震波の速さを表す。P波はS波よりも速いの
で，XがP波，YがS波である。　②　P波による小さい揺れが観測され
る時間である。　③　初期微動継続時間は震源距離に比例する。初期
微動継続時間は，A市が約25秒，B市が約16秒，C市が20秒であり，そ
の短い順に震源に近い。　(2)　①　気象庁の震度階級によると，歩い
ている人のほとんどがゆれを感じ，電線が大きくゆれるのは，震度4
である。震度3では，歩いている人の中には揺れを感じる人もいて，
電線が少し揺れる。震度5弱では，大半の人が恐怖を覚え，物につか
まりたいと感じる。　②　南海トラフでは，フィリピン海プレートが
ユーラシアプレートの下に沈み込んでいる。

【10】(1)　エ　　(2)　ウ　　(3)　80W　　(4)　物体を持ち上げる時，滑
車や斜面，てこなどの道具を使うと，直接持ち上げる時よりも力は小
さくてすむが，力の向きに物体を動かす距離が長くなり，力の大きさ
と力の向きに物体を動かす距離との積で表される仕事の量は，変わら
ないということ。
〈解説〉(1)　それぞれひもを引く力は，アは120N，イは動滑車を用いる

ので，120Nの半分で60Nである。また，ウでは$120\sin30° = 120 \times \frac{1}{2} = 60$〔N〕である。エでは$120\sin45° = 120 \times \frac{\sqrt{2}}{2} = 84$〔N〕の力を，動滑車でさらに半分にしているので42Nである。　(2)　仕事率とは1秒あたりの仕事である。仕事の原理から，仕事はア～エとも同じであり，時間の短いウの仕事率が最も大きい。　(3)　仕事は，120Nの物体を2m持ち上げたと考えて240J，あるいは，60Nの力で斜面に沿って4m引き上げたと考えて240Jである。この仕事を3秒間で行ったので，仕事率は80J/sすなわち80Wである。　(4)　物体を動かすとき，道具を使って力を小さくすることはできるが，そのぶん動かす距離が長くなり，力×距離＝仕事は同じになる。

【11】(1)　対照実験　　(2)　試験管の口を人のいる方に向けない。
(3)　①　唾液　　②　デンプン　　(3)　直ちに流水で洗い流す。
〈解説〉(1)　ある条件に伴う変化を調べるため，その条件のみを変え，ほかの要素は変えない実験を行う必要があり，対照実験という。
(2)　人のいる方に試験管の口を向けないこと，突沸ややけどに注意することなどが考えられる。　(3)　ヨウ素溶液によって青紫色に変化する物質はデンプンである。またベネジクト溶液は煮沸すると糖に反応する。Aのヨウ素反応が青紫色に変化せず，A′のベネジクト反応が赤褐色に変化したため，唾液によってデンプンが糖に変化したと判断できる。　(4)　薬品が皮膚についた場合は，すぐに大量の水で洗い流す。また，必要に応じて医師の診察を受ける。

高　校　理　科

【共通問題】

【1】(1)　4.0W　　(2)　0.68m　　(3)　4.9N　　(4)　拡散　　(5)　50mL

(6)　$\frac{1}{16}$倍　　(7)　キーストーン種　　(8)　示相化石　　(9)　水素

(10)　大陸棚

〈解説〉(1)　並列に接続された3.0Ωと6.0Ωの合成抵抗Rは，$\frac{1}{R}=\frac{1}{3.0}+\frac{1}{6.0}$より，$R=2.0$〔Ω〕である。回路の全抵抗は1.0+2.0=3.0〔Ω〕となる。したがって，回路に流れる電流は，$\frac{6.0}{3.0}=2.0$〔A〕である。よって，1.0Ωの抵抗の両側での電位差は，1.0×2.0=2.0〔V〕となり，消費電力は，2.0×2.0=4.0〔W〕となる。　　(2)　音が1秒間に進む340mの間に500個の波があるので，波長は$\frac{340}{500}=0.68$〔m〕となる。　　(3)　等速度運動なので，物体にかかる力はつりあっており，糸の張力の大きさは重力の大きさに等しい。重力の大きさは0.50×9.8=4.9〔N〕である。

(4)　粒子が濃度の高い方から低い方へ移動する現象を拡散という。

(5)　標準状態での理想気体の1molの体積は22.4Lだから，このアンモニアは$\frac{5.6}{22.4}=0.25$〔mol〕であり，これが水溶液500mLに溶けている。塩酸との反応は$NH_3+HCl \rightarrow NH_4Cl$の等モル反応だから，必要な塩酸を$x$〔mL〕とすると，$0.25×\frac{10}{500}=0.10×\frac{x}{1000}$より，$x=50$〔mL〕となる。

(6)　倍率が4倍になったので，視野に入る実際の長さは$\frac{1}{4}$倍となり，実際の面積は$\frac{1}{16}$倍となる。　　(7)　高次の捕食者である生物がいることで下位の生物種の共存，種の多様性を維持することができるような場合の，その捕食者をキーストーン種という。　　(8)　化石の生物の生息当時の環境を，現在の類似生物の生活環境から推測できるとき，その化石を示相化石という。　　(9)　太陽は多量にある水素の核融合反応によって熱を得て光り輝いている。多くの恒星も水素によってその光り輝くエネルギーを得ている。　　(10)　大陸地殻の上に海水が乗っており，水深数百m程度までの浅海底を大陸棚という。

【化学】

【1】(1)　①　見通し　　②　資質　　③　能力　　(2)　理科課題研究
(3)　生徒を引率して見学や体験をさせること　　(4)　①　e　　②　b
(5)　①　a　　②　f

〈解説〉(1)　理科の目標では，小学校及び中学校理科の目標との関連を図りながら，高等学校理科においてどのような資質・能力の育成を目指しているのかを簡潔に示している。初めに，どのような学習の過程を通してねらいを達成するかを示し，(1)では「知識及び技能」を，(2)では「思考力，判断力，表現力等」を，(3)では「学びに向かう力，人間性等」をそれぞれ示し，三つの柱に沿って明確化している。
(2)　「理科課題研究」は，平成21年告示の高等学校学習指導要領に設けられていた科目である。　(3)　「内容の取扱いに当たっての配慮事項」のうち，(5)に記載がある。他に，標本や資料を借り受けること，専門家を学校に招いたりすることなどが挙げられる。　(4)　「化学」の目標は，高等学校理科の目標を受け，「化学基礎」までの学習を踏まえて，化学的な事物・現象に関わり，理科の見方・考え方を働かせ，見通しをもって観察，実験を行うことなどを通して，化学的な事物・現象を科学的に探究するために必要な資質・能力を育成することである。　(5)　本問は，平成21年12月の高等学校学習指導要領解説に関する設問である。アは，中学校理科との継続性を考慮するとともに，観察，実験などを通して，化学の基本的な概念の形成を図り，化学的に探究する方法の習得を通して，科学的な思考力，判断力及び表現力を育成することを示したものである。イは，各項目の学習活動と関連させながら，観察，実験などを行うとともに，それらを通して，自然の事物・現象の中に問題を見いだし，情報を収集し，それらを適切に処理して規則性を発見したり，認識を深めたりするなど，自然を探究する過程を踏ませることが大切であり，探究の方法を実際に用いる中で，科学的に探究する能力の育成を図ることの重要性を示したものである。

【２】(1)　ア　Ａ　ホールピペット　　Ｂ　ビュレット　　イ　固体の水
酸化ナトリウムは潮解性があり，空気中の水分を吸収してしまう。ま
た，空気中の二酸化炭素と反応するため。　　ウ　$5.0 \times 10^{-2} mol/L$
エ　たとえ純水で薄まっても，溶液中の溶質の物質量がすでに決まっ
ているので，滴定結果には影響しないから。　　オ　$9.8 \times 10^{-2} mol/L$
カ　4.4%　　(2)　ア　73℃　　イ　蒸気圧　　ウ　①　気体
②　$8.9 \times 10^4 Pa$

〈解説〉(1)　ア　溶液の希釈には，メスフラスコやホールピペットを用
いる。また，滴定にはビュレットを用いる。　　イ　結晶を空気中に置
いたとき，空気中の水分を吸収して溶ける現象を潮解という。計量し
た水酸化ナトリウムの質量には，空気中から吸収した水や二酸化炭素
の質量が含まれてしまう。　　ウ　$(COOH)_2 \cdot 2H_2O = 126$ より，$\dfrac{0.63}{126} \times$
$\dfrac{1000}{100} = 0.050$〔mol/L〕である。　　エ　水が加わったとしても，計量し
たシュウ酸の物質量は変化しない。　　オ　滴下した水酸化ナトリウム
水溶液の平均値は，$(10.19 + 10.23 + 10.18) \div 3 = 10.20 mL$である。水酸
化ナトリウム水溶液の濃度を x〔mol/L〕とすると，シュウ酸は2価の酸
だから，$0.050 \times 2 \times \dfrac{10.0}{1000} = x \times \dfrac{10.20}{1000}$ より，$x = 0.098$〔mol/L〕である。
カ　食酢を10倍に希釈した水溶液の濃度を y〔mol/L〕とすると，
$0.098 \times \dfrac{7.52}{1000} = y \times \dfrac{10.0}{1000}$ より，$y = 0.074$〔mol/L〕である。食酢の酢酸
濃度は0.74mol/Lで，$CH_3COOH = 60$であり，密度が1000g/Lだから，質
量パーセント濃度は，$\dfrac{60 \times 0.74}{1000} \times 100 = 4.4$〔%〕である。

(2)　ア　エタノールの蒸気圧曲線で，$0.8 \times 10^5 Pa$を読み取る。
イ　液体の蒸気圧が，液面にかかる圧力(外圧)に等しくなると，液体
は沸騰する。　　ウ　①　ジエチルエーテルの沸点は約35℃であるから，
すべてが気体である。　　②　状態方程式から，この容器内のジエチル
エーテルの圧力を求めると，$\dfrac{0.20 \times 8.3 \times 10^3 \times (273 + 70)}{10} = 0.57 \times 10^5$
〔Pa〕である。また，グラフから70℃のときの水の蒸気圧は $0.32 \times$
$10^5 Pa$である。全体では $0.57 \times 10^5 + 0.32 \times 10^5 = 0.89 \times 10^5$〔Pa〕である。

【3】(1)　A　$\dfrac{c\alpha^2}{1-\alpha}$　　B　$c\alpha^2$　　C　$\sqrt{\dfrac{K_a}{c}}$　　D　$\sqrt{cK_a}$

(2)　ア　緩衝　　イ　$CH_3COO^- + H_2O \rightleftarrows CH_3COOH + OH^-$

ウ　12.3　　(3)　ア　オストワルト法　　イ　Pt　　ウ　$4NH_3 + 5O_2$
$\rightarrow 4NO + 6H_2O$　　エ　褐色びんに入れ，冷暗所に保存する。

(4)　2.2×10^2 t

〈解説〉(1)　電離平衡定数は，$K_a = \dfrac{[CH_3COO^-][H^+]}{[CH_3COOH]} = \dfrac{c\alpha \times c\alpha}{c - c\alpha} = \dfrac{c\alpha^2}{1-\alpha}$

である。$1 - \alpha \fallingdotseq 1$ とみなすと，$K_a = c\alpha^2$ となる。これより，$\alpha =$
$\sqrt{\dfrac{K_a}{c}}$ である。よって，$[H^+] = c\alpha = c \times \sqrt{\dfrac{K_a}{c}} = \sqrt{cK_a}$ である。

(2)　ア　水溶液に少量の酸や塩基を加えても，水素イオン濃度をほぼ
一定に保つ作用を緩衝作用という。一般に，弱酸とその塩の水溶液，
また，弱塩基とその塩の水溶液が緩衝作用を示す。　イ　水溶液中に
OH^- が生成するので塩基性を示す。　ウ　中和点を超えて加えら
れた水酸化ナトリウム水溶液の濃度は，$0.10 \times \dfrac{15-10}{15+10} = 0.020$〔mol/L〕
になる。これより，$[H^+] = \dfrac{1.0 \times 10^{-14}}{0.020} = 5.0 \times 10^{-13}$ になる。よって，
$pH = -\log[H^+] = -\log(5.0 \times 10^{-13}) = 13 - \log_{10} 5.0 = 13 - (1 - \log_{10} 2) = 12.3$
である。　(3)　ア～ウ　アンモニアの酸化による硝酸の工業的製法を
オストワルト法という。アンモニアと空気の混合気体を，白金触媒を
用いて高温で反応させて一酸化窒素NOを生成し，これを二酸化窒素
NO_2 に酸化してから水に吸収させて硝酸にする。　エ　硝酸は光や熱
によって $4HNO_3 \rightarrow 4NO_2 + 2H_2O + O_2$ のように分解される。そのため，
光を透過させない褐色の瓶に入れて冷暗所で保存する。

(4)　$Fe_2O_3 = 160$ だから，生成する鉄の質量は，$400 \times \dfrac{80}{100} \times \dfrac{56 \times 2}{160} =$
224〔t〕つまり，2.2×10^2 t である。

【4】(1)　ア　A
```
H-C-O-CH-CH₃
  ‖    |
  O    CH₃
```
B
```
H-C-O-CH₂-CH₂-CH₃
  ‖
  O
```

イ　C　酪酸　　E　2-プロパノール　　ウ　$CH_3-\overset{\underset{\|}{O}}{C}-ONa$

(2)　ア　$CH_3COOH+C_2H_5OH \rightarrow CH_3COOC_2H_5+H_2O$

イ　加熱によって気体になった反応物や生成物を冷却して液体にもどし，試験管にもどすため。　　(3)　$CH_3-\overset{\underset{\|}{O}}{C}-H$

〈解説〉(1)　ア・イ　化合物AとBは芳香性があり水に溶けにくいことから，エステルが考えられる。AとBに水酸化ナトリウムを加えて加熱すると，加水分解してカルボン酸とアルコールが得られる。Dは銀鏡反応を示すカルボン酸だから，ギ酸HCOOHである。よって，AとBとして，$HCOOC_3H_7$と$HCOOCH(CH_3)_2$が考えられる。Eはヨードホルム反応を示すので，2-プロパノール$CH_3CH(OH)CH_3$である。AからDとEが得られたので，Aはギ酸イソプロピル$COOCH(CH_3)_2$であり，Bはギ酸プロピル$HCOOC_3H_7$である。よって，FはC_3H_7OHである。また，Cは直鎖状の分子で炭酸より強い酸だから酪酸C_3H_7COOHである。

ウ　2-プロパノール$CH_3CH(OH)CH_3$のヨードホルム反応は，$CH_3CH(OH)CH_3+4I_2+6NaOH \rightarrow CHI_3+CH_3COONa+5NaI+5H_2O$である。よって，酢酸ナトリウム$CH_3COONa$を答える。　(2)　ア　カルボン酸とアルコールから水H_2Oが取れて縮合した構造を持つ化合物をエステルという。$R-COO-R'$の結合をエステル結合という。　イ　長いガラス管は還流用であり，溶媒蒸気を冷却して再び容器内に戻し，溶媒を失うことなく加熱を続けることができる。　(3)　$C_4H_6O_2$とH_2OからCH_3COOHとXであるC_2H_4Oが生成する。Xは単体のナトリウムとは反応しないのでOH基をもたない。また，銀鏡反応をすることからアルデヒド基CHOをもつ。よって，示性式はCH_3CHOである。

【5】(1)　ア　A　α-ヘリックス　　B　活性部位　　イ　ジスルフィド結合　　ウ　2つ以上のペプチド結合をもつとき

エ

(2)　ア　A　ホルムアルデヒド　　B　付加縮合　　C　ノボラック
イ　$3.0×10^2$個　　ウ　b　　エ　6.7L　　オ　−COONaが−COO⁻と
Na⁺に電離すると，−COO⁻どうしが電気的に反発して網目の空間に広
がるから。　　カ　C：N＝5：1

〈解説〉(1)　ア・イ　タンパク質のアミノ酸配列を一次構造といい，局
所的に見られる規則的な立体構造を二次構造という。主な二次構造に
は，α-ヘリックス構造やβ-シート構造がある。二次構造をとったポ
リペプチド鎖が複雑に折れ曲がり，S−S結合(ジスルフィド結合)やイ
オン結合などによってつながり合った複雑な立体構造を三次構造とい
う。酵素は生体内で触媒として働くタンパク質で，分子の一部に活性
部位をもち，作用を受ける基質はこの部位で酵素と結合し，酵素−基
質複合体をつくった後で反応する。　　ウ　タンパク質水溶液にうすい
水酸化ナトリウム水溶液を加えて塩基性にした後，少量の硫酸銅(Ⅱ)
水溶液を加えるとCu²⁺の錯イオンが生成して赤紫色になる反応をビウ
レット反応という。2つ以上の連続するペプチド結合が存在する場合
に起こる。　　エ　ヌクレオチドは，糖(五炭糖)の−OHとアデニンの−
NHから水H_2Oが取れ，さらにリン酸の−Hと糖(五炭糖)の−OHから水
H_2Oが取れて結合した化合物である。　　(2)　ア　フェノール樹脂は，
フェノールにホルムアルデヒドが付加し，さらにこの生成物とフェノ
ール間で縮合反応が起きるように，付加反応と縮合反応がともに起こ
る付加縮合により生成する。酸を触媒とするとノボラックが，塩基を
触媒とするとレゾールが生成し，それを型に入れて加熱・加圧するこ
とにより立体網目構造となりフェノール樹脂ができる。
イ　ナイロン66の構成単位である[−CO−$(CH_2)_4$−CO−NH−$(CH_2)_6$−
NH−]には，アミド結合が2個含まれる。この構成単位の式量は

$C_{12}H_{22}O_2N_2 = 226$だから，ナイロン66に含まれるアミド結合の数は，$\dfrac{3.39 \times 10^4}{226} \times 2$である。　ウ　フェノール樹脂は，電気絶縁性，耐酸性，耐水性，機械的強度にすぐれ，電気器具部品，機械部品，事務用品などに使用される。　エ　ポリ乳酸の構成単位の式量は$C_3H_4O_2 = 72$である。構成単位当たり二酸化炭素は3mol生成するので，7.2gのポリ乳酸から発生する二酸化炭素は，$22.4 \times 3 \times \dfrac{7.2}{72} = 6.7$〔L〕である。

オ　ポリアクリル酸ナトリウムの乾燥時は，－COONaという形で電荷はゼロである。吸水すると－COO⁻とNa⁺に電離し，－COO⁻どうしが反発し網目空間が大きくなる。この空間が大きくなることで水が入り込みやすくなる。　カ　示性式は，アクリロニトリル$CH_2 = CHCN$，ブタジエン$CH_2 = CH - CH = CH_2$である。アクリロニトリル1mol中には炭素が3molで窒素が1mol，ブタジエン1mol中には炭素が4mol含まれている。アクリロニトリルとブタジエンを2：1で共重合させるから，炭素：窒素＝$(3 \times 2 + 4)$：$(1 \times 2) = 5$：1である。

【生物】

【１】(1)　①　見通し　　②　資質　　③　能力　　(2)　理科課題研究

(3)　生徒を引率して見学や体験をさせること　　(4)　イ，カ，ク

(5)　仮説の設定

〈解説〉(1)　高等学校学習指導要領(平成30年告示)の第2章・第5節『理科』の第1款『目標』に記載がある。　(2)　高等学校学習指導要領解説の理科編理数編(平成30年7月)の第1部・第1章・第4節『理科の科目編成』の1に記載がある。なお，「理科課題研究」は，平成21年告示の高等学校学習指導要領に設けられていた科目である。　(3)　高等学校学習指導要領解説の理科編理数編(平成30年7月)の第1部・第3章の2『内容の取扱いに当たっての配慮事項』のうち，(5)に記載がある。他に，標本や資料を借り受けること，専門家を学校に招いたりすることなどが挙げられる。　(4)　高等学校学習指導要領(平成30年告示)の第2章・第5節『理科』の第2款・第6『生物基礎』の2『内容』に記載されている大項目は，イ，カ，クの3つである。他の5つは，第7『生物』の大項

目である。　(5)　高等学校学習指導要領解説の理科編理数編(平成30年7月)の第1部・第2章・第7節『生物』のうち，2『目標』に記載がある。

【2】(1)　イ　　(2)　エ　　(3)　濃度勾配にしたがって物質を輸送する。(18字)　　(4)　エンドサイトーシス　　(5)　エ
〈解説〉(1)　電子顕微鏡の分解能は0.2nm程度なので見ることができる。なお，光学顕微鏡は分解能が0.2μm程度である。　(2)　カドヘリンは細胞どうしの接着結合で関与する物質である。　(3)　受動輸送はエネルギーを使わずに濃度勾配にしたがって輸送する。一方，エネルギーを用いて濃度勾配に逆らって輸送するのは能動輸送である。　(4)　飲食作用ともいう。細胞が大きめの粒状物質を取り込む場合はファゴトーシス(食作用)という。　(5)　アは鉱質コルチコイド，イはパラトルモン，ウは糖質コルチコイド，オはインスリン，カは成長ホルモンである。

【3】(1)　(i)　半保存的複製　　(ii)　軽いDNA：中間の重さのDNA：重いDNA＝$2^{n-1}-1$：1：0　　(2)　カ　　(3)　岡崎フラグメント
(4)　塩基1つでは4通り，塩基2つの並びでは$4^2＝16$通りしか指定できない。塩基3つの並びでは$4^3＝64$通りとなり，塩基3つの並びで20種類のアミノ酸を指定することができる。　　(5)　ACA→トレオニン，CAC→ヒスチジン　　(6)　真核細胞ではスプライシングが行われるが，原核細胞では一般的に行われない。　　(7)　シャペロン
〈解説〉(1)　(i)　半保存的複製は2本鎖DNAを1本鎖に分離して複製していく方法である。　(ii)　1回目の複製では軽いDNA：中間の重さのDNA：重いDNA＝0：1：0である。2回目では1：1：0，3回目では3：1：0，4回目では7：1：0である。中間の重さのDNAは消滅せず，軽いDNAが増加する。　(2)　DNAの複製を開始するために短いヌクレオチド鎖を用いる。このヌクレオチド鎖はRNAからなるプライマーであり，5′末端から3′末端へDNAが合成されていく。　(3)　岡崎フラグメ

325

ントはDNAリガーゼで断片どうしを連結してつくられる。このように連続して複製できないヌクレオチド鎖をラギング鎖という。一方，連続して複製できるヌクレオチド鎖をリーディング鎖という。

(4)　アミノ酸は塩基3つの並びでできている。この3つの並びをコドンという。コドンの並びは$4^3＝64$通りあるが，アミノ酸は20種類であり，並び方が違っても同じアミノ酸を指定するものもある。　(5)　表Ⅰ上段の人工mRNAでは，コドンがACAかCACである。表Ⅰ下段の人工mRNAではコドンがCAA，AAC，ACAである。この2つの人工mRNAで共通しているコドンはACAである。共通するアミノ酸はトレオニンであるのでACAはトレオニン，上段の残りのCACはヒスチジンである。

(6)　真核細胞のmRNAは，最終的に翻訳される部分のエキソンと，転写はされるが翻訳されない部分であるイントロンが存在している。このイントロンを取り除くために真核細胞ではスプライシングが行われるが，原核細胞にはイントロンが存在しないのでスプライシングが行われない。　(7)　シャペロンとはポリペプチド鎖を折りたたんで，正常な立体構造をもつようにサポートするタンパク質のことをいう。

【4】Ⅰ　(1)　4回　　(2)　100個　　Ⅱ　(1)　イ→ア→エ→ウ
(2)　Hox遺伝子群　　(3)　形成体　　(4)　(i)　予定外胚葉域と予定内胚葉域が接触する部分の予定外胚葉側に形成された。　　(ii)　中胚葉誘導　　(iii)　ノーダルタンパク質　　(5)　角膜…①　　水晶体…①　網膜…②

〈解説〉Ⅰ　(1)　花粉母細胞から，1回目と2回目の減数分裂によって花粉四分子が形成される。3回目の分裂は体細胞分裂で，雄原細胞と花粉管核に分かれる。4回目の分裂では雄原細胞が体細胞分裂して2個の精細胞が生成される。　(2)　花粉母細胞1個から精細胞は合計で8個できる。だから，花粉母細胞25個から精細胞が200個できる。胚のうでは重複受精が行われる。卵細胞，中央細胞に1つずつ精細胞が受精されるので最大100個の種子が形成される。　Ⅱ　(1)　ギャップ遺伝子群では前後軸に沿って発現され大まかな胚の領域が区分される。ペ

ア・ルール遺伝子群では7つの帯状のパターンが形成される。セグメント・ポラリティ遺伝子群が発現されるとしま状の14本の帯が発現される。さらに体節の分化を決定するホメオティック遺伝子群が発現される。 (2) ショウジョウバエにあるホメオティック遺伝子群と類似する遺伝子群は，ほとんどどの動物にも存在し，前後軸に沿った形態形成に重要な役割をもっている。 (3) 形成体はオーガナイザーともいう。 (4) (i)(ii) 予定外胚葉域と予定内胚葉域を接着させて培養すると，予定外胚葉域から表皮以外に心臓や血球，筋肉，脊索などの中胚葉組織が分化する。 (iii) 腹側から背側へ向かって濃度が高くなるようにノーダルタンパク質の濃度勾配が生じる。 (5) 神経管の前方が脳胞という膨らみになり，その脳胞の両端が膨らむと眼胞ができる。のちに眼胞がくぼんで眼杯になり，表皮から水晶体を誘導する。眼杯自身は網膜になる。

【5】(1) (i) 生殖能力をもつ子孫をつくる。 (ii) 二名法
(iii) A…科 B…ドメイン (2) (i) 種A…ウシ 種B…ウサギ
種C…カモノハシ 種D…イモリ (ii) 1000万年
(3) (i) 絶滅危惧種 (ii) レッドリスト

〈解説〉(1) (i) 交配が成功しても生殖能力をもたない個体が生まれる可能性がある。例えば，ロバとウマが交雑して生まれた個体であるロバは生殖能力をもたないため，ロバとウマは同じ種だとはいえない。
(ii) 二名法は属名と種小名をラテン語かラテン語化した言葉で書く。リンネによって提唱された。 (iii) 例えばヒトという種は，ドメインは真核生物で，動物界・脊索動物門・哺乳綱・霊長目・ヒト科・ヒト属に分類される。 (2) (i) 異なるアミノ酸数が少なければ少ないほど種間が近いとされる。 (ii) ヒトとウシで異なるアミノ酸が17個である。共通の祖先から変異したアミノ酸はヒトとウシで合計17個，平均8.5個である。8500万年前に分岐したとすると，1つのアミノ酸の変異がおこる平均時間は8500万年÷8.5＝1000万年となる。
(3) (i)(ii) 農業生産性の無くなった土地の砂漠化や気候変動による干

ばつなどで多くの動植物が絶滅の危機に瀕している。それらの絶滅危惧種を絶滅の危険度に応じて評価し，まとめたリストをレッドリストという。このレッドリストに生態や分布，絶滅の要因を加えたものをレッドデータブックという。

●書籍内容の訂正等について

弊社では教員採用試験対策シリーズ（参考書，過去問，全国まるごと過去問題集），公務員試験対策シリーズ，公立幼稚園・保育士試験対策シリーズ，会社別就職試験対策シリーズについて，正誤表をホームページ（https://www.kyodo-s.jp）に掲載いたします。内容に訂正等，疑問点がございましたら，まずホームページをご確認ください。もし，正誤表に掲載されていない訂正等，疑問点がございましたら，下記項目をご記入の上，以下の送付先までお送りいただくようお願いいたします。

> ① **書籍名，都道府県（学校）名，年度**
> 　（例：教員採用試験過去問シリーズ　小学校教諭 過去問　2025年度版）
> ② **ページ数**（書籍に記載されているページ数をご記入ください。）
> ③ **訂正等，疑問点**（内容は具体的にご記入ください。）
> 　（例：問題文では"ア〜オの中から選べ"とあるが，選択肢はエまでしかない）

〔ご注意〕
○ 電話での質問や相談等につきましては，受付けておりません。ご注意ください。
○ 正誤表の更新は適宜行います。
○ いただいた疑問点につきましては，当社編集制作部で検討の上，正誤表への反映を決定させていただきます（個別回答は，原則行いませんのであしからずご了承ください）。

●情報提供のお願い

協同教育研究会では，これから教員採用試験を受験される方々に，より正確な問題を，より多くご提供できるよう情報の収集を行っております。つきましては，教員採用試験に関する次の項目の情報を，以下の送付先までお送りいただけますと幸いでございます。お送りいただきました方には謝礼を差し上げます。

（情報量があまりに少ない場合は，謝礼をご用意できかねる場合があります）。

◆あなたの受験された面接試験，論作文試験の実施方法や質問内容

◆教員採用試験の受験体験記

- -

送付先	○電子メール：edit@kyodo-s.jp ○FAX：03-3233-1233（協同出版株式会社　編集制作部 行） ○郵送：〒101-0054　東京都千代田区神田錦町2-5 　　　　　協同出版株式会社　編集制作部 行 ○HP：https://kyodo-s.jp/provision（右記のQRコードからもアクセスできます）

※謝礼をお送りする関係から，いずれの方法でお送りいただく際にも，「お名前」「ご住所」は，必ず明記いただきますよう，よろしくお願い申し上げます。

教員採用試験「過去問」シリーズ

宮崎県の
理科 過去問

編　集	Ⓒ 協同教育研究会
発　行	令和6年3月10日
発行者	小貫　輝雄
発行所	協同出版株式会社
	〒101-0054　東京都千代田区神田錦町2‐5
	電話　03－3295－1341
	振替　東京00190－4－94061
印刷所	協同出版・POD工場

落丁・乱丁はお取り替えいたします。